Magick without Tears

Magick leicht gemacht

Briefe von Aleister Crowley

Band I

von

Aleister Crowley

Kersken-Canbaz-Verlag - Holdenstedt

Bibliografische Information der Deutschen Nationalbibliothek
Die Deutsche Nationalbibliothek verzeichnet diese Publikation in der Deutschen Nationalbibliografie; detaillierte bibliografische Daten sind im Internet über www.dnb.de abrufbar.

Satz: KC-Verlag mit KOMA-Script und LaTeX.
Herstellung: Books on Demand GmbH, Norderstedt

ISBN 978-3-89423-076-0

Inhaltsverzeichnis

Einführung

Brief A

19. März 1943

Cara Soror,

Tu was Du willst, soll das Ganze des Gesetzes sein.

Ich war sehr erfreut, gestern Nachmittag Deinem Gespräch entnehmen zu können, daß Du die ernsthafte Absicht hast, das Große Werk im rechten Geiste zu beginnen. Deine Kritik vorhergehender Erfahrungen, die Du im Verlaufe Deiner Abenteuer gemacht hast, schienen sehr vernünftig und ausgewogen zu sein. Wie versprochen, schreibe ich diesen Brief, um einige praktische Punkte, zu deren Diskussion wir nicht die Zeit hatten, und von denen ich ohnehin denke, daß sie sich im Briefwechsel besser regeln lassen, zu behandeln.

1. Es ist von größter Wichtigkeit, daß Du meinen persönlichen Standpunkt verstehst. Es ist nicht völlig falsch, mich als Lehrer anzusehen, aber es führt recht leicht in die Irre; Mitstudent, oder, wenn Du so willst, Leidensgenosse, scheint mir eine passendere Definition zu sein.

   Der Höhepunkt meines Lebens war, was als "Kairo-Werk" bekannt wurde; es ist in *Der Equinox der Götter* im kleinsten Detail beschrieben. Zu dieser Zeit war mir das Meiste vom *Buch des Gesetzes* vollkommen unverständlich, und ein guter Teil davon - speziell das dritte Kapitel - äußerst zuwider. Ich kämpfte jahrelang gegen dieses Buch; doch es erwies sich als unbezwingbar.

Ich denke nicht, daß ich ungerechtfertigt übertreibe, wenn ich behaupte, daß meine persönlichen Studien von größtem Wert und größter Wichtigkeit für das Studium des Themas Magick und Mystizismus im Allgemeinen gewesen sind, speziell meine Zusammenführung der verschiedenen Denksysteme dieser Welt, und hier besonders die Identifikation der Systeme des Yi King und der Kabbalah. Doch ich versichere Dir, daß mein gesamtes Lebenswerk, selbst tausendfach multipliziert, nicht ein Staubkörnchen vom Wert eines einzelnen Verses vom *Buch des Gesetzes* haben würde.

Ich denke, Du solltest ein Exemplar von *Der Equinox der Götter* haben und *Das Buch des Gesetzes* zu Deinem dauernden Studienobjekt machen. Welchen Wert auch meine eigene Arbeit für Dich haben mag, sie sollte niemals mehr sein, als eine Hilfe zur Interpretation dieses Buches.

2. Es könnte sein, daß Du Dir später ein Exemplar der *Acht Vorlesungen über Yoga* wünschst; so lege ich eines beiseite, für den Fall, daß Du es haben willst.

3. Bezüglich des O.T.O. glaube ich, daß ich eine Abschrift aller offiziellen Dokumente für Dich besorgen kann. Wenn dem so sein sollte, werde ich sie Dir zum Lesen überlassen, und Du kannst Dich entscheiden, ob Du dem Dritten Grad des Ordens beitreten willst. Ich werde mit Dir, falls Du Dich für den Beitritt entscheidest, konsequent die Schriften der Rituale durchgehen und Dir die Bedeutung der ganzen Sache erklären; und zusätzlich werde ich Dir das wahre Geheimnis und das bemerkenswerte Wissen, mit welchem die gewöhnliche Freimaurerei nicht gerade überhäuft ist, mitteilen.

4. Die Horoskopie; ich mag die Arbeit damit ganz und gar nicht, aber es ist Teil einer Abmachung mit dem Großen Schatzmeister des O.T.O., daß ich sie in Fällen, die es wert sind, anfertige, wenn ich gebeten werde. Aber ich ziehe es vor, die Berechnungen zum zukünftigen Nachschauen zu behalten, für den Fall, daß irgendein bemerkenswertes Ereignis ihre Heranziehung wünschenswert erscheinen läßt.

Nun gibt es noch eine wirklich wichtige Sache. Die Einzige außer dem *Buch des Gesetzes,* welches sich an der vordersten Front der Schlacht befindet. Wie ich Dir gestern erzählt habe, ist der erste wesentliche Punkt die Hingabe von allem, was man hat und allem, was man ist, an das Große Werk, ohne irgend etwas zurückzuhalten. Dies muß ständig im Kopf behalten werden; die Methode, dies zu erreichen, ist, das *Liber Resh vel Helios,* Sub Figura CC[1] zu praktizieren. Es gibt noch eine andere Version dieser Anrufungen, etwas umfangreicher; aber, die im Text angegebenen sind schon in Ordnung. Der wichtige Punkt ist, es nicht zu vergessen. Ich werde Dir die Zeichen und Gesten, welche zu den Worten gehören, beibringen müssen.

Ebenso ist es wünschenswert, vor dem Beginn eines formellen Essens den folgenden Dialog zu führen: Schlage 3-5-3; sage: "Tu was Du willst, soll das Ganze des Gesetzes sein." Die Person am anderen Ende des Tisches erwidert: "Was ist Dein Wille?". Du: "Es ist mein Wille zu essen und zu trinken." Er: "Mit welchem Ziele?". Du: "Daß mein Leib dadurch gestärkt werde.". Er: "Mit welchem Ziele?". Du: "Daß ich das Große Werk vollenden mag.". Er: "Liebe ist das Gesetz, Liebe unter Willen." Du, mit einem einzelnen Schlag: "Die Tafel ist eröffnet." Falls Du allein bist, so mache einen Monolog daraus: Auf die Weise, schlage 3-5-3. Tu was etc. Es ist mein Wille zu etc., daß mein Körper etc. daß ich vermag etc., Liebe ist etc. Schlag; und beginne zu essen.

Es ist unmöglich, die Wichtigkeit der regelmäßigen Durchführung dieser kleinen Zeremonien zu übertreiben und so genau wie möglich in der Einhaltung der Zeiten zu sein. Du darfst Dich nicht daran stören, ob mitten im dichtesten Verkehr oder nicht, anzuhalten und die Anbetungen zu vollziehen; und es darf Dir nichts ausmachen, Deinen Gast - oder Gastgeber - anzufahren, wenn sie für ihren Teil des Dialoges Einverständnis zeigen. Vielleicht ist es, weil diese Dinge so klein und unwichtig erscheinen, daß sie so ein exzellentes Training erfordern. Sie lehren Dich Konzentration, Achtsamkeit, moralischen und sozialen Mut und noch ein Heer anderer Tugenden.

Wie eine vollkommene Dame habe ich den Leckerbissen bis zum Schluß aufbewahrt. Es ist absolut notwendig, ein magisches Tage-

[1] In Magick, Bd. II, Kersken-Canbaz-Verlag (d. Übers.)

buch anzulegen, und es täglich zu führen. Du beginnst mit einem Lebenslauf, sogar über Deine Geburt hinaus bis zu Deinen Vorfahren. In Einklang mit der Praktik aus *Liber Thisharb* sub Figura CMXIII[2], die Du vielleicht später einmal annehmen willst, mußt Du eine Antwort auf die Frage: "Wie kam ich dazu, an diesem Ort, zu dieser Zeit, beschäftigt mit dieser besonderen Aufgabe zu sein?" Wie Du aus dem Buch ersehen wirst, wird Dich dies zur Entdeckungsreise dahin bringen, wer Du wirklich bist, und Dich eventuell zur Erinnerung an vergangene Inkarnationen führen.

Da es für Dich schwer ist, außer zu seltenen und unregelmäßigen Gelegenheiten, in die Stadt zu kommen, schlage ich eine Methode vor, die sich schon vorher als sehr nützlich erwiesen hat, und das ist ein wöchentlicher Brief. Eliphas Levi hat dies mit dem Baron Spedalicri durchgeführt und diese Korrespondenz ist eine seiner interessantesten Arbeiten. Du stellst Fragen, die Du beantwortet haben möchtest, und ich beantworte sie nach besten Kräften. Ich werde natürlich spontane Bemerkungen hinzufügen, die durch meine Beobachtungen zu Deinem Fortschritt, oder durch das Lesen Deines magischen Tagebuches hervorgerufen werden können. Dieses sollte natürlich nur auf eine Seite geschrieben werden, damit die andere Seite für Kommentare frei ist, und wir sollten eine Vereinbarung treffen, es in regelmäßigen Abständen zu überprüfen.

Liebe ist das Gesetz, Liebe unter Willen.

Brüderlich,

666

[2] Siehe Fußnote 1

Brief B

20. April 1943

Cara Soror,

Tu was Du willst, soll das Ganze des Gesetzes sein.

Ich war sehr froh, Deinen Brief zu erhalten, und es tut mir leid, zu hören, daß Du in Bedrängnis warst.

Über die Verspätung sollte ich, so denke ich, Dir sagen, daß es die ursprüngliche Regel der A.·.A.·. war, daß der Einführende dem Bewerber eine kurze Lektion vorlas, ihn dann für eine Viertelstunde allein ließ und beim Zurückkommen ein "ja" oder "nein" erhielt. Falls irgendein Zögern dabei bemerkbar war, so wurde der Bewerber auf Lebenszeit ausgestoßen.

Der Grund für die Lockerung dieser Regel war der Gedanke, daß es besser sei, den Leuten in den frühen Stufen der Arbeit zu helfen, sogar wenn keine Hoffnung bestehe, daß sie sich als erstklassig herausstellen. Aber ich möchte, daß Du verstehst, daß es früher oder später, ob in dieser Inkarnation oder in einer anderen, an Dir liegt, vollkommenen Mut angesichts des völlig Unbekannten zu zeigen, und die Kraft einer schnellen und unwiderruflichen Entscheidung, ohne über die Kosten nachzudenken.

Ich denke, es ist vollkommen falsch, sich zu gestatten, sich durch "psychologische, moralische und künstlerische Probleme" aufregen zu lassen. Es nützt Dir nichts, irgendetwas, wie auch immer Geartetes zu beginnen, wenn Du nicht die Einfachheit der Wahrheit klar erkennst. All das Gestammel und Gestotter über die Dinge ist moralisches Gift. Was hat es für einen Nutzen, eine Frau zu sein, wenn Du nicht die Intuition, den Instinkt hast, der Dich befähigt, zwischen dem Original und der Fälschung zu unterscheiden?

Dein Bewußtseinszustand sagt mir, daß Du in der Vergangenheit von Leuten beeinflußt worden sein mußt, die immer über Dinge geredet und niemals wirkliche Arbeit vollbracht haben. Sie waren ständig dabei, über philosophische Punkte zu streiten; das ist alles sehr schön, aber wenn Du Erfolg in der Analyse Deiner Reaktionen hattest, wirst Du verstehen, daß dieses ganze Gerede nur eine Entschuldigung dafür ist, keine ernsthafte Arbeit zu beginnen.

Ich werde in dieser Einschätzung durch Deine Aussage bestätigt: "Ich weiß nicht, ob ich in einen solchen Konflikt kommen möchte. Ich brauche Frieden." Glücklicherweise rettest Du Dich selbst, indem Du sagst: "Wirklicher Frieden ist lebendig, nicht stagnierend." Alles Leben ist Konflikt. Jeder Atemzug, den Du machst, repräsentiert einen Sieg im Überlebenskampf des ganzen Universums. Du kannst keinen Frieden ohne vollkommene Beherrschung der Umstände haben; und ich verstehe, daß dies gemeint ist, wenn Du sagst "lebendig, nicht stagnierend."

Aber es ist von höchster Wichtigkeit für Dich, das Durchhaltevermögen aufzubringen, dieses Meer wirbelnder Gedanken durch einen Akt des Willens niederzutreten; Du mußt sagen: "Friede für immer." In dem Moment, da Du diese wirbelnden Gedanken als das erkennst, was sie sind, Werkzeuge des Feindes, von ihm erfunden, um Dich von der Unternehmung des Großen Werkes abzuhalten - in dem Moment, wo Du alle solchen Erwägungen fest und entschlossen ablehnst, und sagst: "Was muß ich tun?" und, wenn Du das herausgefunden hast, mit der Arbeit zu beginnen, ohne Unterbrechung zuzulassen, so wirst Du den Frieden finden, welcher (wie Du es zu sehen scheinst) eine dynamische und keine statische Bedingung ist. (Es steht eine ganze Menge zu diesem Punkt in *Kleine Aufsätze über Wahrheit* und ebenso in *Die Vision und die Stimme.*

Dein Postskriptum hat mich zum Grinsen gebracht. Es ist keine gute Werbung für die Art von Leuten, mit denen Du in der Vergangenheit verbunden gewesen bist. Meine eigene Position ist sehr einfach. Ich befolgte die Anordnung, "einen vollkommen schwarzen Hahn zu kaufen, ohne zu feilschen." Ich habe darauf mehr als 100.000 Pfund meines ererbten Geldes verwendet; und wenn ich heute das Tausendfache hätte, ginge es alles in die gleiche Richtung. Nur wenn man so geartet ist, daß man völlig über allen Erwägungen von zweieinhalb Penny mehr oder viereinhalb Penny weniger steht, erlangt man vollkommene Freiheit auf dieser Ebene der Scheiben.

Alle ernsthaften Orden der Welt, oder doch fast alle, beginnen damit zu verlangen, daß der Aspirant einen Eid der Armut leistet; ein BUDDHISTISCHER BHIKKU zum Beispiel, kann nur neun Dinge besitzen - seine drei Roben, Bettelschale, einen Fächer, Zahnbürste und so weiter. Die Hindu- und Mohammedanerorden haben ähnliche Vorschriften, ebenso die führenden Mönchsorden des Christentums.

Unser eigener Orden ist die einzige wichtige Ausnahme; und der Grund dafür ist, daß es sehr viel schwieriger ist, seine Reinheit zu erhalten, wenn man in der Welt lebt, als wenn man sich einfach von ihr abwendet. Es ist weitaus leichter, technische Fertigkeiten zu erlangen, wenn man unbehindert von allen Überlegungen weltlicher Art ist. Solche Vorschriften wirken als Behinderung für den Nutzen der Hilfe, die man der Welt geben kann. Es sind schreckliche Gefahren, die Schrecklichsten von Allen, mit dem vollständigen Rückzug verbunden. Darüberhinaus denke ich, als mein persönliches Urteil, daß unser Ideal von natürlichem Leben wesentlich gesünder ist.

Wenn Du ein wenig über Deine vergangenen Inkarnationen herausgefunden hast, solltest Du fähig sein, das sehr klar und einfach zu verstehen.

Liebe ist das Gesetz, Liebe unter Willen.

Brüderlich,

666

Brief C

30. April 1943

Cara Soror,

Tu was Du willst, soll das Ganze des Gesetzes sein.

Danke für Deinen langen Brief ohne Datum, den ich aber vor zwei Tagen erhalten habe. Es tut mir sehr leid, daß Du Dich immer noch erschöpft fühlst. Auch mir geht es nicht gut, ich finde das Wetter wirklich anstrengend. Ich werde Deine verschiedenen Punkte so gut ich kann beantworten.

Ich bereite gerade die Sendung der offiziellen Papiere an Dich vor, die mit dem O.T.O. verbunden sind, aber die Idee, zuerst andere Mitglieder zu treffen, ist unmöglich. Sogar nach der Einführung würdest Du niemanden treffen, es sei denn, es ist notwendig für Dich, mit ihnen zusammenzuarbeiten. Ich befürchte, Du bist immer noch der Ansicht, daß das Große Werk eine Tee-Party ist. Kontakt mit anderen Studenten heißt doch nur, daß Du erst ihre Hüte kritisierst und anschließend ihre Moral; und das werde ich keinesfalls dulden. Deine Arbeit ist nicht die irgendeines Anderen und zielloses Gequatsche ist das giftigste Element in der menschlichen Gesellschaft.

Wenn Du von der "richtigen Chronik" der "Wesenheit, welche man Jesus Christus nennt" sprichst, weiß ich nicht, was Du meinst. Ich bin mir der Existenz einer solchen Chronik nicht bewußt. Ich kenne viele Legenden, meist aus einer älteren Legende ähnlichen Charakters entliehen.

Es wäre besser für Dich, wenn Du Dir eine Ausgabe vom *Equinox der Götter* besorgen und studieren würdest. Das Große Werk ist die Vereinigung der Gegensätze. Es könnte bedeuten, die Vereinigung der Seele mit Gott, des Mikrokosmos mit dem Makrokosmos, des Weiblichen mit dem Männlichen, des Ego mit dem Nicht-Ego - oder was auch immer.

Bei "Liebe unter Willen" bezieht man sich auf die Tatsache daß die Methode in allen Fällen Liebe ist, womit die Vereinigung von Gegensätzen, wie oben erwähnt, gemeint ist, so wie Wasserstoff und Chlor, Natrium und Sauerstoff und so weiter. Jede Reaktion, welche auch immer, jedes Phänomen, ist ein Phänomen von "Liebe", was Du verstehen wirst, wenn ich dazu komme, die Bedeutung des Wortes "Punkt - Ereignis" zu erklären. Doch Liebe muß "unter Willen" sein, wenn sie angemessen gerichtet werden soll. Du mußt Deinen wahren Willen finden und all Deine Handlungen dem einen großen Zweck unterordnen.

Ra-Hoor ist der Sonnengott; Tahuti ist der ägyptische Merkur und Kephra ist die Sonne bei Mitternacht.

Zu Deinen Problemen: Was ich zu tun habe ist zu versuchen, Dir beizubringen, klar zu denken. Du wirst immens dadurch angeregt sein, daß die ganzen nutzlosen Verzierungen von Deinem Denkapparat entfernt werden. Ich glaube zum Beispiel nicht, daß Du die grundlegenden Prinzipien der Logik kennst. Offensichtlich nimmst Du eine mehr oder weniger christliche Art an, doch zur gleichen Zeit findest Du die Idee des Karma sehr gut. Du kannst nicht beides haben.

Die Frage nach Geld erhebt sich nicht. Diese alte und sehr gute Regel (welche ich immer eingehalten habe), war sachdienlich zu der Zeit, als es wirkliche Geheimnisse gab. Aber ich habe alle Geheimnisse offen dargelegt. Alles was ich tun kann, ist, Dich auf eine perfekt exoterische Weise zu trainieren. Mein Vorschlag mit dem wöchentlichen Brief war dazu gedacht, diese Frage auszuschließen, da Du den vollen kommerziellen Wert für alles Bezahlte bekommen würdest. Deine Fragen über den Geist der Sonne und so weiter müssen durch Erfahrung beantwortet werden. Intellektuelle Befriedigung ist wertlos. Ich muß Dich zu einem Bewußtseinszustand bringen, der den Mechanismen des normalen Geistes in jeder Beziehung überlegen ist.

Ein guter Teil Deines Briefes ist ziemlich schwer zu beantworten. Du scheinst immer den Wagen vor das Pferd spannen zu wollen. Siehst Du nicht ein, daß ich, wenn ich versuchen würde, Dich zu dem einen oder anderen zu bringen, ich Dir einfach die Art von Antwort geben würde, von welcher ich denke, daß sie Dich befriedigt und glücklich macht? Und das wäre sehr einfach, da Du von nichts eine Ahnung hast. Auf der einen Seite benutzt Du ständig Wörter, über deren Bedeutung wir uns immer noch nicht einig sind. Wenn Du über den "Christlichen Weg" redest, glaubst Du an stellvertretende Buße oder ewige Verdammnis - oder nicht? Ein großer Teil der Verwirrung, die in allen diesen Fragen auftaucht, und ständig schlimmer wird, wenn Studenten, die Zusammenarbeiten, darüber diskutieren - der Blinde den Blinden führend - entsteht, weil sie keine Ahnung von der Notwendigkeit haben, ihre Begriffe zu definieren.

Dann wieder fragst Du mich Dinge wie "Was ist Reinheit?", die auf mindestens ein Dutzend Weisen beantwortet werden können, und Du mußt verstehen, was mit "ein Universum des Diskurses" gemeint ist. Wenn Du mich fragen würdest - "Ist diese Probe Goldchlorid eine reine Probe?" kann ich Dir antworten. Du mußt den Wert der Präzision in der Sprache verstehen. Ich könnte für Jahre über Reinheit und Selbstlosigkeit reden, und niemand wäre einen Penny besser dran.

P.S. - oder besser, ich wollte dieses Bißchen nicht diktieren. Deine Ansichten über den O.T.O. erinnern mich etwas an die Ansichten mancher Frauen über das Einkaufen. Du möchtest das Angebot heruntermachen und dann mit einem stolzen, frohen Lächeln hinausgehen: NEIN. Denkst Du wirklich, daß ich die ausgezeichnetsten Leute dieser Zeit zu Deiner Anschauung und für Dein Urteil zusammenrufe?

Die Aufnahmeklausel in unserer Verfassung ist ein Privileg: eine Höflichkeit für eine sympathische Person. Wärst Du nicht ein Maurer, oder Co-Maurer, müßtest Du vorgeschlagen und sekundiert werden, und dann von strengen Richtern geprüft, um anschließend - vielleicht - hinaus auf den Abfallhaufen geworfen zu werden. Nun ja, nein, es ist nicht ganz so schlimm; aber wir wollen mit Sicherheit nicht jeden, der sich dafür entscheidet, sich zu bewerben. Würdest Du selbst es so handhaben, wenn Du im Vorstand eines Vereins wärest? Der O.T.O. ist eine ernsthafte Körperschaft, mit der Erforschung des Kosmos beschäftigt. Du solltest Dich selbst fragen: Was kann ich beitragen?

Geheimnisse. Es gibt eine Ausnahme von dem, was ich über die Veröffentlichung von allem gesagt habe: das ist das höchste Geheimnis des O.T.O. Das ist wirklich zu gefährlich, um es zu enthüllen; aber die Sicherung ist, daß Du es nicht gebrauchen könntest, wenn Du es wüßtest, es sei denn, Du wärest fortgeschrittener Adept; und es würde Dir nicht gestattet, so weit zu gehen, bis Du uns davon überzeugt hättest, daß Du ernsthaft dem Großen Werk gewidmet bist. (Siehe: *Ein Stern in Sicht.)* Sicher, die schwarzen Brüder könnten es benutzen; aber sie würden sich selbst zerstören.

Liebe ist das Gesetz, Liebe unter Willen

Brüderlich,

666

Brief D

8. Juni 1943

Cara Soror,

Tu was Du willst, soll das Ganze des Gesetzes sein.

Danke für Deinen Brief. Ich konnte den O.T.O. Schriftsatz nicht finden - und dann fiel mir ein, daß es sinnvoll sei, Deine Reaktionen abzuwarten. Wenn ich einige sehr wichtige Papiere mit der Post erwarten würde, würde ich nach spätestens 24 Stunden Verspätung (aber aller- höchstens) nervös werden und Nachforschungen anstellen. Wie auch immer, ich kann sie im Moment nicht finden; aber Mr. Bryant sagte, er würde Dir sein *Blue Equinox* leihen; auf den Seiten 195-270 findest Du, was Du benötigst.

Doch der wirklich wichtige Punkt Deiner Aufnahme ist der, daß sie mich davor bewahrt, ständig auf der Hut zu sein, nichts zu erwähnen, das ich geschworen habe, nicht zu enthüllen. Wie in jeder ernsthaften Gesellschaft, sind die Mitglieder vereidigt, nicht zu offenbaren was sie gelernt haben mögen und wen sie getroffen haben; es ist sogar in der Co-Maurerei so: nicht wahr: aber man kann die Namen von verstorbenen Mitgliedern erwähnen. (Siehe *Liber LII,* Abs. 2.) So sei froh: der späte X...Y... war einer von uns. Ich hoffe, daß er und Rudolf Steiner (zwischen sich) Deine Zweifel besänftigen werden.

Die A∴A∴ ist völlig anders. *Ein Stern in Sicht* sagt Dir alles, was Du wissen mußt. (Vielleicht sind einige dieser Vorschriften schwer zu fassen: Ich persönlich kann diesen ganzen Gesetzeskram nie verstehen. Deswegen mußt Du mich fragen, was und warum, und so weiter.)

Es gibt wirklich nur einen Punkt für Deine Bewertung. "An ihren Früchten sollt ihr sie erkennen." Du hast *Liber LXV* und *Liber VII* gelesen; die Dir zeigen, welche Stufen man nach dieser Regel erreichen kann. Jetzt lies *Ein Meister des Tempels (Blue Equinox,* S.127-170) für einen Abriß der frühen Jahre des Trainings und ihre Ergebnisse. (Natürlich, Dein Weg muß mit dem Seinen nicht übereinstimmen, oder ihn sogar wiedergeben.)

Aber bekomme es in Deinen Kopf, "wenn der Blinde den Blinden führt, fallen beide in das Loch." Wenn Du ein Prozent des Unheils gesehen hättest, daß ich gesehen habe, würdest Du bis ins Mark erschüttert sein, von dem bloßen Gedanken daran, ein anderes Mitglied durch ein Fernrohr zu sehen! Nun, ich gebe zu, daß ich das Mittel der Übertreibung gebrauche; aber es würde wirklich nichts bringen, ein Dutzend Köche an der Suppe zu haben! Wenn Du mit mir arbeitest, wirst Du keine Zeit haben, die Du an andere Leute verschwenden kannst.

Ich fürchte, Dein "Christentum" ist wie das der meisten anderen Leute. Du pickst Dir ein oder zwei der Figuren heraus, aus denen die Alexandriner "Jesus" zusammengebraut haben (wieder zu viele Köche, es rächt sich) und verneinst die anderen. Der zionistische Christus von Matthäus kann keinen Wert für Dich haben; ebensowenig der asiatische "Sterbende Gott"- zusammengestellt aus Melcarth, Mithras, Adonis, Bacchus, Osiris, Attis, Krishna und anderen - die für die wunderbaren und rituellen Elemente der Fabel dienten.

Richtigerweise fragst Du: "Was kann ich beitragen?" Antwort: Ein Buch. Das ist die Idee hinter dem wöchentlichen Brief: 52 von Deinen und 52 von meinen, komplett verlegt, würden eine höchst nützliche Ausgabe ergeben. Dies würde Dein Eigentum sein, so daß Du den vollen materiellen Wert, vielleicht viel mehr, bekommen würdest, den Deine Auslagen besaßen. Ich habe an diesen Plan gedacht, weil eine solche Abmachung letztens zu Ende ging, mit erstaunlich glücklichen Resultaten: Sie sollten in ein paar Monaten Deinem bewundernden Blick zur Verfügung stehen. Nebenbei, ich persönlich habe nichts davon; Sekretärsarbeiten kosten heutzutage Geld. Doch da ist noch ein anderer großer Vorteil; es hält uns beide in Trab. Ebenso zeigen sich in solchen Briefen automatisch Mängel und Grenzen des Wissens; wertvolles Material, aber schwer in einem gewöhnlichen Buch unterzubringen. Du schlägst vor, daß vierzehntäglich häufig genug ist; ja aber man möchte den Faden nicht verlieren, wenn man einmal begonnen hat. Vielleicht wären zehn Tage am besten.

Aber verstehe bitte, daß diese Vorschläge einzig aus Deiner Ansicht darüber resultieren, was in Deinen momentanen Umständen das Beste wäre. Was auch immer Du sagst, entscheide! Wenn es ja sein sollte, würde ich Dich gerne vor dem 15. Juni sehen, da ich erwarte, für einige Tage fort zu sein; besser ich gebe Dir einige Grundlagenarbeit, um Dich in meiner Abwesenheit zu beschäftigen.

Liebe ist das Gesetz, Liebe unter Willen.

Brüderlich,

666

Brief E

18. August 1943

Cara Soror,

Tu was Du willst, soll das Ganze des Gesetzes sein.

Viel Nachdenken ist in die Konstruktion Deines Mottos eingegangen. "Ich will werden" kann, treffend genug, in "Es werde"; verwandelt werden; durch das Vermeiden des ersten Pronomens kommt man auf die Idee von "der Absorption des Selbst im Geliebten," was genau das ist, was Du willst.

"Die kreative Kraft des Universums" ist ziemlich vollendet. Pyramis, eine Pyramide, ist diese Kraft in geometrischer Form. In der biologischen Form ist sie Phallus, das Yang oder der Lingam. Beide Worte haben den gleichen Zahlwert, 831. Diese zwei Wörter können Dir deshalb auch als das geheime Objekt Deiner Arbeit dienen. Wie kannst Du die Zahl 831 herleiten?

Der Buchstabe Kaph, Jupiter (Jehova), das Glücksrad im Tarot - der Atu X ist ein Abbild des Universums, aufgebaut und in Gang gehalten durch die Kraft dieser drei Prinzipien: Schwefel, Quecksilber, Salz, oder Gunas: Sattvas, Rajas, Tamas, hat den Wert 20. Ebenso der Buchstabe Yod, voll ausgeschrieben.

Eine gnostische, geheime Weise, Jehova zu schreiben oder auszusprechen ist IAO, und dieses hat den Wert 811. Genauso "Es werde," Fiat, übersetzt ins Griechische.

Wenn man all diese Ideen zusammenfaßt, so scheint es, daß Du Dein Streben sehr treffend, sehr vollständig, ausdrücken kannst, indem Du die Worte FIAT YOD als Motto wählst.

Liebe ist das Gesetz, Liebe unter Willen.

Brüderlich,

666

P.S. Studiere bitte diesen Brief und diese erklärenden Abbildungen. (Der Autor, BAPHOMET X° O.T.O., buchstabiert im Original jedes Wort, wobei er den Wert jeden Wortes in Pyramis etc. gibt. Dieses ist hier nicht aufgeführt.) Meditiere darauf bis Du die Sache nicht nur mit der sofortigen Überlegung verstanden hast, sondern die allgemeine Methode kabbalistischer Forschung und Konstruktion. Bemerke, wie neue Ideen der Erkenntnis aufsteigen, um die Formel zu bereichern.

Brief F

20. August 1943

Cara Soror,

Tu was Du willst, soll das Ganze des Gesetzes sein.

Laß mich bei meinem Brief über das Motto beginnen, und Dir die Arbeit dieses Briefes klarmachen.

In diesem Motto hast Du verschiedene Ideen kombiniert und doch sind sie in Wirklichkeit, natürlich, eine Idee. Fiat, 811, ist identisch mit IAO und deswegen kann FIAT YOD nicht nur als "Es werde" (oder "Ich soll sein") gelesen werden, die geheime Quelle aller schöpferischen Energie, sondern auch als "die geheime Quelle der Energie von Jehova." Die beiden Worte zusammen, Wert 831, enthalten die geheimen Bedeutungen Pyramis und Phallos, dieselbe Idee in verschiedenen Formen; so hast Du drei Möglichkeiten, die kreative Form auszudrücken, den geometrischen Aspekt, den menschlichen Aspekt und den göttlichen Aspekt. Ich hebe diesen Punkt hervor, weil die Ausarbeitung dieses Mottos Dir eine sehr klare Vorstellung von der Art und Weise geben wird, in der die Kabbalah benutzt werden sollte. Ich denke, es ist ziemlich nützlich, sich daran zu erinnern, was die Essenz der Kabbalah im Prinzip ist; so schreibst Du in Deinen Korrespondenzen für Malkuth, Yesod und Hod einige Ideen auf, die jeweils zu den Zahlen 10, 9 und 8 gehören. Natürlich gibt es eine Menge Überflüssiges und Überladenes, sobald Du zu Ideen kommst, die wichtig genug sind, um umfassend zu sein; wie im Artikel über Kabbalah in *Der Equinox,* Vol.I, No.5 erwähnt, ist es sehr leicht, 1 = 2 = 3 = 4 etc. zu beweisen.

Auf der anderen Seite mußt Du vorsichtig sein, die Korrespondenzen aus den Nachschlagewerken zu verwenden, ohne darüber nachzudenken, *warum* sie so gegeben sind. So findest Du ein Kamel unter der Nummer, welche sich auf den Mond bezieht, aber die Tarotkarte "der Mond" bezieht sich nicht auf den Buchstaben Gimel, der Kamel bedeutet, sondern auf den Buchstaben Quoph und das Zeichen Pisces, was Fisch bedeutet, während sich der Buchstabe selbst auf den Hinterkopf bezieht; und ebenso findest Du, daß Fisch die Bedeutung des Buchstaben Nun hat. Du darfst von hier an nicht weitergehen und sagen, daß Dein Hinterkopf wie ein Kamel ist - die Verbindung zwischen ihnen ist einfach, daß sie sich auf dasselbe Ding beziehen.

Für das Studium der Kabbalah erwähnst Du sechs Monate; ich denke, nach dieser Zeit solltest Du fähig sein zu erkennen, daß Du nach sechs Inkarnationen ununterbrochenen Studiums erkennen könntest, daß Du sie niemals wissen kannst; wie Konfuzius über das Yi King sagte: "Wenn einige Jahre zu meinem Leben hinzugefügt würden, würde ich Hundert von ihnen dem Studium des Yi widmen." Wenn Du jedoch an der Kabbalah in der gleichen Weise wie ich selbst arbeitest zu jeder Zeit, so solltest Du sie in sechs Monaten ganz gut beherrschen. Ich werde Dir nun erzählen, wie diese Methode geht: Wenn ich herumging, so machte ich eine Übung daraus, jedes Ding, daß ich sah, der korrespondierenden Idee zuzuordnen. Ich ging aus der Tür meines Hauses und dachte, daß Tür Daleth ist und Haus Beth; nun ist *dob* hebräisch für Bär und hat den Wert 6, welcher zur Sonne gehört. Dann kommst Du zum Zaun und dieser ist Cheth - Nummer 8, Tarottrumpf 7, welcher der Wagen ist: So fängst Du an, Dein Auto zu suchen. Dann kommst Du zur Straße und das erste Haus, das Du siehst, hat die Nummer 86 und das ist Elohim, und es ist aus dicken roten Ziegeln gebaut, die Dich an Mars und an den zerstörten Turm erinnern, und so weiter. Sobald diese Art von Arbeit, die mit einer durchaus lockeren Einstellung angegangen werden kann, gewohnheitsmäßig wird, wirst Du Deinen Geist natürlicherweise in diese Richtung laufen finden, und über Deinen Fortschritt überrascht sein. Laß Dein Bewußtsein niemals die Tatsache vergessen, daß Deine Kabbalah nicht meine Kabbalah ist; ziemlich viele Dinge, die ich aufgeschrieben habe, mögen nützlich für Dich sein, aber Du mußt Dein eigenes System entwerfen, so daß cs eine lebendige Waffe in Deiner Hand ist.

Ich denke, ich bin fair, wenn ich sage, daß der erste Schritt in der Kabbalah, den man Erfolg nennen könnte, der ist, wenn Du eine neue Entdeckung machst, die Licht auf ein Problem wirft, daß Dich beschäftigt hat. Vor einem Vierteljahrhundert war ich in New Orleans und sehr verwundert über meine augenblickliche Arbeitsrichtung; ich könnte auch sagen, in ziemlichen Nöten. Es schien buchstäblich nichts zu geben, was ich tun könnte und so riet ich mir selbst, Merkur zu invozieren. Sobald ich in den passenden Bewußtseinszustand kam, kam es mir natürlich vor, mit einer Art Freude, "Aber ich *bin* Merkur." Ich faßte es in Latein - *Mercurius sum,* und plötzlich traf mich etwas, eine Art namenloser Reaktion, welche sagte: "Das ist nicht ganz richtig." Wie ein Blitz kam es mir, es in Griechisch zu versuchen, was *Hermes eimi* ergab, und dieses blitzschnell addierend, kam ich auf die Zahl 418, mit all den wundervollen Korrespondenzen, welche in der Vergangenheit so außerordentlich nützlich für mich gewesen sind (siehe *Der Equinox der Götter*). Meine Sorgen verschwanden wie ein Lichtblitz.

Um nun Deine Fragen *ad seriatim* zu beantworten; es ist in Ordnung, mir Fragen über *Das Buch des Gesetzes* zu stellen; ein ziemlich ausgedehnter Kommentar ist schon geschrieben, aber noch nicht veröffentlicht worden. Ich kann Dir sicherlich jede Deiner Fragen zu diesem Manuskript beantworten, aber Du kannst danach nicht weitergehen, wenn es zu einer Diskussion kommt; wie man in Gerichtssälen sagt, "Du mußt des Zeugen Antwort annehmen."

Die Kabbalah, beide, Griechisch und Hebräisch und ebenso, sehr wahrscheinlich, Arabisch, sind vom Autor von *Das Buch des Gesetzes* benutzt worden. Ich habe den rechten Gebrauch der Kabbalah erklärt. Ich kann Dir nicht sagen, wie die frühen Rosenkreuzer sie benutzten, aber ich denke, man kann annehmen, daß sich ihre Methoden nicht sehr von unseren eigenen unterschieden haben. Unglücklicherweise ist es nicht sehr sicher, von den Rosenkreuzern zu sprechen, weil ihr Name ein Signal dafür geworden ist, die abscheulichsten Fluten von Unsinn abzulassen. Was wirklich von den ursprünglichen Rosenkreuzern bekannt ist, ist praktisch auf die drei Dokumente, die sie veröffentlicht haben, beschränkt. Die Rosenkreuzer des achtzehnten Jahrhunderts mögen oder mögen auch nicht, die rechtmäßigen Nachfolger der ursprünglichen Bruderschaft gewesen sein - ich weiß es nicht. Aber von ihnen leitet der O.T.O. seine Autorität ab. Der letzte O.H.O. Theodor Reuss besaß eine Anzahl Dokumente, welche, nach ihm, die Gültigkeit des Anspruches bestätigten; aber ich sah nur zwei oder drei von ihnen und diese waren von keiner besonderen Wichtigkeit. Unglücklicherweise starb er kurz nach dem letzten Krieg, und er hatte den Kontakt zu einigen anderen Großmeistern verloren. Die Dokumente kamen nicht, wie sie es hätten tun sollen, zu mir; sie wurden von seiner Frau einbehalten, welche die Idee hatte, sie zu einem phantastischen Preis zu verkaufen; und wir fühlten uns nicht geneigt, ihren Vorstellungen zu entsprechen. Ich denke nicht, daß diese Sache sehr wichtig ist, die Arbeit, die von Mitgliedern des Ordens überall getan wird, ist für mich völlig ausreichend.

Der Ruach enthält beide, die moralische und die intellektuelle Welt, was wirklich alles, was wir mit dem bewußten Geist meinen, ist; vielleicht enthält er sogar bestimmte Teile des Unbewußten.

In der Initiation vom Grad des Neophyten zu dem des Zelators passiert man diesen Weg. Die Hauptarbeit ist, den Zugang zu und die Kontrolle über die Astralebene zu erlangen.

Deine Ausführungen über "das Reinigen der Gefühle" und so weiter sind zu vage, um in ein wissenschaftliches System wie unseres einzutreten. Das Ergebnis, auf das Du Dich zweifellos beziehst, wird automatisch im Verlauf Deiner Experimente erzielt. Ziemlich früh erkennst Du den Bewußtseinszustand, der Deiner Arbeit förderlich ist oder nicht, und Du entdeckst auch, was für diese Zustände in Deiner Lebensweise hilfreich ist und was ihnen schadet. Zum Beispiel ist die Praktik, keine Geschenke zu akzeptieren für einen Hindu in Ordnung, dessen Geist für zehntausend Inkarnationen von dem Schock überflutet wird, eine Zigarette oder eine Tasse Tee anzunehmen. Nebenbei, die meisten östlichen Kulte fallen ab, wenn sie nach dem Westen kommen, einfach weil sie keine Zugeständnisse an die verschiedenen Charaktere machen. Ebenso geben sie Aufgaben, welche völlig unpassend für Europäer sind - eine immense Menge an Enttäuschungen ist durch das Versagen im Erkennen dieser Tatsachen verursacht worden.

Deine Unterfragen a, b und c sind durch das oben Gesagte genügend beantwortet worden. Alle Ausdrücke, die Du verwendest, sind sehr unklar. Ich hoffe, es wird nicht zu lange dauern, Dich von dem Weg, in diesen Ausdrücken zu denken, abzubringen. Zum Beispiel enthält das Wort "Initiation" den gesamten Prozeß, und wie man zwischen ihr und der Erleuchtung unterscheiden soll, kann ich Dir auch nicht sagen. "Probation" weiterhin, wenn es "Beweisen" bedeutet, setzt sich durch den gesamten Prozeß hindurch fort. Nichts ist schlimmer für einen Studenten, als diesen seichten Spekulationen über zweideutige Ausdrücke nachzugeben.

Du kannst, wenn Du willst, versuchen, einen Fortschritt von Osiris über Amenti am Baum des Lebens auszuarbeiten, aber ich bezweifle, daß Du irgendein befriedigendes Resultat erzielen wirst.

Es scheint mir, als solltest Du Dich sehr stark auf die aktuell vor Dir liegende Arbeit beschränken. Zum gegenwärtigen Zeitpunkt schließt dies natürlich eine Menge allgemeiner Studien mit ein; aber mein Anliegen ist, daß die in diesen Studien verwendeten Ausdrücke immer für eine präzise Definition geeignet sind. Ich bin nicht sicher, ob Du meine *Kleinen Essays über Wahrheit* hast. Der erste Essay in diesem Band "Mensch" gibt eine komplette Übersicht über die fünf Prinzipien, die den Menschen nach dem kabbalistischen System ausmachen. Ich habe versucht, diese Ausdrücke so genau wie möglich zu definieren, und ich denke, Du wirst sie in jedem Fall klarer finden, als diejenigen, die Du Dir bei den östlichen Systemen angewöhnt hast. In Indien wird, nebenbei, kein Versuch gemacht, diese unklaren Ausdrücke zu verwenden. Sie haben immer eine klare Idee davon, was Worte wie "Buddhi", "Manas" und ähnliche bedeuten. Versuche der Übersetzung sind äußerst unbefriedigend. Ich finde das schon bei den "Acht Gliedern des Yoga", wie Du sehen wirst, wenn Du meine *Acht Vorlesungen* liest.

Ich bin mit Deinen Illustrationen sehr zufrieden; das ist eine hervorragende Übung für Dich. Gegenwärtig hast Du Talismane anzufertigen, und ein Lamen für Dich selbst, und sogar ein Siegel zu entwerfen, welches als magisches Wappen, wie Du es nennen könntest, dient, und all diese Dinge sind äußerst hilfreich.

Es erscheint mir, als ob wir bis jetzt noch nichts mit der Astralebene und diesem Pfad Tau, von dem Du sprichst, gemacht haben. Hattest Du schon irgendwelche Erfahrungen mit Astralreisen? Wenn nicht, denkst Du, Du könntest allein beginnen, auf dem Weg, der in *Liber O*[3], Sektionen 5 und 6 niedergelegt ist? Wenn nicht, läßt Du Dich besser

[3] Siehe Fußnote 1, S.9

von mir durch die ersten Tore bringen. Die Frage des Lärms erhebt sich sofort; Ich denke, wir sollten nicht vor 9 Uhr abends beginnen, und ich weiß nicht, ob Du das einrichten kannst.

Liebe ist das Gesetz, Liebe unter Willen.

Brüderlich,

666

Brief G

4. September, 1943

Cara Soror,

Tu was Du willst, soll das Ganze des Gesetzes sein.

"Soll sein" (anstelle von Tu was Du willst...), nicht "ist". Siehe *Liber Al,* 1:36, 54, und 11:54. Nicht "Meister Perdurabo": siehe Magick, S. XXIX. "Lieber Bruder" ist genug.

777 ist praktisch nicht käuflich: Exemplare kosten so um die 10 Pfund. Fast alle wichtigen Korrespondenzen sind in Magick (II) , Tafel I abgebildet. Die anderen beiden Bücher werden auf einmal gesendet. "Spiele mit Zahlen machen". Es tut mir leid, daß Du nicht mehr als das sehen kannst. Wenn Du besser ausgestattet bist, wirst Du sehen, daß die Kabbalah das beste (und fast das einzige) Mittel ist, durch das sich eine Intelligenz identifizieren kann. Und die Methoden der Gematria dienen zur Entdeckung spiritueller Wahrheiten. Zahlen sind das Netzwerk der Struktur des Universums, und ihre Beziehungen die Form, wie unser Verständnis davon ausgedrückt wird. Im Griechischen und Hebräischen gibt es keine andere Methode Zahlen zu schreiben; unser 1, 2, 3 etc. kommt von den Phöniziern über die Araber. Du brauchst nicht mehr Griechisch und Hebräisch, als diese Werte, einige heilige Worte - das Wissen wächst mit dem Gebrauch - und Nachschlagewerke.

Man kann einem Schüler keine bestimmten Aufgaben außer der Grundlagenarbeit, die ich Dir gebe, auferlegen, und wir werden diese Korrespondenzen aus ihrem eigenen Zusammenspiel klare Gestalt annehmen sehen. Du hast wirklich schon mehr, als Du tun kannst. Und ich kann Dir nur anhand Deiner eigenen Reaktionen auf Deine eigenen Studien und Übungen, sagen, was die richtigen Aufgaben von Hunderten sind.

"Osiris in Amenti" - siehe *Das Totenbuch.* Ich meinte, Du könntest versuchen, Parallelen zwischen seinen Reisen und dem Pfad der Initiation zu finden.

Astralreisen - die Entwicklung des Astralkörpers ist essentiell für die Forschung; und, vor allem, für die Erlangung des "Wissens von - und der Konversation mit dem heiligen Schutzengel".

Du solltest mir Deine Durchführung des Pentagrammrituals demonstrieren, Du machst sicherlich jede Menge Fehler. Ich werde Dich, natürlich, vorsichtig, durch die Rituale des O.T.O. bis zum III. Grad bringen, sobald Du einigermaßen mit ihnen vertraut bist. Der *Plan* der Grade ist dieser:

0° Interesse für das Sonnensystem

I° Geburt

II° Leben

III° Tod

IV° "Exaltation"

P.I. "Vernichtung"

V°-IX° Fortschreitender Kommentar des II° mit sehr speziellem Bezug zum innersten Geheimnis aller praktischen Magick.

Es gibt also keine Verbindung mit dem System der A.·.A.·. und dem Baum des Lebens. Natürlich gibt es bestimmte Analogien.

Deine vorgeschlagene Methode des Studiums: Du hast meine Vorstellung ganz gut erfaßt. Aber niemand kann Dich durch die Grade der A.·.A.·. "hindurchbringen". Die Grade *bestätigen* Deine Erlangungen, wenn Du sie machst; dann erscheinen die neuen Aufgaben. Siehe *Ein Stern in Sicht.*

Liebe ist das Gesetz, Liebe unter Willen.

Brüderlich,

666

Brief H

10.-11. November 1943 22h-2h

Cara Soror,

Tu was Du willst, soll das Ganze des Gesetzes sein.

Dein Brief von gestern Abend kam, zu meiner Freude, gerade dann, als der ganze Abend leer vor mir lag: Die eine Arbeit eine solch große Arbeit, daß ich einfach nicht damit anfangen kann, bevor ich Hilfe bekomme: Wie ärgerlich! Doch Du profitierst immerhin davon!

1. Dieser Vers (AL, 1:44) enthält geballt die gesamte magische Technik. Er erklärt - wenn Du ihn verstanden hast - das Geheimnis des Erfolges im Großen Werk. Natürlich, zuerst erscheint er wie ein Paradox. Du mußt ein Ziel haben, und nur ein Ziel: Doch darfst Du es auf keinen Fall erreichen wollen!!! Die Kapitel des *Buch der Lügen,* die ich in meinem letzten Brief[4] zitiert habe, werfen einiges Licht auf diesen Abyss des Selbstwiderspruches; und da ist eine Bedeutung, viel tiefer als der Kontrast zwischen Wille, mit großem W und wünschen, verlangen oder wollen. Der Hauptpunkt scheint, daß man im Streben nach Macht lediglich durch den wahren Willen begrenzt wird. Wenn man Gewalt gebraucht, seine Natur entweder aus einem Mangel an Verständnis, oder aus einer andauernden Schrulle heraus vergewaltigend, verschwendet man nur Energie; die Dinge kehren zum Normalen zurück, sobald man den Druck wegnimmt. Dies ist ein kleiner Fall der Gleichung "Freier Wille = Notwendigkeit" (Schicksal, Bestimmung oder Karma: Es ist alles so ziemlich die gleiche Idee). Man ist höchst fest an die Kette gebunden, die einen dahin gezerrt hat, wo man ist; aber es ist das eigene Selbst, das die Glieder schmiedete.

---

[4] Ein Brief, datiert vom 12.11.1943, der in *Magick without Tears Bd. 2* als Nr. 48 enthalten ist.

Bitte enthalte Dich der offensichtlichen Erwiderung: "Dann ist es unmöglich, auf lange Sicht fehlzugehen: So macht es nichts, was Du tust." Vollkommen richtig, natürlich! ("Da ist kein Staubkörnchen, das nicht der Buddhaschaft zugehört": Mit einigen solchen Worten versuchte der ausschweifende alte Wüstling, sich selbst zu beruhigen, als die Zeit begann, sich zu rächen.) Aber die Antwort ist einfach genug: Du bist nun einmal die Art von Wesen, die denkt, es macht etwas aus, welchen Kurs Du steuerst; oder, sogar noch hochmütiger, Du magst die Freude des Segelns.

Nein, da ist dieser Faktor jeden Erfolges: Selbstvertrauen. Wenn wir dieses analysieren, finden wir, daß es bedeutet, daß man darauf achtet, alle mentalen und physischen Fähigkeiten harmonisch Zusammenarbeiten zu lassen. Der tödlichste und subtilste Feind dieses Gefühls ist Unsicherheit über das Ergebnis; der feinste Schleier des Zweifels reicht aus, um die Vision zu verdunkeln, das gesamte Feld aus dem Brennpunkt zu werfen. Von hier an spricht sogar die Erwartung, daß ein Ergebnis auf einen wartet, für die Ernsthaftigkeit des Geistes, welche die Essenz des Selbstvertrauens ist. Wie Du gut weißt, werden all unsere physiologischen Funktionen in Unordnung gebracht, wenn man auf sie achtet. Dies dann ist die Schwierigkeit, sich bewußt zu freuen, während man den betroffenen Prozeß nicht stört. Das offensichtliche physische Beispiel ist der Sexualakt: Seine Hauptwichtigkeit liegt vielleicht darin, daß er eine Art dieses ausnehmenden geistig - mentalen Zustandes ist. Wie auch immer, ich hoffe, Du erinnerst Dich daran, was ich in den Abschnitten 15-17 meiner dritten Vorlesung in "Yoga für Gelbbäuche" zu diesem Thema gesagt habe; es gibt einen Weg, selbst aus den unauffälligsten physiologischen Funktionen, Ekstase zu ziehen. Beachte, daß man, wenn man das gesamte Bewußtsein (beispielsweise) in den kleinen Finger oder den großen Zeh überträgt, nicht versucht, sich in den normalen Funktionsablauf einzumischen, sondern nur zu verstehen, was im Organismus vor sich geht, das exquisite Entzücken einer Funktion in ihrem normalen Ablauf. Mit ein bißchen Imagination kann man den analogen Fall des Universums durchschauen; man kann den

Satz: "Die Sterne des Morgens musizierten zusammen." verstehen; und, sogar noch weniger durch sogar die kleinste Grenze eingeschränkt, welche materielle Symbole notwendigerweise (wie klein auch immer) implizieren, "Denket immer daran, daß Existenz reine Freude ist." *(AL,* 11:9)

Ist es eine zu übertriebene Behauptung, daß das graduelle Verschmelzen all dieser Wege in eine Große Einheit, als eine Weise der Darstellung des Großen Werkes selbst angenommen werden könnte?

Zuletzt bin ich recht zufrieden, daß Dir ihre Meditation, einzeln und zusammen, bei der Beantwortung Deiner ersten Frage helfen kann.

2. Meiner Erfahrung nach brauen sich die meisten Leute entweder einen Höllentrank selbstinduzierter Hindernisse für den Erfolg im Astralreisen, oder sie schießen los auf den Flügeln romantischer Vorstellungen und narren sich selbst für den Rest ihres Lebens in der Art von Dorftrotteln. Glücklicherweise hast Du die erste Schwierigkeit.

   Aber - ist es reine Hartnäckigkeit? - Du betreibst nicht diese sublime Art des Guru - Buhlens. Du hättest einen wahnsinnigen Satz auf mein Sterbebett machen sollen, die Kohorten trauernder Klostervorsteher wegstoßend und meine Nase so lange herumdrehen, bis ich Dich dazu gebracht hätte.

   Und Du bestehst wiederholt darauf, daß es schwierig ist. Ist es nicht. Ist da vielleicht eine tiefsitzende Ablehnung - eine (freudianische) Furcht vor dem Erfolg? Gibt es da eine Verbindung mit diesem Gefühl der Schuld, mit dem Alle außer den Wenigsten geboren werden?

   Aber Du gibst dieser Sache keine faire Chance. Es gibt, wie ich zugebe, einen gewissen Trick, oder Knacks, wie man richtig herauskommt; eine Fähigkeit, welche man (normalerweise) ziemlich plötzlich und unerwartet erlangt. Ziemlich genauso, wie man einige Stöße im Billard beherrschen lernt. Die Praxis hat mich gelehrt, wie man diese den Studenten vermittelt; nur in ganz seltenen Fällen versagt einer. (Es ist unglaublich:

Ein Mann konnte nicht davon überzeugt werden, daß intensive physische Anspannung der falsche Weg ist, es zu tun. Da saß er, die Adern auf seiner Stirn fast am Punkt des Zerberstens, und die Lehnen meines Lieblingsstuhls sichtlich zitternd unter seinem kraftvollen Griff!) In Deinem Fall habe ich bemerkt, daß Du diese Praktik mit Dharana vermischst: Du schreibst von "meinen Geist von allem bis auf den einen Gedanken leeren, etc.". Dann fährst Du fort: "Die Invokation eines übersinnlichen Wesens ist für mich bis jetzt unmöglich." Diese Unverschämtheit! Diese Arroganz! Wie weißt Du das, meine liebe Dame? (Wähle Zahlen aus Zufall: Die Resultate sind oft überraschend erfreulich!) Außerdem, ich habe Dir nicht aufgetragen eine übersinnliche (was für ein Wort!! Bedeutung?) Wesenheit jetzt oder zu irgendeiner Zeit zu invozieren: Dieses Übersinnlich geht mir auf die Nerven: meinst Du "unter normalen Zuständen den Sinnen nicht zugänglich?" Das vermute ich zumindest.

Kurz: Setze eine feste Zeit fest, um unter meiner Aufsicht auf die Astralebene zu gehen: Eine halbe Stunde (mit ein bißchen Glück) an nicht mehr als vier Abenden würde Dich in einen ziemlich unterschiedlichen Bewußtseinszustand bringen. Du wirst bald "Deine Füße fühlen" und dann "Deine Flossen bekommen" und dann viel früher als Du denkst "Fließen im Aethyr, Oh mein Gott! Oh mein Gott!... Weißer Schwan, mögest Du mich immer hinauftragen zwischen Deinen Flügeln!"

3. Nun denn zu Deiner alten Eselsbrücke für die Namen der Götter! Stell Dich eine halbe Stunde in die Ecke, mit dem Gesicht zur Wand! Sitze in der Schule nach und schreibe 999 mal Malkah be-Tharshishim ve- ad-Ruachoth be-Shehalim!

   Meine liebe, liebe, liebe Schwester, ein Name ist eine *Formel der Macht*. Wie kannst Du von Anachronismus reden, wenn das Wesen ewig ist? Denn die Art der Energie ist ewig.

   Jeder Name ist eine Zahl: Und "Jede Zahl ist unendlich, es gibt keinen Unterschied" *(AL,* 1:4). Aber ein Name, oder ein System von Namen, mag bequemer sein, (a) für Dich persönlich, oder (b) für die Arbeit, an der Du Dich befindest. Z.B. habe ich wenig

Sympathie für jüdische Theologie oder Rituale; aber die Kabbalah ist so handlich und kongenial, daß ich sie öfter als fast jedes - oder alle anderen zusammen - im täglichen Gebrauch und der täglichen Arbeit benutze. Die ägyptische Theogonie ist die vornehmste, die am wahrhaftigsten magische, die am meisten an mich gebundene (oder besser ich an sie) durch einen tiefen Instinkt und durch die Erinnerung an meine Inkarnation als Ankh-af-na-Khonsu, so daß ich sie (mit ihrem griechisch-phönizischen Kind) für alle Arbeiten höchster Wichtigkeit anwende. Warum meine Vorzüge niederstampfen Madame! Die Abramelin - Operation selbst wandelte sich in diese Form, bevor ich mehr als damit beginnen konnte! Wie das Kind der Königin (entschuldige den Enthusiasmus; aber Du hast die britische Löwenschlange geweckt). Merke Dir bitte, daß die Korrespondenzen im 777 nicht immer exakt sind. Tahuti ist nicht ganz Thoth, weniger noch Hermes; Merkur ist eine viel verständlichere Idee, aber nicht annähernd so exaltiert: Hanuman sowieso kaum. Auch nicht Tetragrammaton IAO, obwohl sogar die Ethymologie die Identität erhärtet.

In diesen Dingen mußt Du katholisch, eklektisch, sogar synkretisch sein. Und Du mußt die Natur Deines Werkes bedenken. Wenn ich Taphthartharath beschwören wollte, gäbe es in der Tat wenig Hilfe von irgendeinem außer dem kabbalistischen System; denn die präzisen Formen und Zahlen dieses Geistes werden in keinem anderen gefunden.

Das Gegenteil dagegen ist nicht so wahr. Die Kabbalah, richtig verstanden, richtig behandelt, ist so universell, daß man sich ein Ritual zurechtflicken kann um "jedem Namen und jeder Form" zu genügen. Doch in einem solchen Fall sollte man erwarten, daß es durch einen gewissen Aufwand an historischem, literarischem oder philosophischem Studium - und Forschung, verstärkt wird.

4. Ganz richtig, liebe Lady, Deine Inkarnationserinnerungen, die als "Führer für den Weg zurück" dienen. Natürlich, wenn Du eine "ägyptische Inkarnation ausgelassen" hättest, wärest Du

nicht so wahrscheinlich eine kleine Martha, verärgert "über vieles Dienen". Übersättige Dich nicht mit Wissen, vor allen Dingen; es ist so sehr faszinierend, so schrecklich einfach; und die Gefahr, ein Pedant zu werden - "Teufel nimm all Deine Pedanten! sage ich." - "Verfaule nicht zu leicht bis zum Tage des jüngsten Gerichtes."

Nein, ich werde Dir KEIN Buch empfehlen. Es sollte Dich nicht zu sehr schmerzen, von getrocknetem Heu (oder Disteln), wie Lexikonartikeln zu naschen. Nimm Roget's *Thesaurus* oder Smith's *Kleines Klassisches Wörterbuch* (und ähnliche), um Dich selbst in den Schlaf zu lesen. Aber blamiere Dich nicht selbst, indem Du solche Studien zu ernst nimmst. Du machst Dich nur lächerlich, wenn Du versuchst, mit 50 Dinge zu tun, die Du mit 15 getan haben solltest. Da Du nicht hast - *tant pis!* Du kannst nicht gut den *Geist* haben; wenn Du könntest, wäre es nur eine Art geistiger Durchfall. Wir haben alle gelesen, wie Cato mit 90 angefangen hat, Griechisch zu lernen: *Aber die Geschichte endet hier.* Wir haben niemals erfahren, was es ihm oder irgendjemandem sonst genützt hat.

5. Gottformen. Siehe *Magick*[5]. Sehr klar: sehr adäquat: nützen überhaupt nichts ohne fortwährende Praxis. Keiner kann Dir helfen - schon bist Du wieder weg! Nein, nein, tausendmal nein: Dies ist die Übung par excellance, wo Du alles allein machen mußt. Die Vibration von Gottesnamen: Darin vielleicht kann ich Dich wenigstens prüfen. Aber wage Dich nicht, damit anzukommen, bevor Du es nicht mindestens 100 mal - und *hart* - geübt hast.

6. *Minerval.* Was ist damit? Alles, was Du tun mußt, ist, es zu verstehen: nur eine Dramatisierung des Prozesses der Inkarnation. Gehe es besser mit mir durch: Ich werde es erklären, und Du kannst Notizen über Deine Probleme und ihre Lösung, für den Gebrauch zukünftiger Mitglieder machen.

7. *Das Buch Thoth.* Sicherlich alle Worte, die nicht in einem guten Wörterbuch stehen, sind im Text erklärt. Ich kann nicht sehen,

[5] Magick Bd. I, Kersken-Canbaz-Verlag

was ich da tun könnte, in jedem Fall; die selbe Kritik würde auf Bertrand Russel's *Einführung in die Mathematische Physik* passen, nicht wahr?

Ist x ein R - Vorfahre von y, wenn y alle R - Erben hat, die x hat, vorausgesetzt, x ist ein Term, der die Beziehung R zu irgendetwas hat, oder zu dem irgendetwas die Beziehung R hat? (Der Enthusiast schreit "Ja, ist es!") Er sagt: Eine Zahl ist alles, was die Zahl einer bestimmten Klasse hat." Fühlst Du Dich jetzt besser?

Trotzdem wäre es nett von Dir, eine Seite oder so mit mir durchzugehen, und mir zu sagen, wo der Schuh drückt. Natürlich habe ich die Schwierigkeit lange erkannt; aber ich weiß keine Lösung - falls es eine Lösung gibt. Ich *habe* daran gedacht, *Magick* "Magick without Tears" zu nennen; und ich *habe* versucht, als ich fortschritt, mein Werk durch Geister von wesentlich niedrigerer Bildung oder Kapazität, überprüfen zu lassen. In der Tat, Teil I und II von *Buch 4* sind so getestet worden.

Liebe ist das Gesetz, Liebe unter Willen.

Brüderlich,

666

Brief I

27. Januar 1944

Cara Soror,

Tu was Du willst, soll das Ganze des Gesetzes sein.

Es ist sehr gut zu hören, daß diese Briefe nützlich sind, aber ziemlich traurig, darüber nachzudenken, daß sie Dich so unbeliebt machen werden. Deine Freunde werden auf einmal bemerken, daß zungenfertige Leere keinen Eindruck mehr macht, und Dich hassen, und Lügen über Dich erzählen. Das ist es wert.

Ja, Dein Hirn ist schon in Ordnung; was erwünscht ist, ist, die Angewohnheit anzunehmen, die Dinge sofort niederzustrecken. (Er sagt 'Reinkarnation' - nun, was *genau* meint er damit? Er sagt "es ist natürlich zu erwarten...": Was ist 'natürlich' und was ist in 'Erwartung' enthalten?) Übe diese Art der Kritik; schreibe nieder, was passiert. Innerhalb von ein oder zwei Wochen wirst Du erstaunt sein, daß Du etwas hast, was offenbar kaum weniger als ein neues Gehirn ist! Du mußt es Dir zur Gewohnheit machen, nichts an den Wachen vorbeikommen zu lassen.

Tatsächlich will ich, daß Du noch weiter gehst; finde heraus, was mit den einfachsten Worten gemeint ist. Verfolge die Geschichte des Wortes mit Skeat's *Ethymologisches Wörterbuch.* Z.B. *pretty* bedeutet 'tricky', 'deceitful'; auf der anderen Seite ist *hussy* nur 'housewife'. Es ist auch amüsant, dieses *tabby* bezieht sich auf Prinz Attab, dem Enkel von Ommeya - dem Seidenviertel von Bagdad, wo utabi, eine reiche, gewässerte Seide verkauft wurde. Dies wird Dir bald die Macht geben zu entdecken, wenn Worte benutzt werden, um Bedeutung - oder ihr Fehlen - zu verschleiern.

Liebe ist das Gesetz, Liebe unter Willen.

Brüderlich,

666

1. Was ist Magick

Cara Soror,

Tu was Du willst, soll das Ganze des Gesetzes sein.

Was ist Magick? Warum sollte irgendjemand sie studieren oder praktizieren? Ganz natürlich; die offensichtlichen Vorabfragen bei jedem Thema, was es auch immer sei. Wir müssen dies kristallklar machen; Du brauchst nicht zu fürchten, daß ich darin versagen werde; ich werde die ganze Sache so bündig wie möglich beginnen und doch so vollständig, so umfassend und so klar, wie es sich als in meiner Macht liegend erweisen wird. Immerhin muß ich keine Zeit damit verschwenden, Dir zu erzählen, was Magick *nicht* ist; oder auf die Geschichte eingehen, wie das Wort fälschlicherweise auf Zauberkunststücke und auf vorgetäuschte Wunder verwendet wird, die bis zu diesem Tag von Scharlatan-Schwindlern, ob innerhalb oder außerhalb des römischen Bekenntnisses, einer gaffenden Schar von gläubigen Schwachköpfen vorgetäuscht werden.

Zuerst laß alles Euklidische fahren, und reibe Deine Nase an der Definition, dem Postulat und den Theoremen, die in meiner umfassenden (aber, Ach! zu fortgeschrittenen und zu technischen) Behandlung des Themas gegeben sind. Da sind wir!

I. DEFINITION

Magick ist die Wissenschaft und Kunst, Wechsel in Übereinstimmung mit dem Willen hervorzurufen.

(Illustration: Es ist mein Wille, die Welt über gewisse Tatsachen, die ich kenne, zu informieren. Ich nehme daher 'magische Waffen', Feder, Tinte und Papier, ich schreibe 'Anrufungen' - diese Sätze - in der 'magisehen Sprache', d.h. der, welcher von den Leuten verstanden wird, welche ich instruieren möchte. Ich rufe die 'Geister' hervor, solche wie Drucker, Verleger, Buchhändler usw. und zwinge sie, diesen Leuten meine Botschaft zu überbringen. Die Komposition und Verteilung dieses Buches ist so ein Akt der - MAGICK - durch welchen ich Wechsel in Übereinstimmung mit meinem Willen stattfinden lasse[6].

II. POSTULAT

JEDER geforderte Wechsel kann durch die Anwendung der richtigen Art und des richtigen Grades von Kraft in der richtigen Art durch das richtige Medium auf das richtige Objekt bewirkt werden.

(Illustration: Ich will eine Unze Goldchlorid herstellen. Ich muß die richtige Art von Säure nehmen, Königswasser und keine andere in genügender Menge und von adäquater Stärke nehmen und sie in ein Gefäß tun, welches weder bricht, leckt noch korrodiert und zwar in solch einer Art, daß es keine unerwünschten Resultate produziert und die notwendige Menge Gold dazu tun usw. Jeder Wechsel hat seine eigenen Bedingungen.

Beim gegenwärtigen Stand unseres Wissens und unserer Macht sind einige Wechsel praktisch nicht möglich. Wir können z.B. keine Finsternisse hervorrufen oder Blei in Zinn verwandeln oder aus Pilzen Menschen machen. Aber theoretisch ist es möglich, in jedem Objekt jeden Wechsel zu verursachen, zu welchem das Objekt durch seine Natur fähig ist und die Bedingungen werden durch das obige Postulat gedeckt.)

[6] Mit "absichtlich" meine ich "gewollt". Aber sogar scheinbar unabsichtliche Handlungen sind es nicht wirklich. So ist der Atem ein Akt des Willens zum Leben.

III. THEOREME

1. Jede absichtliche Handlung ist eine magische Handlung[7]. (Illustration: siehe 'Definition' oben.)

2. Jede erfolgreiche Handlung hat sich dem Postulat angepaßt.

3. Jeder Mißerfolg beweist, daß eine oder mehrere Voraussetzungen des Postulates nicht erfüllt wurden.

   (Illustration: Es mag mißlingen, den Fall zu verstehen, wie wenn ein Doktor eine falsche Diagnose abgibt und seine Behandlung seinen Patienten schädigt. Es mag mißlingen, die richtige Art von Kraft anzuwenden, wie wenn ein Bauer versucht, ein elektrisches Licht auszublasen. Es mag mißlingen, den richtigen Grad von Kraft anzuwenden, wie wenn der Griff eines Ringers gebrochen wird. Es mag mißlingen, die Kraft in der richtigen Art anzuwenden, wie wenn man einen Scheck am falschen Bankschalter präsentiert. Es mag mißlingen, das richtige Medium zu verwenden, so wie Leonardo da Vinci fand, daß sein Meisterstück verblaßte. Die Kraft mag auf ein ungeeignetes Objekt angewendet werden, wie wenn man versucht, einen Stein zu knacken, weil man denkt, es wäre eine Nuß.)

4. Das erste Erfordernis, um irgendeinen Wechsel zu verursachen, ist gründliches, qualitatives und quantitatives Verständnis der Bedingungen.

   (Illustration: Die allergemeinste Ursache für das Versagen im Leben besteht in der Unkenntnis seines eigenen wahren Willens oder des Mittels, durch welches dieser Wille erfüllt werden kann. Ein Mensch mag sich einbilden, er wäre ein Maler und sein Leben im Versuch einer zu werden verschwenden, oder er mag wirklich ein Maler sein und dennoch darin versagen, die Schwierigkeiten, welche dieser Karriere eigen sind, zu verstehen und abzuwägen.)

[7] In einem Sinne kann Magick als der Name definiert werden, welcher der Wissenschaft von den Gewöhnlichen gegeben wurde.

5. Das zweite Erfordernis, um irgendeinen Wechsel zu verursachen, ist die praktische Fähigkeit, die notwendigen Kräfte in richtige Bewegung zu versetzen.

   (Illustration: Ein Bankier mag ein vollkommenes Verständnis einer gegebenen Situation haben. Dennoch fehlt die Qualität der Entscheidung oder die Aktiva, die notwendig sind, um daraus Vorteile zu ziehen.)

6. 'Jeder Mann und jede Frau ist ein Stern'. D.h., jedes menschliche Wesen ist wahrhaft ein unabhängiges Individuum mit seinem eigenen besonderen Charakter und seiner eigenen besonderen Bewegung.

7. Jeder Mann und jede Frau hat eine Laufbahn, die teilweise von dem Selbst und teilweise von der Umgebung, welche für jeden natürlich und notwendig ist, abhängt. Jeder, der gezwungen ist, von seiner eigenen Laufbahn entweder dadurch, daß er sich selbst nicht versteht oder durch äußere Widerstände abzuweichen, kommt in Konflikt mit der Ordnung des Universums und leidet entsprechend.

   (Illustration: Ein Mann mag denken, daß es seine Aufgabe ist, in einer bestimmten Art zu handeln, weil er sich ein Fantasiebild seiner selbst gemacht hat, anstatt seine tatsächliche Natur zu erforschen. Eine Frau z.B. mag sich für ihr ganzes Leben in Elend bringen, weil sie denkt, daß sie Liebe gesellschaftlicher Achtung vorzieht oder vice versa. Eine Frau mag vielleicht bei einem unsympathischen Ehemann bleiben, obwohl sie in Wirklichkeit mit einem Geliebten in einer Dachkammer glücklich wäre, während sich eine andere mit einer romantischen Flucht selbst narren mag, obgleich ihre einzigen wahren Freuden darin liegen, modische Tätigkeiten zu leiten. Weiterhin mag der Instinkt eines Jungen ihm sagen, daß er zur See gehen solle, während seine Eltern darauf bestehen, daß er ein Doktor wird. In solch einem Fall wird er in der Medizin sowohl erfolglos als auch unglücklich werden.)

8. Ein Mensch, dessen bewußter Wille mit seinem wahren Willen entzweit ist, verschwendet seine Stärke. Er kann nicht hoffen, seine Umgebung wirksam zu beeinflussen.

   (Illustration: Wenn in einer Nation der Bürgerkrieg wütet, ist sie nicht in der Lage, eine Invasion anderer Länder zu unternehmen. Ein Mensch mit Krebs verwendet seine Ernährung gleichermaßen zu seinem eigenen Nutzen und zu dem des Feindes, welcher Teil seiner selbst ist. Er versagt bald darin, dem Druck seiner Umgebung Widerstand zu leisten. Im praktischen Leben wird ein Mann, der etwas tut, von dem sein Bewußtsein ihm sagt, daß es falsch ist, dieses sehr ungeschickt tun. Zuerst!)

9. Einem Menschen, der seinen wahren Willen tut, hilft das Beharrungsvermögen des Universums.

   (Illustration: Das erste Prinzip des Erfolges in der Evolution ist, daß das Individuum seiner eigenen Natur treu sein und sich gleichzeitig seiner Umgebung anpassen sollte.)

10. Die Natur ist ein kontinuierliches Phänomen, obgleich wir nicht in allen Fällen wissen, wie die Dinge verbunden sind.

    (Illustration: Das menschliche Bewußtsein hängt von den Eigenschaften des Protoplasma ab, dessen Existenz wiederum von unzähligen physikalischen Bedingungen, die diesem Planeten eigen sind, abhängt. Und dieser Planet wird von der mechanischen Balance des ganzen Universums der Materie bestimmt. Wir können so sagen, daß unser Bewußtsein ursächlich mit den entferntesten Galaxien verbunden ist, dennoch wissen wir nicht einmal, wie es aus - oder mit - den molekularen Wechseln im Gehirn entsteht.)

11. Die Wissenschaft befähigt uns, aus der Kontinuität der Natur durch die empirische Anwendung bestimmter Prinzipien Vorteil zu ziehen, deren Wechselwirkung unterschiedliche Arten von Ideen verbinden, die mit allen anderen in einer Art, welche unser gegenwärtiges Verständnis übersteigt, verbunden sind.

    (Illustration: Wir sind fähig, große Städte nach über den Daumen gepeilten Regeln zu erhellen. Wir wissen nicht, was Bewußtsein ist oder wie es mit muskulärer Handlung verbunden ist, was Elektrizität ist oder wie sie mit den Maschinen, welche sie erzeugen, verbunden ist. Und unsere Methoden hängen von Berechnungen ab, welche mathematische Ideen einschließen, die in dem Universum, wie wir es kennen, keine Entsprechung haben[8].)

12. Der Mensch kennt die Natur seines eigenen Wesens und seiner Kräfte nicht. Sogar seine Vorstellung von seinen Grenzen basiert auf Erfahrungen der Vergangenheit, und jeder Schritt vorwärts dehnt sein Reich aus. Es gibt daher keinen Grund, theoretische Grenzen[9] dafür festzusetzen, was er sein oder tun kann.

    (Illustration: Vor einer Generation wurde es als theoretisch unmöglich betrachtet, daß der Mensch jemals die chemische Zusammensetzung der Fixsterne kennen würde. Es ist bekannt, daß unsere Sinne nur dem Empfang eines unendlich kleinen Teiles der möglichen Schwingungsarten angepaßt sind. Moderne Instrumente haben uns befähigt, einige der übersinnlichen durch indirekte Methoden zu entdecken und sogar ihre besonderen Qualitäten zum Dienst des Menschen zu nutzen, wie im Falle der Strahlen von Hertz und Röntgen. Wie Tyndall sagte, der Mensch mag zu irgendeinem Moment lernen, Schwingungen aller vorstellbaren und unvorstellbaren Arten wahrzunehmen und zu gebrauchen. Die Frage der Magick ist eine Frage der Entdeckung und Verwendung bisher unbekannter Naturkräfte. Wir wissen, daß sie existieren, und wir können die Möglichkeit mentaler oder physikalischer Instrumente, welche fähig sind, uns in Beziehung mit ihnen zu bringen, nicht bezweifeln.)

13. Jeder Mensch ist sich mehr oder weniger bewußt, daß seine Individualität verschiedene Daseinsarten umfaßt, selbst wenn er behauptet, daß seine subtilen Prinzipien nur für die Wechsel in seinem groben Träger symptomatisch sind. Es kann angenommen werden, daß sich eine ähnliche Ordnung durch die ganze Natur erstreckt.

---

[8] Zum Beispiel "irrationale", "irreale", oder "infinite" Ausdrücke.

[9] Ebenso, außer - möglicherweise - im Falle logisch absurder Fragen, welche z.B. die Scholastik im Zusammenhang mit "Gott" diskutierte.

(Illustration: Man verwechselt das Leid von Zahnschmerzen nicht mit dem Zerfall, welche sie verursacht. Unbelebte Gegenstände sind für bestimmte physikalische Kräfte empfänglich, wie z.B. Elektrische- und Wärmeleiter. Aber weder in uns noch in ihnen gibt es - soweit wir wissen - irgendeine direkte bewußte Wahrnehmung dieser Kräfte. Mit allen materiellen Phänomenen sind daher unwahrnehmbare Einflüsse verbunden, und es gibt keinen Grund, warum wir auf Materie nicht mit diesen subtilen Energien einwirken könnten, wie wir es durch ihre materiellen Grundlagen tun. Tatsächlich gebrauchen wir Magnetkraft, um Eisen zu bewegen und Sonnenstrahlen, um Bilder zu reproduzieren.)

14. Der Mensch ist fähig, alles, was er wahrnimmt zu sein und zu benutzen, denn alles, was er wahrnimmt, ist in gewissem Sinne ein Teil seines Wesens. Er kann so das ganze Universum, dessen er sich bewußt ist, seinem individuellen Willen unterwerfen.

(Illustration: Der Mensch hat die Idee von Gott benutzt, um sein persönliches Verhalten vorzuschreiben, Macht über seine Freunde zu erlangen, seine Verbrechen zu entschuldigen und für unzählige andere Zwecke einschließlich dem, sich selbst als Gott zu realisieren. Er hat die irrationalen und unrealen Konzeptionen der Mathematik gebraucht, um ihm bei der Konstruktion mechanischer Erfindungen zu helfen. Er hat seine moralische Kraft benutzt, um sogar die Handlungen wilder Tiere zu beeinflussen. Er hat poetischen Genius für politische Zwecke benutzt.)

15. Jede Kraft im Universum kann durch die Benutzung der geeigneten Mittel in irgendeine andere Art von Kraft transformiert werden. Es gibt deshalb einen unerschöpflichen Vorrat jeder besonderen Art von Kraft, welche wir benötigen mögen.

(Illustration: Hitze kann, wenn sie dazu benutzt wird, Dynamos anzutreiben, in Licht und Kraft transformiert werden. Die Schwingungen der Luft können dazu benutzt werden, Menschen zu töten, indem man sie durch Sprache so lenkt, daß kriegerische Leidenschaften entflammt werden. Die Halluzinationen, welche mit den mysteriösen Energien des Sex verbunden sind, resultieren in der Fortpflanzung der Spezies.)

16. Die Anwendung irgendeiner gegebenen Kraft berührt alle Arten des Seins, welche in dem Objekt, auf welche sie angewandt wird, existieren, egal, welche dieser Arten direkt berührt wird.

    (Illustration: Wenn ich einen Menschen mit einem Dolch treffe, wird sein Bewußtsein, nicht nur sein Körper, durch meine Handlung beeinflußt, obgleich der Dolch als solcher keine direkte Beziehung dazu hat. Gleicherweise mag die Kraft meines Denkens auf den Geist einer anderen Person so wirken, daß sie in ihm oder in anderen durch ihn weitreichende physische Wechsel bewirkt.)

17. Ein Mensch kann lernen, jede Kraft so zu gebrauchen, daß sie jedem Zweck dient, indem er aus den obigen Theoremen Nutzen zieht.

    (Illustration: Ein Mensch mag ein Rasiermesser gebrauchen, um sich selbst seine Sprache bewußt zu machen, indem er es dazu benutzt, sich immer dann zu schneiden, wenn er unachtsam ein bestimmtes Wort ausspricht. Er kann den gleichen Zweck erreichen, indem er beschließt, daß jedes Ereignis seines Lebens ihn an eine besondere Sache erinnern soll, indem er jeden Eindruck zum Ausgangspunkt einer verbundenen Serie von Gedanken macht, welche bei dieser Sache enden. Er kann auch seine ganzen Energien irgendeinem besonderen Gegenstand widmen, indem er beschließt, nichts zu tun, was davon abweicht, und jede Handlung zum Vorteil dieses Gegenstandes wendet.)

18. Er kann jede Kraft des Universums anziehen, indem er sich selbst zu einem geeigneten Empfänger für sie macht, eine Verbindung mit ihr herstellt und Bedingungen arrangiert, die solcherart sind, daß ihre Natur sie zwingt, zu ihm zu fließen.

    (Illustration: Wenn ich reines Wasser trinken will, bohre ich einen Brunnen an einem Ort, wo im Untergrund Wasser ist. Ich hindere es am wegfließen und ich arrangiere es so, daß ich die Übereinstimmung des Wassers mit den Gesetzen der Schwerkraft zu meinem Vorteil so anwende, daß er gefüllt wird.)

19. Die Vorstellung des Menschen von sich selbst als getrennte Form und entgegengesetzt zum Universum hindert ihn daran, seine Ströme zu leiten. Es isoliert ihn.

(Illustration: Ein populärer Führer ist am erfolgreichsten, wenn er sich selbst vergißt und nur an 'die Sache' denkt. Eigennutz gebiert Eifersucht und Spaltung. Wenn die Organe des Körpers ihre Anwesenheit anders als durch schweigende Zufriedenheit ausdrücken, so ist das ein Zeichen, daß sie erkrankt sind. Die einzige Ausnahme sind die Reproduktionsorgane. Dennoch bestätigt auch in diesem Fall ihre Selbstbehauptung ihre Unzufriedenheit mit sich selbst, weil sie ihre Funktion nicht erfüllen können, bis sie durch ihr Gegenstück in einem anderen Organismus vervollständigt sind.)

20. Der Mensch kann nur die Kräfte anziehen und verwenden, für welche er wirklich geeignet ist.

(Illustration: Du kannst aus einem Schweineohr keine seidene Börse machen. Ein wahrer Wissenschaftler lernt aus jedem Phänomen. Aber für den Heuchler ist die Natur stumm, denn in ihr gibt es nichts falsches[10].)

21. Es gibt in der Essenz keine Grenze für das Ausmaß der Beziehungen irgendeines Menschen zum Universum. Denn sobald ein Mensch sich mit irgendeiner Idee eins macht, hören die Mittel der Messung auf zu existieren. Aber seine Macht, diese Kraft zu nutzen, ist durch seine mentale Macht und Kapazität und durch die Umstände seiner menschlichen Umgebung begrenzt.

(Illustration: Wenn sich ein Mensch verliebt, wird das ganze Universum für ihn zu nichts als grenzenloser und immanenter Liebe, aber dieser mystische Zustand ist nicht ansteckend, seine Mitmenschen sind entweder amüsiert oder verärgert. Er kann die Wirkung, welche seine Liebe auf ihn selbst gehabt hatte, nur

---

[10] Es ist kein Einwand, daß der Heuchler selbst Teil der Natur ist. Er ist ein 'endothermes' Produkt, mit sich selbst entzweit, mit einer Neigung zu zerbrechen. Er wird seine eigenen Qualitäten überall sehen und so eine grundfalsche Vorstellung der Phänomene erhalten. Die meisten Religionen der Vergangenheit haben versagt, weil sie erwarteten, daß die Natur mit ihren Erwartungen von richtigem Verhalten übereinstimmen sollte.

mittels seiner mentalen und physischen Qualitäten auf andere ausdehnen. So machten Catull, Dante und Swirnburne ihre Liebe zu einer mächtigen, die Menschheit bewegenden Kraft durch den Wert ihrer Macht, ihre Gedanken über den Gegenstand in musikalische und fließende Sprache zu kleiden. Cleopatra und andere Menschen mit Autorität wiederum gestalteten die Schicksale vieler anderer Leute, indem sie der Liebe erlaubten, ihre politischen Handlungen zu beeinflussen. Der Magier, egal, wieviel Erfolg er dabei hat, Kontakt mit den geheimen Quellen der Energie in der Natur herzustellen, kann sie nur in dem Ausmaß gebrauchen, welches von seinen intellektuellen und moralischen Qualitäten zugelassen wird. Mohammeds Verkehr mit Gabriel war nur wegen seiner Staatskunst, Kriegskunst und seiner erhabenen Beherrschung des Arabischen wirksam. Hertz Entdeckung der Strahlen, welche wir jetzt für drahtlose Telegraphie benutzen, war steril, bis sie durch die Geister und Willen der Leute reflektierte, welche ihre Wahrheit erfaßten und mittels mechanischer und ökonomischer Instrumente in die Welt der Handlung übertragen konnten.)

22. Jedes Individuum ist dem Wesen nach sich selbst genug. Aber es ist nicht eher zufrieden mit sich selbst, bis es sich selbst in seiner richtigen Beziehung zum Universum etabliert hat.

    (Illustration: Ein Mikroskop, egal wie vollkommen, ist in der Hand von Wilden nutzlos. Ein Poet, egal wie sublim, muß seine Generation beeindrucken, wenn er sich selbst erfreuen (und sogar verstehen) will, was theoretisch der Fall sein sollte.)

23. Magick ist die Wissenschaft, sich selbst und seine Bedingungen zu verstehen. Es ist die Kunst, dieses Verständnis in Handlung umzusetzen.

    (Illustration: Ein Golfschläger hat den Zweck, einen speziellen Ball in einer speziellen Art unter speziellen Umständen zu bewegen. Ein Niblick sollte kaum am Abschlagplatz benutzt werden oder ein Brassie unter dem Rand eines Bunkers. Aber der Gebrauch jedes Schlägers verlangt auch Geschicklichkeit und Erfahrung.)

24. Jeder Mensch hat ein unantastbares Recht zu sein, was er ist.

(Illustration: Darauf zu bestehen, daß sich irgendjemand anderer den eigenen Standards fügen soll, heißt nicht nur ihn, sondern sich selbst zu vergewaltigen, weil beide Parteien gleichermaßen aus der Notwendigkeit geboren sind.)

25. Jeder Mensch muß jedesmal, wenn er handelt oder auch nur denkt, Magick betreiben, weil ein Gedanke eine innere Handlung ist, deren Einfluß letztendlich die Handlung beeinflußt, obgleich er es zu der Zeit nicht tun mag.

(Illustration: Die kleinste Bewegung verursacht einen Wechsel in des Menschen eigenem Körper und in der Luft um ihn herum. Sie stört das Gleichgewicht des ganzen Universums, und ihre Wirkungen setzen sich ewig durch allen Raum fort. Jeder Gedanke, egal wie schnell unterdrückt, hat seine Wirkung auf den Geist. Er ist einer der Gründe jedes nachfolgenden Gedankens und tendiert dazu, jede nachfolgende Handlung zu beeinflussen. Ein Golfspieler mag einige wenige Meter bei seinem Schlag verlieren. Ein wenig mehr bei seinem zweiten und dritten. Er mag auf dem Grünen liegen, 6 kleine Inches zu weit vom Loch. Aber das Gesamtresultat dieser geringen Mißgeschicke ist die Differenz eines ganzen Schlages und so wahrscheinlich zwischen dem Halbieren und dem Verlieren des Loches.)

26. Jeder Mensch hat das Recht - das Recht der Selbsterhaltung - sich selbst bis zum Äußersten zu erfüllen[11].

(Illustration: Eine unvollkommen ausgeübte Funktion schädigt nicht nur sich selbst, sondern alles, was damit verbunden ist. Wenn das Herz aus Furcht, die Leber zu stören, Angst hat zu schlagen, leidet die Leber an Blutmangel und rächt sich selbst am Herzen durch Störung der Verdauung, was die Atmung

[11] Menschen von verbrecherischer' Natur sind einfach mit ihrem wahren Willen entzweit. Der Mörder hat den Willen zu leben und sein Wille zu morden ist ein falscher Wille, der mit seinem wahren Willen nicht übereinstimmt, weil er den Tod von den Händen der Gesellschaft riskiert, wenn er seinen verbrecherischen Impulsen gehorcht.

in Unordnung bringt, von welcher das Wohl des Herzens abhängt.)

27. Jeder Mensch sollte Magick zum Grundton seines Lebens machen. Er sollte ihre Gesetze lernen und danach leben.

(Illustration: Der Bankier sollte die wirkliche Bedeutung seiner Existenz entdecken, das wirkliche Motiv, welches ihn dazu führte, diesen Beruf zu wählen. Er sollte die Tätigkeit eines Bankiers als einen notwendigen Faktor in der ökonomischen Existenz der Menschheit verstehen, anstatt als ein reines Geschäft, dessen Gegenstände von der allgemeinen Wohlfahrt unabhängig sind. Er sollte lernen, falsche Werte von wirklichen zu unterscheiden, und nicht nach zufälligen Schwankungen, sondern aufgrund von Erwägungen essentieller Wichtigkeit zu handeln. Solch ein Bankier wird sich anderen als überlegen erweisen. Weil er nicht ein durch flüchtige Dinge begrenztes Individuum ist, sondern eine Naturkraft, so unpersönlich, vorurteilslos und ewig wie die Gravitation, so geduldig und unwiderstehlich wie die Zeiten. Sein System wird der Panik ebensowenig unterworfen sein wie das Gesetz der umgekehrten Quadrate durch Wahlen. Er wird wegen seiner Angelegenheiten nicht besorgt sein, weil sie nicht seine sein werden, und aus diesem Grund wird er fähig sein, sie mit der Ruhe und dem klarköpfigen Vertrauen eines Zuschauers zu leiten, mit Intelligenz, die nicht von Selbstinteresse getrübt ist, und mit Macht, die von Leidenschaften nicht geschwächt ist.)

28. Jeder Mensch hat das Recht, seinen eigenen Willen zu erfüllen, ohne darüber besorgt zu sein, daß er mit dem von Anderen interferieren könnte. Denn wenn er an seinem richtigen Platz ist, ist es der Fehler Anderer, wenn sie mit ihm interferieren.

(Illustration: Wenn ein Mensch wie Napoleon tatsächlich vom Schicksal dazu bestimmt wäre, Europa zu kontrollieren, sollte er nicht getadelt werden, weil er seine Rechte ausübt. Sich ihm entgegenzustellen wäre ein Fehler. Jeder, der dieses tut, würde einen Fehler in bezug auf sein eigenes Schicksal begehen, außer insoweit, als es für ihn nötig sein mag, die Lektionen der Niederlage zu lernen. Die Sonne bewegt sich ohne Interferenz im

Raum. Die Ordnung der Natur gibt jedem Stern eine Bahn. Ein Zusammenstoß beweist, daß der eine oder der andere von seiner Bahn abgewichen ist. Aber je fester ein Mensch seine wahre Bahn einhält, je fester er handelt, desto unwahrscheinlicher ist es, daß andere ihm in seinen Weg kommen. Sein Beispiel wird ihnen helfen, ihre eigenen Wege zu finden und diesen zu folgen. Jeder Mensch, der ein Magier wird, hilft anderen, Gleiches zu tun. Je fester und sicherer sich solch ein Mensch bewegt und je mehr solche Handlung als der Standard der Moral akzeptiert wird, desto weniger werden Streit und Verwirrung die Menschheit hindern.)

Nun, hier endet die erste Lektion.

Das scheint mir den Bereich ganz gut abzudecken; zumindest: Das ist es, was ich zu sagen habe, wenn ernsthafte Analyse gefordert wird.

Doch es gibt einen beschränkten und konventionellen Sinn, in dem das Wort gebraucht werden mag, ohne zu weit von der obigen philosophischen Position abzuweichen. Man könnte sagen:

"Magick ist das Studium und der Gebrauch von Energien, die (a) subtiler sind als die gewöhnlichen physikalisch-mechanischen Arten, (b) nur denjenigen zugänglich, die (in dem einen oder anderen Sinn) 'Initiierte' sind'. Ich fürchte, dies könnte ziemlich *obscurum per obscurius* klingen; aber das ist einer jener Fälle - wir werden wahrscheinlich im Verlauf unserer Nachforschungen auf viele solcher stoßen - in welchem wir, gut genug für alle praktischen Zwecke, verstehen, was wir meinen, aber welche sich uns umso erfolgreicher entziehen, je genauer wir versuchen, ihren Sinn zu definieren.

Wir könnten sogar noch schlechter fahren, wenn wir versuchten, Listen von Ereignissen in Geschichte, Tradition oder Erfahrung aufzustellen und dieses als wahre Magick klassifizieren und jenes nicht. Die Grenzfälle würden uns verwirren und in die Irre führen. Aber - da ich die Geschichte erwähnt habe - ich denke, es könnte helfen, wenn wir geradewegs zum letzten Teil Deiner Frage gehen und Dir eine kurze Skizze der vergangenen, gegenwärtigen und zukünftigen

Magick geben, wie sie von innen her gesehen wird. Was sind die Prinzipien der "Meister"? Was versuchen sie zu tun? Was haben sie in der Vergangenheit getan? Welche Mittel setzen sie ein?

Wie zufällig habe ich eine Skizze bei mir, die von M. Gerard Aumont von Tunis vor etwa zwanzig Jahren geschrieben wurde, und welche das Thema anmgemessem behandelt.

Ich habe mich mit der Schwierigkeit herumgeschlagen, es aus seinem Französisch zu übersetzen. Ich hoffe, nicht zu sehr an das alte *traduttore, traditore* zu erinnern. Ich werde es überarbeiten, es (wie Gaul) in drei Abschnitte teilen und Dir schicken.

Liebe ist das Gesetz, Liebe unter Willen.

Brüderlich,

666

2. Die Notwendigkeit der Magick für Alle

Cara Soror,

Tu was Du willst, soll das Ganze des Gesetzes sein.

Ich bin recht froh zu hören, daß Du so durchaus zufrieden mit meiner Erklärung warst, was Magick ist, und worauf ihre Theorien beruhen. Ebenso ist es gut zu hören, wie sehr Du an dem kleinen Blick, den Du auf ihre Arbeit in der Welt geworfen hast, interessiert warst; mehr noch, daß Du die Tatsache mitbekommen hast, daß diese offenbar dunkle und irrelevante Information eine sofortige Wirkung auf Dein Leben von Heute hat. Trotzdem, ich war nicht überrascht, daß Du hinzugefügt hast: "Aber warum sollte *Ich* ein besonderes Studium daraus machen und meine Zeit und Energie dem Erwerb von Fähigkeiten in der Wissenschaft und Kunst der Magick widmen?"

Ah, nun denn, vielleicht hast Du meine Bemerkungen zu einer unserer frühesten Unterhaltungen nicht so vollkommen verstanden, wie Du dachtest! Denn der Knackpunkt meiner Darlegung war, daß Magick keine Sache ist, die dem Hauptstrom Deines Lebens fremd ist, wie ihn Musik, Gärtnern und Jadesammeln darstellen könnten. Nein, jede Handlung Deines Lebens ist eine magische Handlung; wann immer aus Ignoranz, Sorglosigkeit, Unbeholfenheit, oder was auch immer, Du Mangel an vollkommenem, künstlerischem Erfolg hast, registrierst Du unausweichlich Versagen, Unbehagen, Frustration. Glücklicherweise für uns alle, sind die meisten Dinge, bei denen es wesentlich ist, daß sie fortgesetzt werden, unwillkürlich; das 'Unbewußte' hat sich so sehr daran gewöhnt, seinen "Wahren Willen" zu erfüllen, daß keine Notwendigkeit zur Einmischung besteht; wenn eine solche Notwendigkeit erwächst, nennen wir es Krankheit, und versuchen, die Maschine in Ordnung zu bringen, um eine spontane Erfüllung ihrer Funktion zu erreichen.

Aber das ist nur ein Teil der Geschichte. Wie die Dinge stehen, sind wir alle in ein Universum von unermeßlichen, von unberechenbaren Möglichkeiten vorgestoßen, in Situationen, niemals vom Lauf der Evolution vorgesehen. Der Mensch ist ein Meerestier; wenn er entschiede, daß es für ihn irgendwie besser wäre, auf dem Land zu leben, so müßte er sich Lungen anstelle der Kiemen wachsen lassen. Wenn wir über weichen Schnee reisen wollen, müssen wir den Ski erfinden; wenn wir Gedanken austauschen wollen, so müssen wir einen konventionellen Code von Lauten einrichten, von Knoten in einem Strick, von gravierten oder geschriebenen Charakteren - in einem Wort - uns einlassen auf den grenzenlosen Ozean der Hieroglyphen oder Symbole der einen oder anderen Art. (Gegenwärtig muß ich die überragende Wichtigkeit solcher Systeme erklären; tatsächlich ist das Universum nicht, und kann es nicht sein, etwas Anderes als ein Arrangement symbolischer Charaktere!)

Hier sind wir denn, gefangen in einem Netz der Umstände; wenn wir schon etwas über das rein automatisch dahinvegetierende Leben Hinausgehendes tun sollen, so müssen wir uns bewußt der Magick verschreiben, "der Wissenschaft und Kunst (laß mich Dich daran erinnern!), Wechsel in Übereinstimmung mit dem Willen zu erreichen." Beachte, daß die kleinste Nachlässigkeit, oder der kleinste Fehler, bedeutet, daß Dinge geschehen, die nicht auf diese Weise in Übereinstimmung stehen; wenn dies trotz unserer Anstrengungen so ist, sind wir (zeitweilig) genarrt: Wenn es unser eigenes Unwissen darüber ist, was wir wollen sollten, oder Mangel an Fertigkeit, unsere Mittel zum richtigen Ende zu bringen, dann beginnen wir einen Konflikt in unserer eigenen Natur: Unsere Handlungsweise ist selbstmörderisch. Solch innerer Streit liegt fast allen Neurosen zugrunde, wie Freud kürzlich "entdeckt" hat - als ob dies nicht, ohne seine gehäuften Fehler, von den großen Lehrern der Vergangenheit gelehrt und gelehrt wurde! Die Taoistische Doktrin im Besonderen ist höchst präzise und emphatisch in diesem Punkt; in der Tat, sie mag Manchen von uns über das Ziel hinauszuschießen scheinen, denn nichts ist in diesem

Schema erlaubt, als reibungslose Anpassung an - und Annahme der - Umstände. "Mildherzigkeit und Rechtschaffenheit" werden geradezu mißbilligt! Daß irgendsolche Ideen irgendwann existiert haben sollten (sagt Lao-Tse), ist nur ein Beweis der universalen Unordnung. Taoistische Sektierer nehmen offenbar an, daß Vollkommenheit in der Abwesenheit jeder Störung im Strom der Unwissenheit besteht; und dies ist der buddhistischen Idee des Nibbana sehr ähnlich.

Wir, die das Gesetz von Thelema akzeptieren, können nicht, sogar, wenn wir mit dieser Doktrin theoretisch spielen, anerkennen, daß dieser Plan funktioniert; unser Ziel ist, daß unser Nichts, ideal vollkommen, wie es in sich selbst ist, sich selbst in der Erkenntnis der Erfüllung all seiner Möglichkeiten erfreuen sollte. Alle solchen Phänomene oder "Gipfelerlebnisse" sind gleichfalls "Illusion"; Nichts ist immer Nichts; doch die Projektion des Nichts auf diesen Schirm des Phänomenalen, erklärt nicht nur, sondern konstituiert, das Universum. Es ist das einzige System, das all die dem Denken und der Erfahrung inhärenten Widersprüche versöhnt; denn in ihm *ist* "Realität"-"Illusion"; "Freier Wille" *ist* "Bestimmung"; das "Selbst" *ist* das "Nicht-Selbst"; und so fort, für jedes Puzzle der Philosophie.

Keine zu schlechte Analogie ist ein endloses Stück Strick. Wie bei einem Treibriemen kannst Du keinen Knoten hineinmachen; alle Komplexitäten, die Du ersinnen kannst, sind nur "Zauberknoten" und lösen sich bei der richtigen Berührung. Immer entweder Nichts oder Zwei! Aber jede neue Zusammenstellung wirft weiteres Licht auf die möglichen Verwicklungen, das ist die Natur des Strickes selbst. Er ist immer "Nichts", wenn Du ihn herausholst; aber wird "Alles", wenn Du mit ihm herumspielst[12], weil da keine Grenze für die Kombinationen besteht, die Du daraus formen kannst, außer in Deiner Vorstellung (wo die ganze Sache hingehört), und die wächst mit der Erfahrung mächtig an. Es ist natürlicherweise die Zeit wert, sich selbst in jeder vorstellbaren Weise zu erfüllen.

Es ist also (wirst Du sagen) unmöglich, "falsch zu handeln", da alle Phänomene gleichermaßen "Illusion" sind, und die Antwort ist im-

[12] N + N = Zwei oder Nichts; das eine ist der Weg der Magick, das andere derjenige der Mystik. Du wirst eines Tages eine Menge darüber hören.

mer "Nichts". In der Theorie kann man diesen Vorschlag kaum verneinen; aber in der Praxis - wie soll ich es darstellen?

"Der Zustand der Illusion, den ich der Bequemlichkeit halber mein gegenwärtiges Bewußtsein nenne, ist solcher Art, daß der Verlauf der Handlung A natürlicher für mich ist, als der Verlauf der Handlung B."

Oder: A ist ein kürzerer Weg zum Nichts; A verursacht weniger wahrscheinlich einen inneren Konflikt.

Wird das reichen?

Biete einem Hund einen saftigen Knochen und ein Bündel Heu; er wird *natürlich* den Knochen nehmen, während ein Pferd das Heu wählt. So, wie Du in der Lage bist, Dir vorzustellen, Du seist eine hübsche Dame auf der Suche nach der verborgenen Weisheit, kommst Du zu mir; wenn Du denken würdest, Du seist ein Neger-Musiker, würdest Du das Banjo spielen und Lieder singen, dazu berechnet, die geläufige Münze des Reiches von einem achtlosen Publikum zu bekommen! Die beiden Handlungen sind letztendlich identisch - siehe *AL,* I: 22 - und Deine Erkenntnis dieser Tatsache würde aus Dir einen Initiierten sehr hohen Ranges machen; aber in der alltäglichen Welt, bist Du "wirklich" die hübsche Dame, und läßt den Musiker klapperig und alt werden und sich einen Dienstjungen mieten, der sein Banjo trägt!

Nun denn, was mich beschäftigt, ist dieses: Habe ich oder habe ich nicht, dieses Thema der "Magick" erklärt - "Warum sollte ich (der ich gerade eben davon gehört habe, zumindest als ein ernsthaftes Objekt des Studiums) ein Wissen um ihre Prinzipien und die Macht, übertragen durch ihre Meisterschaft, erwerben?" Muß ich Dich mit Versprechen der Gesundheit, des Reichtums, der Macht über Andere, des Wissens, der thaumaturgischen Künste, des Erfolges in jedem weltlichen Vorhaben, bestechen, wie ich es, ziemlich ehrlich, tun könnte? Ich hoffe es besteht keine solche Notwendigkeit - und doch, soll ich es gestehen? - es war nur, weil all die "guten Dinge des Lebens" plötzlich von mir für wertlos erachtet wurden, daß ich die ersten Schritte in die Richtung der Erlangung jener Weisheit machte, welche, während ich das "Fest des Lebens" in seiner Fülle ausschöpfe, für mich eine Garantie gegen Ekel, Gift oder Unterbrechung durch das Wissen ist, daß alles ein Traum ist, und mir die Macht gibt, diesen Traum in jede Form zu bringen, die meiner Neigung gefällt.

Laß es mich kurz und bündig zusammenfassen; wie üblich hat mich mein Enthusiasmus dazu verführt, meinen weisen Diskurs mit der dichterischen Vorstellungskraft auszuschmücken!

Warum solltest Du Magick studieren und praktizieren? Weil Du nichts dagegen unternehmen kannst, und es besser gut als schlecht machst. Du bist damit verbunden, ob Du es magst oder nicht; warum weiter Deinen Schlag überziehen, und Deinen Brassie unterschneiden, und Deinen Niblick auslassen, und Dein Eisen ziehen, und Deinen Mashie fassen, und mit Deinem Putt nicht heraufkommen[13] - das sind 6, und es wird Dir nicht erlaubt aufzunehmen. Es ist ein weiter Weg zum Neunzehnten, und der Himmel droht Sturm vor der herannahenden Nacht.

Liebe ist das Gesetz, Liebe unter Willen.

Brüderlich,

666

[13] Brassie, Niblick, Eisen und Mashie sind spezielle Formen von Golfschlägern. Der Putt ist der Schlag, welche die Kugel am Ende in das Loch befördern soll. (d. Übers.)

3. Hieroglyphen Leben und Sprache - notwendig symbolisch

Cara Soror,

Tu was Du willst, soll das Ganze des Gesetzes sein.

Die Irritation in Deinem letzten Brief ist sehr natürlich! Du schreibst:

Aber warum? Warum dieser ganze ausgearbeitete Symbolismus? Warum nicht geradeheraus sagen, was Du meinst? Sicherlich ist das Thema auf jeden Fall schwierig genug - mußt Du eine Maske aufsetzen, um es zu erklären? Ich kenne Dich bis jetzt gut genug um sicher zu sein, daß Du mich nicht mit irgendeinem Heiliger Willie - Unsinn über das Unerfahrbare abspeist, die menschliche Sprache unpassend, solche Geheimnisse zu enthüllen, die Notwendigkeit, eine neue Sprache zu konstatieren, um ein neues Gedankensystem zu erklären; natürlich weiß ich, daß dieses im Falle der Chemie, der höheren Mathematik, in der Tat bei fast allen technischen Themen getan werden mußte; aber ich fühle, daß Du eine andere, tiefere Erklärung in Reserve hast. Letztendlich war das Meiste von dem, was ich von Dir lernen will für viele der großen Geister der Menschheit während vieler Jahrhunderte alltäglich. In der Tat ist die Kabbalah eine besondere Sprache, und diese ist alt genug; es gibt nicht viel neues Material, das in diese Struktur paßt. Aber, zuerst einmal, warum haben sie sich in diesen symbolischen Jargon zurückgezogen?

Du stellst es sehr gut dar, und wenn ich darüber nachdenke, fühle ich mich weit entfernt davon, sicher zu sein, daß die Antwort, die ich Dir antun will, Dich befriedigen wird, oder sogar, ob sie wasserdicht ist! Am letzten Rückzugsort, muß ich darauf bestehen, daß wir durch Erfahrung gerechtfertigt sind, durch den empirischen Erfolg in der Mitteilung von Gedanken, welche in der Vergangenheit und auch weiterhin unseren Ansprüchen genügen.

Doch um eine vollständige Antwort zu geben, muß ich zurück zum Anfang gehen, zum ursprünglichen Problem; und ich bitte darum, daß Du nicht annimmst, daß ich der Frage ausweiche, oder die irische Methode wähle, sie durch eine Andere zu beantworten, obwohl ich weiß, daß ich klingen könnte, als ob.

Laß mich damit beginnen, unser ursprüngliches Problem zu wiederholen; was wir wollen, ist Wahrheit; wir wollen eine noch weitere Annäherung an die Realität; Und wir wollen die passenden Mittel, dieses Ziel zu erreichen, entdecken und diskutieren.

Sehr gut; laß uns mit der einfachsten möglichen Frage beginnen - und der schwierigsten - "Was ist etwas?" "Was wissen wir?" und andere Fragen, die natürlich daraus folgen.

- Ich sehe einen Baum.
- Ich höre ihn - rascheln oder ächzen im Wind.
- Ich berühre ihn - hart.
- Ich rieche ihn - beißend.
- Ich schmecke ihn - bitter.

Nun muß die ganze Information, die von diesen fünf Sinnen gegeben wird zusammengeführt werden, obwohl nicht zwei in irgendeiner Art übereinstimmen. Die Logik, mit der wir unsere komplexe Idee eines Baumes aufbauen, hat mehr Löcher, als ein Sieb.

Aber das bedeutet, weit voraus zu springen: wir müssen zuerst den einen, einfachen Eindruck analysieren. "Ich sehe einen Baum." Dieses Phänomen ist, was man ein "punktuelles Ereignis" nennt. Es ist das Zusammentreffen der zwei, dem Seher und dem Gesehenen. Es ist einzig und einfach; und doch können wir von keinem von ihnen anders als komplex denken. Und dieses punktuelle Ereignis sagt nichts über die Beiden aus; beide, wie Herbert Spencer und Gott-weiß-wie-viele andere gezeigt haben, unerkennbar; es steht für sich selbst, allein und erhoben. Es ist passiert, es ist unbestreitbar Realität. Und doch können wir es nicht bestätigen; denn es kann niemals wieder genauso geschehen. Was sogar noch mehr verwundert, ist, daß das Auge Zeit benötigt, um einen Eindruck an das Bewußtsein zu übermitteln (er mag sich während des Prozesses auf tausend Arten verändern!) Alles, was wirklich existiert, ist nur eine Erinnerung an das Ereignis, niemals das Ereignis selbst. Was *ist* dann Realität, derer wir uns so sicher sind? Offensichtlich hat es keinen Namen, da es niemals zuvor passiert ist, oder wieder passieren kann! Um es zu diskutieren, müssen wir einen Namen *erfinden,* und dieser Name (wie alle Namen) kann kaum irgendetwas außer einem Symbol sein.

Sogar so, wie so oft betont, ist alles, was wir tun "das Verhalten unserer Instrumente aufzeichnen". Noch stehen wir besser da, wenn wir dieses taten; denn unser Symbol, welches sich auf ein einzigartiges Ereignis bezieht, und von keinem anderen berührt wird, kann für den Nachbar nichts bedeuten. Was natürlich passiert, ist, daß vielen von uns ähnliche, wenn auch nicht gleiche punktuelle Ereignisse geschehen, und so sind wir fähig, eine symbolische Sprache zu konstruieren. Meine Erinnerung an die geheimnisvolle Realität spiegelt Deine ausreichend wieder, um uns dazu zu bringen, übereinzustimmen, daß beide zur selben Klasse gehören.

Aber laß mich Dich weiterhin bitten, über die Anordnung der Sprache selbst nachzudenken. Außer im Falle onomatopoetischer Wörter und einiger anderer, besteht keine logische Verbindung zwischen einem Ding und dem Klang unseres Namens dafür. "Bow-wow" ist ein vernünftigerer Name als "Dog", welcher eine bloße Konvention ist, auf den sich die Engländer geeinigt haben, während andere Nationen *chien, Hund, cane, kalb, kutta* und so weiter bevorzugen. Alles Symbole, wie Du siehst mein liebes Kind, und Dein Herumzappeln nützt überhaupt nichts!

Aber es hört noch nicht auf. Wenn wir versuchen, Gedanken durch die Schrift zu übermitteln, sind wir dazu verdammt, uns fest hinzusetzen und eine heilige Kabbalah aus nichts zu konstruieren. Warum sollte eine rechts offene Linie wie der Ozean klingen, und nach oben offen, wie Du? Und all diese willkürlichen, symbolischen Buchstaben werden mit ebenso symbolischen und willkürlichen Regeln kombiniert, um konventionelle Bedeutungen zu übernehmen und diese Worte wiederum, mit Hilfe einer nicht weniger windigen Prozedur, zu Sätzen zusammengefügt.

Und dann wundert sich die Leute, wie es kommt, daß Fehler und Mißverständnisse in der Übertragung von Gedanken von einer Person auf die andere entstehen können! Sie sehen es fast als einen wunderbaren Eingriff der Vorsehung an, wenn auch nur eine von den einfachsten Ideen "schiefläuft". Nun denn, da das so ist, ist es offenbar vernünftig, sich sein eigenes Alphabet zu konstruieren, mit seinen eigenen präzisen Definitionen, um mit so einem abstrusen und technischen Gegenstand wie der Magick umzugehen. Die "normalen" Wörter, wie Gott, Selbst, Seele, Geist und der Rest, sind so viele tausend Male auf so viele verschiedene Weisen gebraucht worden, gewöhnlich von Autoren, welche die Notwendigkeit der Definition entweder nicht kannten, oder sich nicht darum kümmerten, so daß der Gebrauch von ihnen in einem wissenschaftlichen Essay heutzutage fast lächerlich ist.

Das ist alles bis jetzt, Schwester; keine Nörgelei mehr, bitte; setz Dich ruhig mit Deinem 777 hin, und lerne es auswendig!

Liebe ist das Gesetz, Liebe unter Willen.

Brüderlich,

666

4. Die Kabbalah
Das beste Training für das Gedächtnis

Cara Soror,

Tu was Du willst, soll das Ganze des Gesetzes sein.

Nun mußt Du Kabbalah lernen. Lerne dieses Alphabet der Magick. Du mußt es vertrauensvoll annehmen, wie ein Kind sein eigenes Alphabet. Niemand hat jemals herausgefunden, warum die Ordnung der Buchstaben so ist wie sie ist. Wahrscheinlich gibt es keine.

Aber unser Magisches Alphabet sind in erster Linie nicht Buchstaben, sondern Bilder, nicht Geräusche, sondern mathematische Ideen. Sir Humphrey Davy, der aus seiner berühmten Erleuchtung kam (ein wenig Lachgas hatte ihm hineingeholfen) rief aus: Das Universum ist einzig aus Ideen errichtet. Wir, dies ein wenig analysierend, sagen: Das Universum ist ein mathematischer Ausdruck.

Sir James Jeans könnte dies gesagt haben, nur daß sein Bankier ihm geraten hat, in Gott zu investieren. Die einfachste Form der Gleichung ist 0 = 2, anderswo in voller Länge dargelegt. Diese zwei selbst, kann auf eine indefinite Anzahl von Arten ausgedrückt werden. Jede Primzahl, eingeschlossen einige, die nicht in den "natürlichen Zahlen" enthalten sind, ist ein Individuum. Die anderen Zahlen, mit vielleicht einigen Ausnahmen (z.B), sind aus ihren Primfaktoren konstruiert.

Jede dieser Ideen kann auf sehr verschiedene Weisen erklärt, untersucht und verstanden werden. Erstens, die hebräischen, griechischen und arabischen Zahlen sind auch Buchstaben. Dann, jeder dieser Buchstaben wird weiter durch eines der (willkürlich zusammengestellten) "Elemente der Natur" beschrieben; die vier (oder fünf) Elemente, die sieben (oder zehn) Planeten, und die zwölf Zeichen des Zodiak.

All diese sind angeordnet in einem geometrischen Muster, zusammengestellt aus den zehn "Sephiroth" (Zahlen) und zweiundzwanzig "Pfaden", die sie verbinden; dies wird der Baum des Lebens genannt.

Jede Idee jedoch, kann, und sollte, einem oder mehreren dieser ursprünglichen Symbole zugeordnet werden; so ist grün, in verschiedenen Schattierungen, eine Qualität oder Funktion von Venus, der Erde, der See, Libra, und anderen, ebenso abstrakten Ideen; Unehrlichkeit bedeutet "ein getrübter Merkur", Großzügigkeit einen guten, obwohl nicht immer starken, Jupiter; und so weiter.

Der Baum des Lebens muß auswendig gelernt werden; Du mußt ihn vorwärts, rückwärts, seitwärts und umgekehrt kennen; er muß der automatische Hintergrund all Deines Denkens werden. Du mußt damit fortfahren, alles, was Dir über den Weg läuft, an seinen richtigen Ast zu hängen.

Zuerst natürlich, ist das alles furchtbar verwirrend; aber halte durch, und cs wird eine Zeit kommen, wo all die komischen Stücke in die Spannsäge passen, und Du wirst - mit welch bewundernder Verwunderung! - die wundervolle Schönheit und Symmetrie des kabbalistischen Systems sehen.

Und dann - was für eine Waffe wirst Du geschmiedet haben!

Was für eine Macht, Dein Denken zu analysieren, zu ordnen, zu manipulieren!

Das Buch des Gesetzes selbst besteht auf der Tatsache, daß es eine Kabbalah enthält, die mir zum Zeitpunkt seines Diktats zu hoch war, mir jetzt zu hoch ist, und mir in dieser Inkarnation immer zu hoch sein wird. Laß mich Deine spirituelle Aufmerksamkeit auf *AL,* 1:54, 1:56, 11:54-55, 11:76,111:47 lenken.

Nun gab es zu der Zeit genügend Verständliches, um mich zu versichern, daß der Autor des Buches zumindest genauso viel von der Kabbalah kannte, wie ich. Ich habe unterdessen mehr als genug entdeckt, um ohne Zweifel abzusichern, daß er eine ganze Menge mehr als ich verstand, und das von einer allgemein höheren Ordnung als ich; zuletzt haben solche Lichtschimmer wie sie Zeit und verzweifelte Studien auf viele andere obskure Passagen warfen, keinen wie auch immer gearteten Zweifel in meinem Geist zurückgelassen, daß Er in der Tat der größte Kabbalist aller Zeiten ist.

Wenn Du ein wahrer Adept all dieser wohlbekannten Berechnungen bist, "bereite Dich darauf vor, die unermeßliche Region zu betreten" und das Unbekannte auszugraben.

Du mußt Deine eigene Kabbalah konstruieren!

Niemand kann das für Dich tun. Was ist Deine eigene wahre Zahl? Du mußt sie finden und beweisen, daß sie korrekt ist. Im Verlauf weniger Jahre solltest Du Dir einen Palast unaussprechlichen Glanzes erbaut haben, einen Garten unbeschreiblicher Freude. Weder Zeit noch Schicksal kann diese ruhigen Türme zähmen, diese Minarette der Musik, oder eine Blume in diesen Avenuen des Parfüms verblassen lassen!

Humph! Wie garstig von mir: Aber mir ist aufgegangen, daß es ebenso gut sein könnte, wenn Du Dein eigenes Sepher Sephiroth entwirfst! Was für eine ausnehmend gemeine Sache als Vorschlag! Trotzdem, ich schlage sie vor.

Letztlich ist es einfach genug. Jedes Wort, dem Du begegnest, addiere es, schreibe es unter der Zahl in ein Buch, daß zu diesem Zweck geführt wird. Das mag ermüdend und verrückt erscheinen; warum solltest Du die ganze Arbeit noch einmal machen, die ich bereits für Dich getan habe? Begründung: einfach. Das zu tun, lehrt Dich die Kabbalah, wie es nichts anderes könnte. Außerdem wirst Du nicht mit Worten überschüttet werden, die nichts für Dich bedeuten, und falls es passieren sollte, daß Du ein Wort brauchst, um eine bestimmte

Zahl zu erklären, kannst Du es in meinem *Sepher Sephiroth* nachschauen. Auch kann es sein, daß Du mit dieser Methode auf eine reiche Ader an Worten stößt, die ich insgesamt vergessen habe.

Kein Zweifel, ein *Wirklich Großer Lehrer* hätte gesagt: "Paß auf! Nimm mein Wörterbuch und nur meines allein! Alle anderen sind unecht!" Aber dann bin ich eben kein W.G.L. dieser Art.

Als Antwort solltest Du natürlich die Wörter aufschreiben, die Dir ohnehin zwangsläufig über den Weg laufen: Zahlen wie 11, 13, 31, 37 und ihre Vielfachen; die Gottesnamen und die der Erzengel; die planetarischen und geomantischen Namen; und Dein eigener, geheimer und besonderer Name mit seinen Verzweigungen. Danach laß Dich von Deiner Arbeit auf der Astralebene leiten. Wenn Du den Namen und andere Wörter, die von solchen Wesen, wie Du sie dort triffst oder invozierst, mitgeteilt werden, untersuchst, werden viele andere in ihren passenden Verbindungen auftauchen. Sehr bald wirst Du ein hübsches kleines Sepher Sephiroth für Dich ganz allein haben. Erinnere Dich daran, vor allen Dingen auf Kohärenz zu achten.

Nebenbei ist es eine ausgezeichnete Übung, auf Deinen Spaziergängen etwas mentale Arithmetik zu betreiben; gewöhne Dir an, alle Namen, die Dir beim morgendlichen Lesen aufgefallen sind, aufzuaddieren. Nietzsche hat gut beobachtet, daß die besten Gedanken beim Gehen kommen; und es ist mir mehr als ein- oder zweimal geschehen, daß wirklich wichtige Korrespondenzen wie Blitzschläge kamen, als ich die alten Hufe schwang.

Du wirst bemerkt haben, daß ich mich in dieser kurzen Darlegung auf die Gematria beschränkt habe, der direkten Beziehung zwischen Wort und Zahl, ohne jeglichen Bezug zum Notariqon, der verfluchten Kunst, Wörter aus Initialen zu machen, wie (im profanen Leben) Wrens[14] und Gestapo und ihre schreckliche Brut, oder zu Temurah, der Kunst der Positionsveränderung der Buchstaben eines Wortes, eine Art von Scrabble; denn sie sind meist frivol. Irgendwelche ernsthaften Berechnungen darauf zu gründen, wäre absurd.

[14] Abk. f. "Womans Royal Navy Service", der Frauen zugängliche Teil der britischen Kriegsmarine. [A.d.Ü]

Liebe ist das Gesetz, Liebe unter Willen.

Brüderlich,

666

P.S. Du solltest *Der Equinox,* Vol. 1 No.5, *Der Tempel von Solomon dem König* für eine genauere Darlegung der Kabbalah studieren.

5. Das Universum: Die 0 = 2 Gleichung

Cara Soror,

Tu was Du willst, soll das Ganze des Gesetzes sein.

Ja, ich gebe alles zu! Es ist *alles* meine Schuld. Meine vergangenen Schriften durchsehend, stelle ich fest, daß mein einziger, einpunktiger Versuch, eine vernünftige Ontologie zu entwickeln, meine frühe, tölpelhafte kleine Broschüre *Berashith*[15] war. Seitdem scheine ich anzunehmen, daß jeder alles darüber weiß; ich beziehe mich darauf, zitiere es, setze mich jedoch niemals ernsthaft hin, um die These zu demonstrieren, oder sogar nur in gesetzten Ausdrücken zu konstatieren. Kapitel 0 von Magick in Theorie und Praxis gleitet sanft darüber hinweg; die "Neapel Anordnung" in *Das Buch Thoth* weicht ihr mit geradezu teuflischem Ingenium aus. Ich frage mich, warum. Es ist außerordentlich seltsam, denn jedes Mal, wenn ich an die Gleichung denke, schüttelt mich ein scharfes Glühen der Zufriedenheit, daß dieses ewige Rätsel der Sphinx zuletzt beantwortet sein soll.

So laß mich nun mir selbst die Freude und Dir die Bequemlichkeit geben, das Problem von Anfang an aufzurollen und die Vernunft der Lösung zu beweisen - zu zeigen, daß der Widerspruch dieser Gleichung *undenkbar* ist. Bist Du fertig? Vorwärts! Paddeln!

A. Wir sind bewußt.

[15] Siehe Crowley, ***Gesammelte Werke.***

B. Wir können die Existenz von etwas (ob "wirklich" oder "illusorisch" macht keinen Unterschied) nicht bezweifeln, da der Zweifel selbst eine Form des Bewußtseins ist.

C. Wir fassen all das, dessen wir uns bewußt sind, unter dem bequemen Namen "Existenz", oder "Universum" zusammen. Kosmos ist nicht so gut für diesen Zweck; das Wort impliziert eine "Ordnung", welche auf der gegenwärtigen Stufe unserer Argumentation eine bloße Annahme ist.

D. Wir neigen auch dazu, von dem Universum als Dinge enthaltend, derer wir uns nicht bewußt sind zu denken; aber das ist insgesamt nicht zu rechtfertigen, obwohl es schwierig ist, überhaupt zu denken, ohne eine solche Annahme zu treffen. Zum Beispiel mag jemand auf einen neuen Zweig des Wissens stoßen - sagen wir, Histologie oder Hammurabi oder die Sprache der Irokesen oder die Gedichte des Hermaphroditen von Panormita. Es scheint, daß sie alle bereit sind und auf uns warten; wir können einfach nicht glauben, daß wir es alles schaffen, indem wir fortschreiten. Trotz alledem ist es reiner Sophismus; es kann sein, daß wir bloß die Inhalte unseres eigenen Geistes ausbreiten. Dann wieder, hört ein Ding auf zu existieren, wenn wir es vergessen? Die Antwort ist, daß man nicht sicher sein kann.

   Persönlich bin ich von der Existenz eines Universums außerhalb meiner eigenen ständigen Bewußtheit überzeugt; aber es ist sogar in diesem Falle wahr, daß es *für mich* nicht existiert, bis es seinen Platz als Teil meines Bewußtseins einnimmt.

E. Dieser ganze Abschnitt D ist von der Art einer Abschweifung, denn was auch immer Du darüber denken magst, berührt in keiner Weise die Argumentation dieses Briefes. Aber er mußte hineingenommen werden, um Dich davor zu bewahren, irrelevante Einwände zu erheben. Laß mich nun von C. aus fortfahren.

F. Etwas ist[16]. Dieses Etwas erscheint unberechenbar groß und komplex. Wie entstand es?

[16] Du mußt *Der Soldat und der Bucklige:! und ?* in *Der Equinox*, Vol. I, No. I lesen.

Dies ist, in Kürze, das "Rätsel des Universums", welches immer das erste Vorurteil aller ernsthaften Philosophen gewesen ist, seit die Menschen überhaupt zu denken begannen.

G. Der orthodoxe Idiot antwortet, normalerweise in obskuren Ausdrücken verpackt, in der Hoffnung, vor dem Fragenden die Tatsache zu verbergen, daß es überhaupt keine Antwort, sondern ein Ausweichen ist: Gott hat es geschaffen.

Dann lautet die Frage, offensichtlich, wer hat Gott geschaffen? Manchmal haben wir einen Demiurgen, einen schöpferischen Gott, hinter dem eine ewige formlose Größe steht - alles, um das Thema zu verwirren!

Manchmal wird das Universum von einem Elephanten gestützt; der wiederum steht auf einer Schildkröte ... an diesem Punkt wird gehofft, daß der Frager zu müde und verwirrt ist, um zu fragen, was die Schildkröte oben hält.

Manchmal kristallisieren sich ein großer Vater und eine große Mutter aus einem großen wolkigen Durcheinander von "Elementen" - und so weiter.

Aber niemand beantwortet die Frage; zumindest niemand von diesen Gotterfindenden Mauleseln mit ihren unheilbaren Durchschnittshirnen.

H. Ernsthafte Philosophie hat schon immer damit begonnen, diese Kindereien zu verwerfen. Aus Notwendigkeit ist sie in diese drei Schulen unterteilt worden: die Nihilistische, die Monistische, die Dualistische.

I. Die letzte ist, an der Oberfläche, die plausibelste; denn fast das Erste, das wir bei der Untersuchung des Universums bemerken, ist, was die Hindu - Schulen "die "Paare der Gegensätze" nennen.

Das ist ebenfalls sehr bequem, da es sich so gut für die orthodoxe Theologie verwenden läßt; so haben wir Ormuzd und Ahriman, die Devas und die Asuras, Osiris und Set, et cetera und da capo, Personifikationen von "Gut" und "Böse". Die Feinde mögen fair bekämpft werden, aber öfter ist von einer Revolte im Himmel die Rede. In diesem Fall ist das "Böse" zeitweilig; bald, speziell mit der finanziellen Hilfe der Gläubigen, wird der "Teufel" in die "bodenlose Grube" geworfen werden, und "die Heiligen werden mit Christus regieren in Herrlichkeit auf immerdar, Amen!" Oft ist ein "Heiland", ein "sterbender Gott" notwendig, um der Allmacht den Sieg zu sichern; und das ist normalerweise das, was kleine, vulgäre Jungen eine 'rührende Geschichte' nennen würden!

J. Die Monistische (oder Advaitistische) Schule, ist insgesamt subtiler und raffinierter; sie scheint der *Ultimaten* Realität (als entgegengesetzt zur oberflächlichen Betrachtung des Dualismus) näher zu kommen.

Es scheint mir, daß diese Doktrin auf einem Lehrsatz zweifelhafter Gültigkeit beruht. Um Dir die schrecklich schamvolle Wahrheit zu sagen, ich hasse diese Doktrin so wutentbrannt, daß ich mir selbst kaum trauen kann, sie fair darzustellen! Aber ich will es versuchen. In der Zwischenzeit kannst Du sie in den *Upanishaden,* der *Bhagavad Gita,* Ernst Haeckels *Das Rätsel des Universums,* und Dutzenden anderen Klassikern studieren. Das Dogma scheint seine Anhänger zu Dithyramben herauszufordern. Ich muß die Poesie der Idee zugeben; aber da ist etwas in mir, daß sie vehement zurückweist, mit einer quälenden, rachsüchtigen Gewalt. Vielleicht, weil ein Teil unseres Systems mit ihren ersten Gleichungen parallel läuft.

K. Die Monisten erkennen ziemlich klar und korrekt, daß es absurd ist, die Frage "Wie kamen diese vielen Dinge (derer wir uns bewußt sind) ins Sein?" dadurch zu beantworten, daß Vieles aus Vielem kam; und "Vieles" bedeutet in diesem Zusammenhang Zwei. Das Universum muß also ein einzelnes Phänomen sein: mach es ewig und den ganzen Rest - d.h., nimm ihm alle Begrenzungen *jeglicher* Art - und das Universum erklärt sich selbst. Wie können dann Gegensätze existieren, wie wir beobachten, daß sie es tun? Ist es nicht die Essenz unserer eigenen ursprünglichen Lehrsätze, daß die Vielen auf das Eine zurückführbar sein müssen? Sie sehen, wie ungeschickt das ist; so wird der "Teufel" der Dualisten aufgelöst und zur "Illusion" verdampft; was sie mit "Mayan" oder einem ähnlichen Ausdruck bezeichnen.

"Realität existiert für sie einzig aus Brahman, dem höchsten Wesen, "ohne Quantität oder Qualität". Sie sind gezwungen, ihm alle Attribute abzusprechen, sogar das der Existenz; denn sonst würden sie sich *begrenzen* und so kopfüber zurück in den Dualismus geschleudert werden. Alles, dessen wir uns bewußt sind, muß offensichtlich Grenzen besitzen, oder es könnte keine erfaßbare Bedeutung für uns haben; wenn wir "Schwein" wollen, so müssen wir seine Qualitäten und Quantitäten spezifizieren; zumindest müssen wir fähig sein, es von "dem-was-nicht-Schwein-ist" zu unterscheiden.

Aber - einen Moment bitte!

L. Im Advaitismus ist es eine höchst faszinierende Gefahr; diese ist, daß, bis zu einem gewissen Punkt, "Religiöse Erfahrung" dazu tendiert, diese Theorie zu unterstützen.

Ein Wort dazu. Vulgäre Geister, welche mit einem persönlichen Gott zufrieden sind, Vishnu, Jesus, Melcarth, Mithras, oder einem anderen, regen sich oft selbst - nenne es "Energetisierten Enthusiasmus", wenn Du sarkastisch sein willst! - bis zu dem Punkt auf, an dem sie klare Visionen von den Dingen ihres Verlangens haben. Aber diese Leute haben sich noch nicht einmal die ursprüngliche Frage "Woher kommt's?" gestellt, welche unser gegenwärtiges Thema ist. Wirf sie auf den Müll!

M. Jenseits von Vishnurapadarshana, der Vision der Form Vishnus, jenseits dieser schon luftigeren Vision, welche in der Hindu - Klassifikation mit unserem "Kenntnis und Konversation des Heiligen Schutzengels" korrespondiert, ist das sogenannte Atmadarshana, die Vision (oder *Annäherung*, ein viel besseres Wort) des Universums als ein *einzelnes* Phänomen, außerhalb aller Grenzen, ob von Zeit, Raum, Kausalität, oder was nicht.

Sehr gut, so kommen wir zur direkten Realisation der Advaitistischen Theorie des Universums. Alles paßt perfekt. Auch möchte ich, daß Du verstehst, daß wenn ich "Realisation" meine, ich es in einem Sinne meine, so intensiv und absolut, daß es unmöglich ist, meine Bedeutung an jemanden zu vermitteln, der sich dieser Erfahrung nicht selbst unterzogen hat[17].

Wie beurteilen wir die "Realität" eines gewöhnlichen Eindrucks auf das Bewußtsein? Vor allem anhand seiner Intensität, seiner Dauer, der Tatsache, daß uns niemand den Glauben daran ausreden kann. Wie die Leute von Berkeleys 'Idealismus' sagten - "seine Argumente sind unwiderleglich aber sie versagen darin Überzeugungskraft zu enthalten."

Kein skeptischer, kein idealistischer Zweifel kann uns davon überzeugen, daß ein Tritt in den Hintern nicht 'real' in jedem vernünftigen Sinne des Wortes ist. Darüber hinaus bestärkt uns das Gedächtnis darin. Wie lebendig ein Traum auch zu seiner Zeit sein mag, wie er auch durch die Jahre fortdauern mag, (obwohl es selten für einen Traum ist, außer er wird oft wiederholt, oder durch ein glückliches Zusammentreffen von Umständen mit Wacheindrücken verbunden, über längere Zeit mit irgendeiner scharfen Vision im Gedächtnis zu bleiben) wird er kaum jemals für ein Ereignis des tatsächlichen Lebens gehalten. Gut: Dann, da das wache Leben ein Traum ist, so - ja mehr noch! - ist es religiöse Erfahrung, wie oben beschrieben, für unser aller Leben. Sie ist nicht nur leicht, sondern natürlich, nicht nur natürlich, sondern unausweichlich, für jeden, der "Samadhi" erfahren hat (dieses Wort umfaßt bequemerweise die höheren Arten der Vision[18]), daß normale Leben als "Illusion" im Vergleich mit diesem Zustand anzusehen, in dem alle Probleme verschwunden, alle Zweifel vertrieben, und alle Grenzen verworfen und vernichtet sind.

Aber sogar jenseits von Atmandarshana kommt die Erfahrung, genannt Shivadarshana[19], in welcher dieses Atman (oder Brah-

[17] Ich habe dies und die folgenden Punkte sehr ausführlich in Buch 4, Teil 1 diskutiert. (Magick, Bd.I, Kersken-Canbaz-Verlag)

[18] "Vision" ist ein fürchterlich schlechtes Wort dafür; "Trance" ist besser, wird aber von Idioten immer mit der Hypnose vermischt.

[19] Möglicherweise identisch mit dem Buddhistischen Neroda - Samapatti.

man), dieses grenzenvernichtende Universum, selbst zerstört und vernichtet wird.

(Und, mit seinem Auftauchen, zerschlagen ist die gesamte Advaitistische Theorie!)

Es ist ein Gemeinplatz zu sagen, daß keine Worte diese endgültige Zerstörung beschreiben können. Es ist eine Tatsache; und es gibt nichts, was man daran ändern könnte, außer es grob darzulegen, wie ich es oben getan habe. Es ist für unsere gegenwärtige Absicht nicht wichtig; alles, was wir wissen müssen, ist, daß der stärkste Pfeiler der monistischen Struktur in Stücke gegangen ist.

Darüberhinaus ist es wirklich adäquat, einen Ursprung des Universums zu postulieren, wie sie es unausweichlich tun? Bloß zu verneinen, daß es jemals einen Anfang gab, indem man sagt, daß dieses "Eine" ewig ist, befriedigt mich nicht.

Was noch viel schlimmer ist, ich kann nicht erkennen, daß das Böse "Illusion" zu nennen, uns in irgendeiner Weise hilft. Wenn der christliche Wissenschaftler hört, daß seine Frau von ihrem Pekinesen furchtbar verletzt worden ist, muß er lächeln, und sagen, daß "da ein Feld des Irrtums ist". Nicht gut genug.

N. Es hat lange Zeit gebraucht, den Grund zu klären. Das hatte ich nicht erwartet; die obigen Voraussetzungen sind mir so geläufig, sie eilen so deutlich durch meinen Geist, daß, bevor ich sie geordnet niederlegte, ich keine Ahnung hatte, was für ein langes und schwieriges Geschäft das alles ist.

Trotzdem, es ist noch ein langer Weg etc. Wir haben gesehen, daß "Zwei" (oder "Viele") als Ursprung unbefriedigend sind, wenn auch nur, weil man sie immer auf das "Eine" reduzieren kann; und das "Eine" selbst ist auch nicht besser, denn, unter Anderem, sieht es sich gezwungen, die Prämissen auf denen es gegründet wurde, zu verneinen.

Sind wir besser dran, wenn wir annehmen, daß *Ex nihilo nihil fit* falsch ist, daß der Ursprung aller Dinge das Nichts ist? Laß uns sehen.

O. Sollen wir uns zuerst den mathematischen Aspekt des Nichts anschauen? (Seine identische Gleichung in der Logik inbegriffen.) Diesen habe ich 1902 e.g. in *Berashith* ausgearbeitet, welches Du in *Das Schwert des Gesanges* und meinen *Gesammelten Werken* Vol.I findest.

Die Argumentation kann wie folgt zusammengefaßt werden.

Wenn wir normalerweise 0 schreiben, sollten wir besser 0^n schreiben. Denn 0 impliziert, daß das Objekt keine Ausdehnung in irgendeiner Dimension hat. So mag eine Linie zwei Fuß lang sein, aber in Breite und Tiefe ist der Koeffizient Null. Wir könnten es als $2f \times 0b \times 0d$ oder $n^{2f+0b+0d}$ schreiben.

Was ich in der Erwägung von "Was meinen wir mit Nichts? vorausgesetzt habe, war, jede mögliche Qualität jeden Objektes als Dimension zu betrachten.

Zum Beispiel könnte man diese Seite als $nf + n'b + n''d +$ 0***Röte*** + 0 ***L****iebenswürdigkeit* + 0 ***G****eschwindigkeit* + 0 ***P****otential* und so weiter beschreiben, bis Du alle Eigenschaften, die sie hat bemessen und notiert, und alle die sie nicht hat, ausgeschlossen hast. Zur Bequemlichkeit könnten wir diesen Ausdruck als $X^{f+b+d+R+L+G+P}$ schreiben, wobei wir die Anfangsbuchstaben der Qualitäten, die wir Dimensionen nennen, benutzen.

Nur eine weitere Erklärung in reiner Mathematik. Um X^1, X^{1+1} oder X^2 zu interpretieren, nehmen wir eine Verbindung zu den Raumdimensionen an. Nimm X^1 als eine Linie von einem Fuß Länge an, dann ist X^2 eine Fläche vom einem Quadratfuß und X^3 ein Würfel, der einen Fuß in jede Richtung mißt. Aber was ist mit X^4? Es gibt keine weiteren Raumdimensionen mehr. Die moderne Mathematik hat (wie ich denke, unglücklicherweise) zugestimmt, diese vierte Dimension als Zeit zu betrachten. Gut und X^5? Um diesen Ausdruck zu interpretieren, können wir andere Qualitäten erwägen, wie elektrische Kapazität, Farbe, moralische Attribute und so weiter. Aber diese Bemerkung, obwohl notwendig, führt uns von unserer Hauptthese weg, anstatt zu ihr hin.

P. Was geschieht, wenn wir ein Minuszeichen vor den Index stellen (diesem kleinen Zeichen rechts oben) statt einem Plus? Ganz einfach. $X^2 = X^{1+1} = X^1 \times X^1$ Mit einem Minus dividieren wir, anstatt zu multiplizieren. So ist $X^{3-2} = X^3 \div X^2 = X^1$, gerade so, als ob Du bloß die 2 von der 3 im Index abgezogen hättest.

Nun, endlich, kommen wir zu dem Punkt, der für unsere These wichtig ist: Wie sollen wir X^0 interpretieren? Wir können es offensichtlich als X^{1-1} oder X^{n-n} schreiben. Gut, Division. Dann ist $X^1 \div X^1 = 1$. Das Ergebnis ist offensichtlich das gleiche, was immer X auch sein mag.

Q. Ah, aber womit wir begonnen haben, war, die Bedeutung von *Nichts* zu enthüllen. Es ist nicht korrekt, es einfach als 0 zu schreiben; denn diese 0 impliziert einen Index 0^1, oder 0^2, oder 0^n. Und wenn Dein Nichts ein absolutes Nichts sein soll, dann gibt es nicht nur keine Zahl, sondern auch keinen Index. So müssen wir es als 0° schreiben.

Was ist der Wert dieses Ausdrucks? Wir gehen vor, wie bisher; dividieren.

$$0 = 0^{n-n} = 0^n \div 0^n = \frac{0^n}{1} \times \frac{1}{0^n}$$

Natürlich bleibt $0^n \div 1 = 0$ aber $1 \div 0^n = \infty$

Das heißt, wir haben eine Verbindung des "unendlich Großen" mit dem "unendlich Kleinen"; das schlägt die "Unendlichkeit" K.O. (und den Advaitismus mit ihr!) und läßt uns mit einer unbestimmten, aber endlichen Zahl, größtmöglicher Vielfalt, zurück. Das heißt: 0^0 kann nur als "Das Universum, das wir kennen" interpretiert werden.

R. So viel zur Demonstration. Einige Leute haben Fehler in der Algebra gefunden, aber das logische Äquivalent ist genau parallel. Nimm an, ich will meine Studien in einer Hinsicht beschreiben: Ich kann sagen "Keine Hunde sind in meinem Studium," oder "Hunde sind nicht in meinem Studium." Ich kann ein kleines

Bild machen: D ist die Welt der Hunde; S ist mein Studierzimmer: Hier ist es:

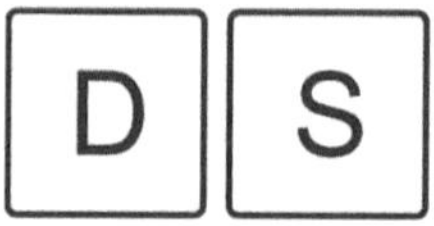

Die Quadrate sind voneinander getrennt. Die Welt außerhalb von Quadrat D ist die Welt der Nicht-Hunde: außerhalb von Quadrat S, die Welt des Nicht-Studierzimmers. Aber nimm nun an, daß ich Zero absolut machen will, wie unser 0^0. Ich muß sagen "Keine Hunde sind nicht in meinem Studierzimmer."

Oder, "Es gibt keine Abwesenheit von Hunden in meinem Studierzimmer." Das ist das gleiche, wie zu sagen: "Einige Hunde *sind* in meinem Studierzimmer"; wieder ein Diagramm:

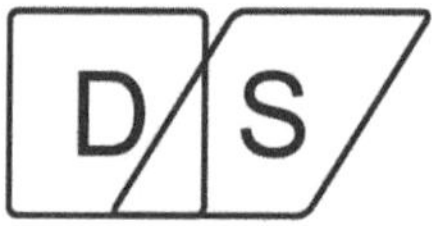

In Diagramm 1, schloß "die Welt, wo keine Hunde sind", mein gesamtes Studierzimmer ein; in Diagramm 2 ist diese Abwesenheit von Hunden nicht mehr vorhanden; so müssen einer oder mehrere irgendwie hineingekommen sein.

Das ist das; ich weiß, daß es am Anfang ein wenig schwer sein mag; glücklicherweise gibt es eine andere Art - die chinesische Art - um das Theorem in sehr viel einfacheren Begriffen darzulegen.

S. Die Chinesen beginnen, wie wir selbst, mit der Idee des "Absoluten Nichts". Sie machen "eine Anstrengung und nennen es Tao"; aber genau das ist es, welche Bedeutung das Tao erhält, wenn wir es untersuchen. Sie sehen recht gut, wie wir es oben getan haben, daß die bloße Behauptung des Nichts nicht das Universum erklärt; und sie fahren mit den Mitteln einer mathematischen Gleichung fort, die sogar noch einfacher ist als unsere, da sie keine Operationen außer einfacher Addition und Subtraktion enthält. Sie sagen, "Nichts heißt offensichtlich Nichts; es hat keine Qualitäten oder Quantitäten." (Die Advaitisten haben dasselbe gesagt, und sich dann selbst vollständig verdummt, indem sie es Eins nannten!) "Aber," fahren die Weisen des mittleren Königreiches fort, "es ist immer möglich, jeden Ausdruck auf das Nichts zu reduzieren, indem man zwei gleiche und gegenseitige Ausdrücke nimmt." (also $n + (-n) = 0$.) "Wir sollten also fähig sein, jedes Ding, das wir möchten, *aus dem* Nichts zu bekommen; wir müssen nur aufpassen, daß sie genau gleich und gegensätzlich sind." ($0 = n + (-n)$). Dies taten sie dann, und begannen das Universum als I in Diagramme zu zeichnen - ein Paar von Gegensätzen, das Yang, oder aktive männliche, und das Yin oder passive weibliche Prinzip. Sie repräsentierten das Yang als eine ununterbrochene (——), das Yin durch eine unterbrochene (— —) Linie. (Die ersten Manifestationen dieser beiden sind Thai Yang, die Sonne, und Thai Ying, der Mond.) Da dies ein wenig grob und locker war, verdoppelten sie die Beiden und bekamen die vier Hsiang. Dann nahmen sie drei auf einmal und bekamen die acht Kwa. Diese repräsentieren die Entwicklung des ursprünglichen I zu der natürlichen Ordnung der Elemente.

Ich werde das männliche Prinzip M nennen, das Weibliche F (Siehe Tabelle S. 80).

Bemerke, wie bewundernswert sie die Idee der Balance bewahrt haben. M 1 und F 1 sind Perfektion. M 2 und F 2 halten immer noch Balance in ihren Linien. Die vier Elemente zeigen Unvollkommenheit; doch sind sie alle wie gegeneinander ausbalanciert. Bemerke auch, wie passend die Ideogramme sind. M 3 zeigt die Flamme, die im Herd flackert, F 3, die Welle auf dem festen Boden der See; M 4 die veränderliche Luft, mit dem undurchdringlichen Raum darüber, und am Ende F 4, die dünne Kruste der Erde, welche die inneren Energien des Planeten maskiert. Sie fahren fort und verdoppeln die acht Kwa, so die vierundsechzig Hexagramme des Yi King erreichend, welches nicht nur eine Karte, sondern eine Geschichte der Ordnung der Natur ist.

Nr.	Trigramm	Name
M1	☰	**Khien** "Himmelsvater"
M2	☲	**Li** "Die Sonne"
M3	☳	**Kan** "Feuer"
M4	☴	**Sun** "Luft"
F1	☷	**Khwan** "Erdmutter"
F2	☵	**Khan** "Der Mond"
F3	☱	**Tui** "Wasser"
F4	☶	**Kan** "Erde"

Es ist reine enthusiastische Freude an der Schönheit und Harmonie des Systems, die mich so weit fort geführt hat; meine eine essentielle Absicht ist zu zeigen, wie das Universum von diesen weisen Männern aus dem Nichts abgeleitet wurde.

Wenn Du diese beiden Sätze von Gleichungen verstanden hast, wenn Du verstanden hast, wie 0 = 2 die einzigartige, die einfache und die notwendige Lösung des Rätsels des Universums ist, wird, in einem gewissen Sinne, wenig mehr von der Theorie der Magick für Dich zu lernen sein.

Du solltest, nach allem dauernd im Gedächtnis behalten, daß die Gleichung des Universums, wie komplex sie auch scheinen mag, unvermeidlich in 0 aufgeht; denn dies zu erreichen, ist die Formel Deines Werkes als ein Mystiker. Um Dich daran zu erinnern, und bestimmte Punkte des oben Gesagten hervorzuheben, laß mich aus *Magick* zitieren:

Alle Elemente müssen zu einer Zeit getrennt gewesen sein - dies wäre der Fall bei großer Hitze. Wenn nun Atome zur Sonne gelangen, haben wir diese große Hitze, und alle Elemente sind wieder sie selbst. Stelle Dir vor, daß jedes Atom jedes Elementes die kombinierte Erinnerung an all seine Abenteuer besitzt. Nebenbei, jenes Atom (versehen mit diesem Gedächtnis), wäre nicht das gleiche Atom; und doch, denn es hat nichts von irgendwoher erhalten, außer diesem Gedächtnis. Daher könnte, im Verlauf der Zeit und durch die Kraft des Gedächtnisses, ein Ding mehr werden, als es ist; so wird eine wirkliche Entwicklung möglich. Eine Person kann einen Grund für jedes Element entdecken, durch diese Inkarnationen zu gehen, denn so, und nur so, kann sie gehen; und sie erträgt den Verlust des Gedächtnisses, welches sie während dieser Inkarnationen hat, da sie weiß, daß sie unverändert hindurchkommen wird.

Daher kannst Du eine unendliche Anzahl von Göttern haben, individuell und gleich, obwohl unterschiedlich, jeder der Höchste und letztlich unzerstörbar. Dies ist ebenfalls die einzige Erklärung dafür, wie ein "Vollkommenes Wesen" eine Welt erschaffen konnte, in der Krieg Böses, etc. existieren. Gott ist nur eine Erscheinung weil er (wie das "Gute") nicht die Substanz selbst beeinflussen kann, sondern nur ihre Kombinationen verfielfältigen. Dies ist in einigen Beziehungen das Gleiche, wie mystischer Monotheismus; doch der Einwand gegen diese Theorie ist, daß Gott Dinge erschaffen muß, welche alle Teile seiner selbst sind, so daß ihr Zusammenspiel falsch ist. Wenn wir viel Elemente annehmen, so ist ihr Zusammenspiel natürlich.

Es ist kein Einwand gegen diese Theorie zu fragen, wer die Elemente machte - die Elemente sind zumindest vorhanden, und Gott, wenn Du ihn suchst, ist nicht vorhanden. Theismus ist obscurum per obscurius. *Ein männlicher Stern wird von der Mitte nach außen aufgebaut; ein weiblicher Stern von der Umgebung nach innen. Dies ist gemeint, wenn wir sagen, daß die Frau keine Seele hat. Es erklärt vollständig den Unterschied der Geschlechter.*

Jeder "Akt der Liebe unter Willen" hat das zweifache Ergebnis (1) die Erschaffung eines Kindes, das die Eigenschaften seiner Eltern kombiniert, (2) das Aufgehen im Nichts durch Ekstase.

Bitte benutze, was ich anderswo über "Die Formel des Tetragrammaton" geschrieben habe; die Wichtigkeit dessen besteht im Moment darin zu zeigen, wie 0 und 2 in der Natur durchgehend als die gewöhnliche Ordnung der Ereignisse erscheinen.

Liebe ist das Gesetz, Liebe unter Willen.

Brüderlich,

666

6. Die Drei Schulen der Magick (1)

Cara Soror,

Tu was Du willst, soll das Ganze des Gesetzes sein.

Hier ist der erste Teil von Gerard Aumonts versprochenem Essay[20]; es wurde ursprünglich *Die Drei Schulen der Magick* genannt. (Sei bitte nicht böse, weil es nicht die Form eines persönlichen Briefes hat!)

Es gibt heutzutage viele Mißverständnisse in der Bedeutung des Begriffes 'Magick'. Viele Versuche sind gemacht worden, sie zu definieren, aber der vielleicht beste für unseren Zweck wird dieser sein - Magick ist die Wissenschaft der Unermeßlichkeiten.

Das ist eine der vielen beschränkten Gebrauchsarten des Wortes; eine, die an die gegenwärtige Absicht angepaßt ist.

Es muß besonders hervorgehoben werden, daß die Magick, die so oft mit der populären Idee der Religion vermischt wurde, mit dieser überhaupt nichts zu tun hat. Sie ist, tatsächlich, das genaue Gegenteil der Religion; sie ist, mehr noch als die physikalische Wissenschaft, ihr unversöhnlicher Feind.

Laßt uns diesen Unterschied klar definieren.

Magick untersucht die Gesetze der Natur, mit der Absicht, sie zu gebrauchen. Sie unterscheidet sich von der "profanen" Wissenschaft nur dadurch, daß sie ihr immer voraus ist. Wie Fraser gezeigt hat, ist

[20] Wenige Änderungen - sehr wenige - sind durch den Verlauf der Zeit notwendig geworden.

Magick die Wissenschaft in der Versuchsphase; aber es mag sein, und ist auch oft so, daß sie mehr ist.

Sie ist Wissenschaft, die aus dem einen oder anderen Grunde den Profanen nicht erklärt werden kann.

Die Religion dagegen versucht, die Gesetze der Natur zu mißachten, oder ihnen dadurch zu entkommen, daß sie sich auf eine postulierte Macht beruft, von der angenommen wird, daß sie dieselben niedergelegt hat. Der religiöse Mensch als solcher, ist also unfähig, die Gesetze der Natur als das zu verstehen, was sie wirklich sind. (Sie sind Verallgemeinerungen aus der Ordnung beobachteter Tatsachen.)

Es ist niemals ernsthaft versucht worden, die Geschichte der Magick aufzuzeichnen. Auf der einen Seite wissen nur Eingeweihte, die zur Geheimhaltung verpflichtet sind, ausreichend darüber; auf der anderen hat bis jetzt jeder Historiker nur von einer mehr oder weniger konventionellen Idee der Magick gesprochen, noch niemals über die Sache selbst. Aber die Magick hat die Welt von vor dem Beginn der Geschichte an regiert, und sei es nur, weil die Magick immer die Mutter der Wissenschaft war. Es ist daher von außerordentlicher Wichtigkeit, daß eine gewisse Anstrengung unternommen wird, etwas von diesem Thema zu verstehen; und daher ist auch keine Entschuldigung dafür notwendig, daß dieser kurze Abriß eher historischer Aspekte dargelegt wird.

Es gab schon immer, zumindest im Kern, drei Hauptschulen der philosophischen Praxis, (wir benutzen das Wort "philosophisch" in dem alten, guten, weiten Sinne, wie in dem Satz "Philosophische Transaktionen der Royal Society zum Zwecke des Wissenserwerbs.")

Es ist üblich, diese drei Schulen als Gelb, Schwarz und Weiß zu beschreiben. Die erste Notwendigkeit, ist, den Leser zu warnen, daß sie auf gar keinen Fall mit rassischen Unterschieden der Farbe vermischt werden dürfen; und noch weniger haben sie mit konventionellen Symbolen, wie gelben Kappen, gelben Roben, schwarzer Magie, weißer Hexenkunst und Ähnlichem zu tun. Die Gefahr ist nur umso größer, als diese Analogien oft ebenso verlockend sind, wie sie sich bei einer näheren Untersuchung als irreführend herausstellen.

Diese Schulen vertreten drei völlig unterschiedliche und gegensätzliche Theorien des Universums, und daher auch spiritueller Praxis. Die magische Formel von jeder ist ebenso präzise wie ein trigonometrisches Theorem. Jede nimmt ein bestimmtes Gesetz der Natur als grundlegend an, und die Sache wird noch durch die Tatsache kompliziert, daß jede Schule in einem gewissen Sinn die Formeln der anderen anerkennt. Sie bezeichnet sie lediglich als auf gewisse Weise unvollständig, nachgeordnet, oder illusorisch. Nun, wie wir später sehen werden, steht die gelbe Schule durch die Natur ihrer Postulate über den anderen beiden. Aber die schwarze Schule und die Weiße, stehen immer in einem mehr oder weniger aktiven Konflikt; und weil der Konflikt eben in diesem Moment einem Höhepunkt zustrebt, ist es notwendig, diesen Artikel zu schreiben. Die Adepten der weißen Schule schätzen die augenblickliche Gefahr für die Menschheit als so groß ein, daß sie dazu bereit sind, ihre traditionelle Politik des Schweigens aufzugeben, um die Profanen jeder Nation in ihren Reihen aufzunehmen.

Wir sind im Besitz eines gewissen mystischen Dokumentes[21], welches wir aus Gründen der Bequemlichkeit kurz als Apokalypse beschreiben können, zu der wir, dank der Intervention des Meisters, der zu dieser schwerwiegenden Konjunktion der Schicksale erschienen ist, die Schlüssel besitzen. Dieses Dokument besteht aus eine Serie von Visionen, in welchen wir die Stimme der verschiedenen Intelligenzen vernehmen, deren Natur schwer zu definieren ist, die aber zuallermindest mit einem Wissen und einer Macht ausgestattet sind, die weit jenseits Dessen liegt, was wir gewohnt sind, als angemessen für die menschliche Rasse zu betrachten.

Wir müssen eine Passage aus einem der wichtigsten dieser Dokumente zitieren. Die Doktrin wird, wie unter Eingeweihten üblich, in Form einer Parabel übermittelt. Diejenigen, die auch nur einen mittelmäßigen Grad der Erleuchtung erlangt haben, sind sich bewußt, daß der ungeschliffene Glaube des Gläubigen und der ungeschliffene Unglaube des Spötters, bloß kindisch sind. Jedes Ereignis in der

[21] Die Vision und die Stimme, Liber CDXVIII, Kersken-Canbaz-Verlag.

Natur, wahr oder falsch, besitzt eine spirituelle Signifikanz. Es ist diese Signifikanz, und nur diese Signifikanz, die für den Eingeweihten irgendeinen philosophischen Wert besitzt.

Der Orthodoxe muß schockiert, und der Erleuchtete muß nicht argwöhnisch sein, um zu bemerken, daß die Passage, die wir jetzt zitieren wollen, eine Parabel ist, die auf einer der am wenigsten anständigen Passagen der Bibel, welche sich auf Noah bezieht, basiert. Sie bedient sich für ihre eigenen Zwecke einfach der Bequemlichkeit der Schrift.

Hier folgt der Auszug aus der Vision:

Und eine Stimme schreit: Verflucht sei er, der die Nacktheit des Allerhöchsten enthüllt, denn er ist trunken vom Weine, der das Blut der Adepten ist. Und BABALON hat ihn in den Schlaf gewiegt an ihrer Brust, und sie ist hinweggeflohen, und hat ihn nackt zurückgelassen und hat ihre Kinder versammelt, sagend: Kommt mit mir und laßt uns über die Nacktheit des Allerhöchsten spotten.

Und der erste der Adepten bedeckte seine Scham mit einem Tuch, rückwärtsgehend, und war weiß. Und der zweite der Adepten bedeckte seine Scham mit einem Tuch, seitwärtsgehend, und war gelb. Und der dritte der Adepten machte einen Spott aus seiner Nacktheit, vorwärtsgehend, und war schwarz. Und dies sind die drei großen Schulen der Magi, welche nach Bethlehem gereist; und weil Du nicht Weisheit hast, sollst Du nicht wissen, welche Schule die Oberhand gewinnt, oder ob die drei Schulen nicht Eine sind.

Wir sind nun bereit, die philosophischen Grundlagen der drei Schulen zu studieren.

Wir müssen auf jeden Fall vorsichtig gegenüber einer zu buchstäblichen Interpretation, sogar der Parabel, sein. Es mag vermutet werden, aus Gründen, die nach weiterer Untersuchung der Doktrinen der drei Schulen augenscheinlich sein sollten, daß diese Parabel durch eine Intelligenz der schwarzen Schule erfunden wurde, die sich ihrer Schlechtigkeit bewußt war, und sie durch die Alchemie der Prahlerei zu Rechtschaffenheit zu machen ge3dachte. Der intelligente Leser wird den heimtückischen Versuch erkennen, die Doktrin der schwarzen Schule mit der Art der schwarzen Magie, die gemeinhin Diabolismus genannt wird, zu identifizieren. In anderen Worten, diese Parabel ist selbst ein Beispiel für eine außerordentlich subtile schwarzmagische Operation, und die Kontemplation solcher Mittel, weit genug getrieben, bringt uns zu einem Verständnis für die erstaunlichen ophidischen Prozesse von Magiern. Laß den profanen Leser solche Subtilitäten nicht als nebensächlichen Unsinn aus seinem Bewußtsein streichen. Es ist List dieser Art, die den Preis der Kartoffeln bestimmt.

Die obige Abschweifung ist vielleicht nicht so unentschuldbar, wie es auf den ersten Blick scheinen mag. Genaues Studium sollte die Natur der Denkprozesse enthüllen, welche von den geheimen Meistern der menschlichen Rasse normalerweise benutzt werden, um ihre Bestimmung festzulegen.

Wenn jeder mit dem Lachen fertig ist, werde ich euch bitten, die realen Effekte auf den Verlauf menschlichen Handelns, welche von Caesar, Attila und Napoleon verursacht wurden, mit denen zu vergleichen, welche Plato, die Enzyklopädisten und Karl Marx[22] produzierten.

Die gelbe Schule der Magick betrachtet, mit vollständiger wissenschaftlicher und philosophischer Objektivität, die Tatsache des Universums als Tatsache. Selbst ein Teil des Universums, erkennt sie ihre Unfähigkeit, die Totalität auch nur zum kleinsten Grade zu ändern. Um es vulgär auszudrücken, sie versucht nicht, sich vom Boden zu erheben, indem sie an ihren Socken zieht. Sie stellt daher dem Lauf der Ereignisse keine Reaktion, weder des Hasses, noch der Sympathie entgegen. So weit sie überhaupt versucht, den Lauf der Ereignisse zu beeinflussen, tut sie es auf die einzig erkennbare intelligente Art und Weise: sie versucht, innere Reibung zu vermindern.

Sie verbleibt darum in einer kontemplativen Haltung. Um die Begriffe der westlichen Philosophie zu benutzen, in ihrer Haltung ist etwas vom Stoizismus des Zeno; oder des "Pickwickianismus", wenn

---

[22] Es ist interessant, festzustelien, daß die drei größten Einflüsse in der heutigen Welt, diejenigen von teutonischen Hebräern sind: Marx, Hertz und Freud.

ich das Wort benutzen darf, des Epikur. Die vollkommene Reaktion auf die Ereignisse, ist die der absoluten Elastizität. Es besitzt etwas von der Kaltblütigkeit der Mathematik; und aus diesem Grund scheint es gerecht zu sagen, daß, für die Zwecke des elementaren Studiums, Pythagoras ihr adäquatester Vertreter in der europäischen Philosophie ist.

Seit der Entdeckung des asiatischen Gedankengutes haben wir jedoch überhaupt keinen Bedarf, unsere Ideen aus zweiter Hand zu nehmen. Die gelbe Schule der Magick besitzt einen vollkommenen Klassiker, *Das Tao Teh King*[23]

Es ist unmöglich, eine Religion zu finden, die die Gedanken dieses Meisterstückes adäquat repräsentiert. Nicht nur, daß die Religion als solche unvereinbar mit Philosophie und Wissenschaft ist, sondern schon aus der Natur der Lehrsätze der gelben Schule heraus, gehen ihre Anhänger keinerlei Unbequemlichkeit für die Erleuchtung einer Menge Leute ein, die sie für hoffnungslose Narren halten.

Gleichzeitig, da die Theorie der Religion als solcher ein Schleier der Falschheit ist, kommt die einzige wirkliche Stärke der Religion von ihren Diebereien aus der magischen Doktrin; und, da religiöse Personen per Definition völlig skrupellos sind, folgt, daß jede gegebene Religion wahrscheinlich Stücke der magischen Doktrin enthält, mehr oder weniger zufällig von der einen oder anderen Schule, wie es die Gelegenheit erlaubt, geraubt.

Laß den Leser sich daher ernsthaft davor hüten zu versuchen, durch Sirenen-Analogien einen Begriff von diesen Dingen zu erhalten. Taoismus hat so wenig mit dem *Tao Teh King* zu tun, wie die katholische Kirche mit dem Gospel.

Das *Tao Teh King* schärft bewußte Nichthandlung, oder besser unbewußte Nichthandlung ein, mit dem Zweck, die Unordnung der

[23] Unglücklicherweise gibt es im Moment keine Übersetzung, die das Werk eines Eingeweihten ist. Alle existierenden Übersetzungen sind von Leuten verstümmelt worden, die einfach den Text nicht verstanden haben. Ein annähernd perfekter Versuch ist in der Tat erhältlich, existiert aber bis jetzt lediglich als Manuskript. Eine Absicht dieses Briefes ist es, ausreichendes öffentliches Interesse zu erzeugen, um dieses Werk und andere von gleichem Wert, der Öffentlichkeit zugänglich zu machen.

Welt zu verkleinern. Einige Zitate aus dem Text sollten die Essenz der Doktrin klar machen.

X, 3:
Hier ist das Geheimnis der Kraft. Sie schöpft alles und verzehret alles; und doch hält sie nicht fest daran; sie tut alles und weiß doch nichts davon, noch behauptet es; sie lenkt alles, doch ohne wissentliche Kontrolle.

XXII, 2:
Dann konzentriert sich der Weise auf einen Willen, und es ist wie ein Licht für die gesamte Welt. Sich selbst versteckend, scheint er; sich selbst zurückziehend, ruft er Beachtung hervor; sich selbst erniedrigend, erlangt er Kraft, seinen Willen zu erreichen. Da er nicht streitet, soll kein Mensch gegen ihn stehen.

XLIII, 1:
Die weicheste Substanz jagt zu Tode die Härteste. Das Undingliche dringet durch, wo keine Öffnung ist. Hier ist die Kraft der Trägheit.

XLIII, 2:
Wenige sind Die, die erlangen, Deren Sprache Ruhe, Deren Werke Trägheit sind.

XLVIII, 3:
Er, der alles, das unter dem Himmel ist, anzieht, tut so ohne Anstrengung. Er der sich anstrengt, ist nicht fähig es anzuziehen.

LVIII, 3:
Der weise Mann ist vielfältig und vermeidet Aggression; seine Ecken verletzen Niemanden Anders. Er bewegt sich in gerader Linie, und dreht sich nicht zur Seite davon; er ist strahlend, doch blendet nicht mit seinem Strahlen.

LXIII, 2:
Tue Großes, solange es noch klein ist, Schweres, solange es noch leicht ist; denn alle Dinge wie groß oder schwer auch immer, haben einen Anfang wenn sie klein und leicht sind. So auf diese Weise erfüllt der weise Mann die schwersten Aufgaben, ohne etwas von Wichtigkeit zu tun.

LXXVI, 2:
So sind denn Starrheit und Härte die Stigmata des Todes, Elastizität und Anpassung des Lebens.

LXXVI, 3:
Er denn, der Stärke hervortut, ist nicht siegreich, eben wie ein starker Baum die Umarmung erfüllt.

LXXVI, 4:
So haben die Harten und Starren den unteren Platz, die Weichen und Elastischen den Oberen.

Genug denke ich, für diesen Teil des Essays.

Liebe ist das Gesetz, Liebe unter Willen.

Brüderlich,

666

7. Die Drei Schulen der Magick (2)

Cara Soror,

Tu was Du willst, soll das Ganze des Gesetzes sein.

Hoffend, daß Du Dich von den verheerenden Offenbarungen, betreffend die gelbe Schule erholt hast, muß ich Dich bitten, Dich für sogar noch furchtbarere Enthüllungen über die Schwarze zu rüsten. Verwechsle sie nicht mit der schwarzen Loge oder den schwarzen Brüdern. Die Terminologie ist unglücklich, aber ich habe sie nicht gewählt. Nun denn, an die Arbeit!

Die schwarze Schule der Magick, die auf gar keinen Fall mit der Schule der schwarzen Magick oder Zauberei verwechselt werden darf, welch letztere eine Perversion der weißen Tradition ist, unterscheidet sich von der gelben Schule grundlegend dadurch, daß sie das Universum nicht als neutral, sondern definitiv als Fluch betrachtet. Ihr Erstes Theorem ist die "Erste Edle Wahrheit" des Buddha - "Alles ist Leid". In den primitiven Klassikern dieser Schule wird das Leid mit der Sünde verwechselt. (Diese Idee der universellen Klage ist wahrscheinlich verantwortlich für die Wahl von Schwarz als symbolischer Farbe. Und doch? Ist nicht Weiß die chinesische Kleidung der Trauer?)

Die Analyse der Philosophen dieser Schule führt alle Phänomene auf die Kategorie des Leides zurück. Es ist ziemlich nutzlos, ihnen gegenüber zu betonen, daß bestimmte Ereignisse von Freude begleitet sind: Sie setzen ihre ruchlosen Überlegungen fort, und beweisen zu Deiner Zufriedenheit, oder besser Unzufriedenheit, daß je mehr ein

Ereignis offensichtlich angenehm ist, desto bösartiger betrügerisch ist seine Anziehungskraft. Es gibt nur einen erkennbaren Ausweg, und dieser ist ziemlich einfach: Vernichtung.

(Oberflächliche Kritiker des Buddhismus haben eine Menge stupiden Einfallsreichtums darauf verschwendet zu versuchen hervorzuheben, daß Nirvana oder Nibbana etwas anderes bedeutet, als das, was Ethyniologie, Tradition und die Beweise der Klassiker zusammen definieren. Das Wort bedeutet, ganz einfach, Aufhören: Und es ist zu überlegen, daß, wenn alles Leid ist, das Einzige, was nicht Leid ist, Nichts ist, und daß daher dem Leid zu entkommen, das Nichts zu erlangen heißt.)

Die westliche Philosophie hat sich gelegentlich dieser Doktrin angenähert. Zumindest hat sie bestätigt, daß keine bekannte Form der Existenz frei von Leid ist. Huxley sagt, in seinem *Evolution und Ethik,* "Leiden ist das Kennzeichen des gesamten Geschlechtes der fühlenden Dinge."

Die Philosophen dieser Schule, die, natürlich genug, versuchen, das Böse an der Wurzel auszurotten, untersuchen den Grund dieser Existenz, welcher Leid ist, und kommen sofort zur "Zweiten Edlen Wahrheit" des Buddhas: "Die Ursache von Leid ist Begehren." Darauf lassen sie die endlose Kette von Ursachen folgen, deren letztliche Wurzel das Unwissen ist. (Ich kümmere mich nicht um die Logik dieser Schule. Ich konstatiere lediglich ihre Doktrin.) Der natürliche Ausgang daraus ist, daß jede Art von Handlung gleichzeitig unvermeidbar und ein Verbrechen ist. Ich muß abschweifen, um zu erklären, daß die Gedankenverwirrung in dieser Doktrin ständig wiederkehrt. Das ist Teil der Schwärze der Unwissenheit, welche sie für die Grundlage ihres Universums halten. (Und letztlich hat jeder sicherlich das Recht, sein eigenes Universum so zu sehen, wie er es will.)

Diese Schule, von der Natur ihrer Grundlage beraubt, ist nicht so weit von der konventionellen Religion entfernt, wie entweder die weiße oder die gelbe. Die meisten primitiven fetischistischen Religionen können tatsächlich als ziemlich treue Repräsentanten dieser Philosophie betrachtet werden. Wo der Animismus sich einstellt, personifiziert der "Medizinmann" sein persönliches Böses, und versucht, es durch menschliche Opfer zu besänftigen. Die frühen Formen des

Judentums und die Art des Christentums, welche wir mit der Heilsarmee, Billy Sunday und den Fundamentalisten aus den Hinterhöfen Amerikas verbinden, sind ausreichend einfache Fälle einer Religion, deren Essenz die Versöhnung eines böswilligen Dämons ist.

Wenn das Licht der Intelligenz trübe über diesen Wilden aufzugehen beginnt, erreichen wir eine zweite Stufe. Kräftige Geister sammeln den Mut festzustellen, daß das Böse, welches so offensichtlich ist, auf eine geheimnisvolle Weise eine Illusion ist. Sie werfen so die ganze Komplexität des Leidens auf einen einzigen Grund zurück; das ist das Aufkommen einer vorhergesagten Illusion. Das Problem nimmt so eine endgültige Form an: Wie ist diese Illusion zu zerstören?

Ein ziemlich reines Beispiel der ersten Stufe kann in den *Vedas* gefunden werden; der zweiten Stufe in den *Upanishaden*. Aber die Antwort auf die Frage, "Wie ist die Illusion des Bösen zu zerstören?", basiert auf einem anderen Punkt der Theorie. Wir können einen Parabrahman, einen unendlichen Gott postulieren etc., etc., etc., in welchem Fall wir die Zerstörung der Illusion des Bösen als die Wiedervereinigung des Bewußtseins mit Parabrahman betrachten. Der unglückliche Teil dieses Schemas ist, daß wir bei dem Versuch Parabrahman zum Zwecke der Rückkehr zu Seiner Reinheit zu definieren, früher oder später entdecken, daß Er überhaupt keine Qualitäten besitzt! In anderen Worten, wie der Farmer sagte, als man ihm den Elephanten zeigte, So'n Tier gibt's überhaupt nicht. Es war Gautama Buddha, der die Unbrauchbarkeit darin erkannte, diesen imaginären Dickhäuter hinzuzuziehen. Da unser Parabrahman nun Nichts ist, sagte er zu den Hindu-Philosophen, warum dann nicht an unserer ursprünglichen Einsicht, daß alles Leid ist, festhalten und zugeben, daß der einzige Weg, dem Leid zu entkommen, die Ankunft im Nichts ist?

Wir können die gesamte Tradition der indischen Halbinsel sehr einfach vervollständigen. Zu den *Vedas,* den *Upanishaden,* und den *Tripitakas* der Buddhisten nur noch die Tantras der sogenannten Vamacharya- Schulen hinzufügen. Paradox, wie es klingen mag, sind die Tantrikas in Wirklichkeit die Fortgeschrittensten der Hindus. Ihre Theorie ist, in ihrem philosophischen Schluß, eine primitive Stufe der weißen Tradition, denn die Essenz der tantrischen Kulte ist, daß man durch das Vollziehen bestimmter Riten nicht nur dem Desaster entkommt, sondern positive Belohnung erlangt. Der Tantrika ist nicht von dem Willen-zu-sterben besessen. Es ist ein schwieriges Unterfangen, kein Zweifel, irgendeinen Spaß aus der Existenz zu ziehen; aber zumindest ist es nicht unmöglich. In anderen Worten, er verneint implizit die fundamentale Annahme, daß Existenz Leid ist, und er formuliert das essentielle Postulat der weißen Schule der Magick, daß es Mittel gibt, durch die das universale Leid (in der Tat jeder normalen Beobachtung offenbar) demaskiert werden kann, eben wie im Initiationsritual der Isis in den Tagen des alten Khem. Dort fand sich ein Neophyt, der seine Lippen, unter Zwang, den hervorstehenden Hinterbacken der Ziege von Mendez darbot, von den keuschen Lippen einer jungfräulichen Priesterin dieser Göttin liebkost, deren Schrein an der Basis die Inschrift trägt, daß kein Mensch jemals ihren Schleier gelüftet hat.

Es ist nicht unmöglich, daß die Grundlage der schwarzen Philosophie nur das Klima ist, mit seinem resultierenden Ausbleichen der Eingeborenen, seiner trägen, galligen, blutarmen, fiebergeschüttelten Entmannung der menschlichen Seele. Passenderweise finden wir auch wenige wahre Äquivalente dieser Schule in Europa. In der griechischen Philosophie findet sich gar keine Spur dieser Doktrin. Das Gift, in seiner übelriechendsten und giftigsten Form, kam erst mit dem Christentum[24]. Aber auch so gab es wenige Menschen von Wichtigkeit, die die Axiome des Pessimismus ernst nahmen. Huxley, trotz all seines Gedudels auf dem Schlüssel der Minderbemittelten, war ein hoffnungsvoller Tory. Die Kulmination der schwarzen Philosophie wird nur bei Schopenhauer gefunden, und wir können ihn als besessen betrachten; auf der einen Seite von der Verzweiflung, die aus dem falschen Skeptizismus, welchen er aus dem Bankrott von Hume und Kant gelernt hatte, geboren wurde; auf der anderen Seite von der direkten Besessenheit durch die buddhistischen Dokumente, zu denen er als einer der ersten Europäer Zugang erhalten hatte. Er wurde, sozusagen, von seiner eigenen Nichtigkeit in den Selbst-

[24] Antisemitische Schriftsteller in Europa - z.B. Weininger - nennen die schwarze Theorie und Praxis Judaismus, während durch eine kuriose Verwirrung dieselben Ideen von den Angelsachsen christlich genannt werden. 1936 e.v. begann die Nazi"-Schule, diese Tatsache zu beobachten.

mord getrieben, eine kuriose Parallele zu Kiriloff in *Der Besessene* von Dostojewski.

Wir haben aber ausreichend zahlreiche Beispiele von Religionen, die sich fast ausschließlich von der schwarzen Tradition in den verschiedenen Stadien herleiten. Wir haben die evangelischen Kulte mit ihrem fürchterlichen Teufel-Gott, der die Menschheit geschaffen hat, um sich an ihrer Verdammnis zu erfreuen und sie zu zwingen, vor ihm zu kriechen, während er in trunkener Freude über die Qual seines einzigen Sohnes aufschreit[25]. Aber in die selbe Klasse müssen wir die christliche Wissenschaft einordnen, in so grotesker Furcht vor Schmerz, Leid und Bösem jeder Art, daß ihre Anhänger an nichts Besseres denken können, als Ablehnungen ihres Vorhandenseins zu blöken, in der Hoffnung, sich selbst in die Anästhesie zu hypnotisieren.

Praktisch hat niemand aus dem Westen die dritte Stufe der schwarzen Tradition, die Stufe des Buddhismus erreicht. Es sind nur isolierte Mystiker und jene Menschen, die sich mit einer ekelhaften Willfährigkeit unter dem Standard der nächsten Religion ansiedeln, derjenigen, welche sie in ihrer Suche nach dem Nichts am wenigsten stört, die den Syllogismus so weit treiben.

Die Dokumente der schwarzen Schule sind schon erwähnt worden. Sie sind, zum größten Teil, im höchsten Grade langweilig und abweisend für jeden geistig gesunden Menschen; und doch kann es kaum geleugnet werden, daß das *Dhammapada* und *Ecclesiastes* Meisterstücke der Literatur sind. Sie vertreten die Qual menschlicher Verzweiflung auf ihrem höchsten Punkt der Intensität, und die melancholische Kontemplation, welche sie durch ihr Lesen hervorrufen, ist nicht förderlich für die Stimmung, welche jede wahrhaft mutige Intelligenz zu der Entscheidung bringen sollte, von der Rute des schwarzen Schulmeisters in die ausgestreckten Arme des weißen Fräuleins des Lebens zu entkommen.

Laßt uns die düstere Gestalt Schopenhauers für die geheimnisvoll scheinende Spinozas verlassen! Dieser letztere Philosoph repräsen-

[25] N.B. Das Christentum war in seiner frühesten Stufe ein jüdischer Kommunismus, der kaum vom Marxismus unterschieden werden kann.

tiert, zumindest in Hinsicht auf seinen Pantheismus die fundamentale These der weißen Tradition gut genug. Fast die erste Beobachtung, die wir machen müssen, ist, daß diese weiße Tradition außerhalb Europas kaum diskutabel ist. Zuallererst erscheint sie in der Legende des Dionysos. (In diesem Zusammenhang lies sorgfältig Browning's "Apollo und die Schicksale")

Die ägyptische Tradition des Osiris ist nicht unähnlich. Die zentrale Idee der weißen Schule ist die, daß, angenommen, für den Profanen "alles ist Leid", der Eingeweihte die Mittel hat, das zu "alles ist Freude" umzuwandeln. Es gibt gar keine Frage des Kopf-in-den-Sand-steckens vor den Tatsachen wie in der christlichen Wissenschaft. Es gibt nicht mal eine mehr oder weniger intellektuelle Diskussion über den Standpunkt, der die Situation verändert, wie im Vedantismus. Wir haben auf der Gegenseite einen Anspruch, der vielleicht zuerst, historisch gesprochen, von Zoroaster definiert wurde, "Die Natur lehrt uns, und die Orakel bestätigen es, daß sogar die bösen Keime der Materie ebenfalls nützlich und gut werden können. Bleibe nicht am Abgrund mit dem Unrat der Materie, denn es gibt einen Platz für Dein Ebenbild, in einem ewig strahlenden Reich. Wenn Du den feurigen Geist zu der Arbeit der Frömmigkeit ausdehnst, wirst Du den strömenden Körper erhalten[26]."

Es scheint, als sei der Levantiner, von Byzanz und Athen bis Damaskus, Jerusalem, Alexandria und Kairo mit der Formulierung dieser Schule in einer populären Religion beschäftigt gewesen; angefangen in den Tagen des Augustus Caesar. Denn es gibt Elemente dieser zentralen Idee in den Arbeiten der Gnostiker, in bestimmten Ritualen dessen, was Frazer bequemerweise den Asiatischen Gott nennt, wie in den Überresten des Alten Ägyptischen Kultes. Die Doktrin wurde sozusagen im Ausschuß korrumpiert, und das Resultat war das Christentum, welches als weißes Ritual überlagert von einer gebirgigen Masse schwarzer Doktrin bezeichnet werden könnte, wie das Baby der Mutter, die König Salomon nicht paßte.

Wir können die Doktrin der weißen Schule in ihrer Reinheit in sehr einfachen Begriffen definieren.

---

[26] Diese Passage scheint ein direkter Hinweis auf die Formel des IX° O.T.O. zu sein, und die Bereitung des Elixiers des Lebens.

Existenz ist reine Freude. Leid wird durch Versagen im Erkennen dieser Tatsache verursacht; aber das ist kein Unglück. Wir haben das Leid erfunden, welches am Ende nicht so viel ausmacht, da wir die überragende Befriedigung haben, es wieder loszuwerden. Existenz ist so ein Sakrament.

Adepten der weißen Schule betrachten ihre Brüder der schwarzen ziemlich genauso, wie der aristokratische englische Sahib (aus den Tagen, da England eine Nation war) den umnachteten Hindu. Nietzsche drückt die Philosophie dieser Schule bis zu diesem Ausmaß mit bemerkenswerter Genauigkeit und Kraft aus. Der Mensch, der das Leben verflucht, definiert sich ihm bloß als nicht ebenbürtig. Der tapfere Mensch erfreut sich am Geben und Nehmen harter Schläge, und der tapfere Mensch ist fröhlich. Die skandinavische Idee von Walhalla mag primitiv sein, aber sie ist männlich. Ein Himmel gemeinschaftlichen Konzertes wie der Christliche; unbewußten Verweilens wie der Buddhistische; oder sogar sinnlicher Freude, wie der Islamische, erregt seine Übelkeit und seinen Ekel. Er versteht, daß die einzige Freude, die den Aufwand wert ist, die des dauernden Sieges ist, und der Sieg selbst würde so langweilig wie Crocket werden, wenn er nicht durch ebenso andauernde Niederlagen gewürzt wäre.

Die reinsten Dokumente der weißen Schule werden in den *Heiligen Büchern von Thelema* gefunden. Die Doktrin ist in exzellenter Vollkommenheit in Beiden, in *Das Buch des mit einer Schlange gegürteten Herzens* und im *Liber Lapis Lazuli* gegeben. Eine einzelne Passage ist ausreichend, um die Formel zu erklären.

7. *Und ich hatte eine Vision von einem Fluß. Darauf war ein kleines Boot; und in ihm unter purpurnen Segeln war eine goldene Frau, ein Abbild von Asi aus feinstem Gold gearbeitet. Auch war der Fluß aus Blut und das Boot aus glänzendem Stahl. Dann liebte ich sie; und meinen Gürtel lösend warf ich mich in den Strom.*

8. *Ich stieg in das Boot und viele Tage und Nächte lang liebte ich sie, und brannte schönen Weihrauch vor ihr.*

9. *Ja! Ich gab ihr von der Blüte meiner Jugend.*

10. *Doch sie rührte sich nicht; durch meine Küsse besudelte ich sie nur, so daß sie schwarz wurde vor mir.*

11. *Dennoch verehrte ich sie und gab ihr die Blüte meiner Jugend.*

12. *Auch geschah es, daß sie dadurch hinsiechte und vor mir verdarb. Beinahe warf ich mich in den Strom.*

13. *Dann zur ernannten Zeit war ihr Körper weißer als die Milch der Sterne, und ihre Lippen rot und warm wie der Sonnenuntergang und ihr Leben von der weißen Glut des Inneren der Sonne.*

14. *Dann erhob sie sich aus dem Abyss von Ewigkeiten des Schlafes und ihr Körper umarmte mich. Ich verging völlig in ihrer Schönheit und war glücklich.*

15. *Auch wurde der Fluß zum Fluß Amrit, und das kleine Boot war das Gefäß des Fleisches und seine Segel das Blut des Herzens, das mich trägt, das mich trägt.*

(*Liber LXV,* Kap. II)

Wir finden sogar in profaner Literatur diese Doktrin der weißen Schule der Magick:

Oh Buddha! konntest Du nirgends lassen
Einen Angelpunkt für das Universum?
Müssen alle Dinge gleich bezeichnet werden
Bloße Änderungen an einem Fluch?

Ich schwöre bei allem Segen des Blau
Meine Phryne mit ihrem Puder aufgelegt
Ist genauso falsch - und genauso wahr -
Wie Dein abstoßendes Skelett.

Jeder nach seinem Geschmack: wenn Du vorziehst
Dieses eklige Brüten über die Verwesung;
Ich nenn' es Wachstum, und lieblicher
Denn all den Glanz des Tages.

Du würdest nicht tändeln mit Doreen
Da ihre Schönheit vergehen wird,

Da Du die unreinen Dinge kennst
Die ein sterbliches Mädchen ausmachen.

Ich, wenn ihr verrotteter Körper mein war',
Würd ihn nehmen als mein natürliches Mahl,
Leugnen alle Dinge außer dem Göttlichen
Eben wie im Bösen so im Guten.

Aspasia mag mich häuten fast,
Und Lais mich mit Krankheit beladen,
Arme Freuden, bittere Händel dies?
Ich werde verachten Diogenes.

Folge Deiner Narrheit weit genug!
Am Ende kommst Du sicher zu Gott.

So wird in dieser Schule kein Versuch gemacht zu leugnen, daß die Natur, wie Zoroaster sagt, "eine schicksalhafte und böse Macht ist"; aber die Natur ist, sozusagen, "die erste Materie des Werkes," welche in Gold umgewandelt werden muß. Die Freude ist eine Funktion unserer eigenen Rolle in dieser Alchemie. Aus diesem Grunde finden wir die kräftigsten und kenntnisreichsten Adepten genau die widerspenstigsten Elemente der Natur heraussuchen, damit ihr Triumph umso größer sei. Die Formel ist offensichtlich eine des unerschrockenen Mutes. Sie drückt die Idee von Vitalität und Männlichkeit in ihrem dynamischsten Sinne aus.

Die einzige Religion, die überhaupt mit dieser Schule korrespondiert, ist die des alten Ägypten; möglicherweise auch die chaldäische. Das kommt daher, daß diese Religionen magische Religionen im streng technischen Sinne sind; ihre religiöse Komponente ist vernachlässigbar. So weit sie existiert, tut sie es nur für den Uneingeweihten.

Es gibt aber auch Spuren eines beginnenden Einflusses der Schule auf Judentum und Paganismus. Es gibt auch bestimmte Dokumente des reinen griechischen Geistes, welcher Spuren davon trägt. Es ist, was sie Theurgie nannten.

Die christliche Religion in ihrer einfachsten Essenz, der Idee, das Böse durch eine magische Zeremonie zu überwinden, der Kreuzigung, scheint auf den ersten Blick ein hübsches Beispiel der weißen Tradition zu sein; aber die Idee der Sünde und Vergebung befleckte es ungeheuerlich mit Schwärze.

Es gab jedoch gewisse christliche Denker, die den mutigen Schritt unternahmen, das Böse als ein Mittel Gottes anzusehen, die Freuden von Kampf und von Sieg zu üben. Dies ist natürlich eine perfekte weiße Doktrin; doch wird es als die gefährlichste aller Häresien angesehen (Römer VI: 1,2, et al)

Trotz alledem ist die Idee vorhanden. Die Messe selbst ist essentiell ein typisch weißes Ritual. Der Zweck ist es, rohe Materie direkt in die Gottheit umzuformen. Sie stellt so eine kardinale Operation TALISMANISCHER MAGICK dar. Doch der Einfluß der schwarzen Schule hat die Idee mit theologischen Zusätzen überzogen; metaphysisch auf der einen und abergläubisch auf der anderen Seite; so vollständig, wie um die ganze Wahrheit zu verbergen.

In der Reformation finden wir einen kindischen Versuch, das schwarze Element zu entfernen. Die protestantischen Denker taten ihr bestes, um die Idee der Sünde loszuwerden, doch es wurde früh erkannt, daß diese Anstrengung nur zum Antinomismus führen konnte; und sie erkannten auch, daß diese die religiöse Idee an sich, unwiderruflich zerstören würden.

Der Mystizismus, sowohl der katholische, als auch der protestantische, machten einen weiteren Versuch, die Christenheit von der dunklen Wolke der Schlechtigkeit zu befreien. Sie gaben sich die Hände mit den Sufis und den Vedantisten. Das führte jedoch wiederum zur bloßen Leugnung der Wirklichkeit des Bösen. Sich so Stückchen für Stückchen von der klaren Anerkennung der Tatsachen der Natur wegbewegend, wurde ihre Doktrin rein theoretisch und verschwand, während die Donnerwolken der Sünde sich schwerer denn je niederließen.

Die wichtigste Anstrengung der weißen Schule, von einem exoterischen Standpunkt aus gesehen, ist der Islam. In seiner Doktrin gibt es einen leichten Makel, aber wesentlich kleiner als im Christentum.

Er ist eine männliche Religion. Er schaut den Tatsachen ins Auge und erkennt ihre Schrecken an; aber er verlangt, sie durch die reine Kraft der Männlichkeit zu überwinden. Unglücklicherweise sind die metaphysischen Konzeptionen seiner quasi profanen Schulen grob materialistisch. Lediglich der Pantheismus der Sufis eliminiert die Konzeption der Vergebung; und in der Praxis, sind die Sufis zu eng mit den Vedantisten verbunden, um sich den Bezug zur Wirklichkeit zu erhalten.

Das soll gegenwärtig alles sein.

Liebe ist das Gesetz, Liebe unter Willen.

Brüderlich,

666

8. Die Drei Schulen der Magick (3)

Cara Soror,

Tu was Du willst, soll das Ganze des Gesetzes sein.

Es gibt in der Geschichte nur eine Bewegung, deren Ziel es war, die isolierten Adepten der weißen Schule der Magick zu organisieren, und diese Bewegung hatte keinerlei Verbindung mit der Religion, außer insoweit, als sie ihren Einfluß den Reformern der christlichen Kirche lieh. Ihr Äußeres war keineswegs für die Menschen. Sie bot lediglich an, mit isolierten Männern der Wissenschaft in ganz Europa Beziehungen aufzunehmen und ihnen gewisse praktische Geheimnisse der Weisheit zu vermitteln. Diese Bewegung ist allgemein bekannt unter dem Namen des Rosenkreuzertums.

Das Wort ruft alle Arten verabscheuungswürdiger Erinnerungen hervor; doch die Adepten der Gesellschaft haben sich niemals auch nur im mindesten um den Mißbrauch dieses Namens und um die Zwecke der Scharlatanerie gekümmert, oder um die Angriffe, welche wütende Kritiker gegen sie richteten. In der Tat haben sie ihre Aktivitäten so weise verborgen, daß einige moderne Gelehrte der oberflächlicheren Art erklärt haben, daß niemals solch eine Bewegung existierte, daß sie eine Art praktischer Witz auf die Neugier des leichtgläubigen Mittelalters gewesen sei. Es ist zumindest sicher, daß seit den ursprünglichen Proklamationen, keine offiziellen Publikationen veröffentlicht worden sind. Die grundlegenden Geheimnisse sind unbefleckt erhalten worden. Wenn nun während der letzten Jahre eine ansehnliche Anzahl von Dokumenten veröffentlicht wurde, obwohl nicht in ihrem Namen, so geht dies auf Kosten der drohenden Gefahr für die Zivilisation, welche später erwähnt werden wird.

Es gibt keinen guten Grund, sogar, wenn es erlaubt wäre, die Natur der Grundlage der wissenschaftlichen Erlangung zu diskutieren, welche das Herz der Gesellschaft ist. Es ist lediglich notwendig zu betonen, daß ihre Korrespondenz mit der Alchemie die einzige ursprüngliche Tatsache des Themas ist, welcher erlaubt wurde durchzudringen; denn der Rosenkreuzer, welcher durch sein zentrales Symbol angezeigt wird, dem bloßen Kreuz, auf welches er die Rose als Blume gesetzt hat, beschäftigt sich vorwiegend mit spiritueller und physiologischer Alchemie. Als "Erste Materie des Werkes" eine neutrale oder träge Substanz nehmend (sie wird durchgängig als das allgemeinste und wertloseste Ding der Erde beschrieben, und kann ziemliche jede Substanz meinen). Er vergiftet sie vorsichtig, sie sozusagen zu einer Stufe der Transmutation bringend, welche gemeinhin der schwarze Drache genannt wird, und er fährt fort, mit diesem gefährlichen Gift zu arbeiten, bis er die theoretisch mögliche Vollkommenheit erreicht.

Zufällig haben wir eine fast genaue Parallele mit dieser Operation in der modernen Bakteriologie. Die augenscheinlich harmlosen Erreger einer Krankheit werden kultiviert, bis sie tausendmal virulenter sind als sie es zuerst waren, und von dieser Kultur wird das Gegengift gewonnen, welches ein wirksames Heilmittel für alle möglichen Verwüstungen ist, die von dieser Art Mikroorganismus verursacht werden.

Wir wurden beauftragt, vielleicht in zu großer Länge, die Hauptdoktrinen der drei Schulen darzustellen. Die Aufgabe, wie mühsam auch immer, war notwendig, um mit vernünftiger Klarheit ihre Verbindung zu der Welt, welche von ihren Ideen gelenkt wird, zu erklären; das heißt, die Natur ihrer politischen Aktivitäten.

Die gelbe Schule, in Übereinstimmung mit ihrer Doktrin der vollkommen elastischen Reaktion und Nichteinmischung, hält sich, allgemein gesprochen, von all diesen Fragen vollständig fern. Wir können uns kaum vorstellen, daß sie an irgendeiner Sache genügend interessiert ist, um aggressiv zu reagieren. Sie fühlt sich stark genug, um mit allem, was auftauchen kann, befriedigend umzugehen; und, allgemein gesprochen, fühlt sie, daß jegliche erkennbare Handlung von ihrer Seite den Schaden eher erhöhen als beseitigen würde.

Sie verharrt mit einer Art Abscheu über dem ewigen Konflikt der schwarzen Schule mit der weißen. Gleichzeitig ist da ein gewisses Gefühl unter den gelben Adepten, daß, sollte eine dieser Schulen vernichtet werden, das Ergebnis gut sein könne, daß der Sieger früher oder später seine befreiten Energien gegen sie selbst richten würde.

In Übereinstimmung darum mit ihrem allgemeinen Plan des Nicht-Tuns, wie im *TAO TE KING* ausgedrückt, sich mit dem Unheil zu befassen, bevor es so stark geworden ist, daß es gefährlich ist, greifen sie von Zeit zu Zeit sanft ein, um das Gleichgewicht wiederherzustellen.

Während der letzten 2 Generationen waren die Meister der gelben Schule dazu verdammt, den fortschreitenden Ruin der weißen Adepten zu bemerken. Das Christentum, welches zumindest den Schein einer weißen Formel besaß, befindet sich in den Qualen der Auflösung, sogar bevor es richtig tot ist. Die materialistische Wissenschaft hat den Glauben und die Hoffnung der Christen überwunden (sie besaßen niemals eine Nächstenliebe, die man überwinden konnte) mit einer Demonstration des Leides, der Lehre und der grausamen Nutzlosigkeit des Universums. Eine ungeheure Welle des Pessimismus hat die Festung der menschlichen Seele überschwemmt.

Es war in der Tat ein tödlicher Streich gegen die Adepten der weißen Schule, als die Wissenschaft, der eigene gewohnte Freund, in welchen sie Vertrauen setzten, ihnen den Rücken zuwandte. Es war während dieser Begebenheiten, daß die gelben Adepten einen Botschafter in die westliche Welt sandten. Helena Petrowna Blavatsky, mit der bestimmten Mission, auf der einen Seite, die gewöhnlichen Schulen des Christentums zu zerstören und, auf der anderen, den Materialismus aus der physikalischen Wissenschaft zu entfernen. Sie ging die notwendigen Verbindungen sowohl mit Edward Maidland und Anna Kingsford ein, die ziemlich hilflos versuchten, die exoterischen Formeln der weißen Schule in die Hände ihrer Schüler zu legen, als auch mit den geheimen Repräsentanten der Bruderschaft der Rosenkreuzer. Es steht uns hier nicht an, den Grad des Erfolges einzusetzen, mit dem sie ihren Auftrag ausführte; aber zumindest sehen wir heute, daß die physikalische Wissenschaft zumindest zur spirituellen Basis der materiellen Phänomene vorstößt. Die Arbeit von Henri Poincare, Einstein, Whitehead und Bertrand Russell ist ausreichender Beweis für diese Tatsache.

Auch das Christentum ist auf eine tiefere Stufe der Verabscheuungswürdigkeit gefallen, als jemals zuvor. Als es bemerkte, daß es todgeweiht war, machte es einen herausragenden und selbstmörderischen Versuch, und stürzte sich in die Todeszuckungen des ersten Weltkrieges. Es war viel zu korrupt, um auf die Eingebungen der weißen Formel zu reagieren, welche es gerettet haben könnten. Wir sehen heute, daß das Christentum bigotter, und weiter entfernt von der Wirklichkeit ist, als je zuvor. In allen Ländern ist es wieder zu einer verfolgenden Kirche geworden.

Mit schrecklicher Freude schauten die Adepten der schwarzen Schule auf diese schrecklichen Paroxysmen. Doch sie taten mehr. Sie sammelten ihre Kräfte im geheimen und bereiteten sich darauf vor, die Schlachtfelder von den Überresten zu säubern. Sie haben sich gegenwärtig (1924 e.v.) einem überragenden Versuch verschworen, die menschlichen Rassen aus ihrem spirituellen Heiligtum zu vertreiben. (Der Kampf geht immer noch [1945 e.v.] weiter; beachte gut die prodeutschen Schreie der anglikanischen Bischöfe, und die Intrigen des Vatikans.)

Die schwarze Schule hat schon immer hintenherum, durch Verrat, gearbeitet. Wir müssen darum auch nicht überrascht sein, wenn wir herausfinden, daß ihr bekanntester Repräsentant die rebellische Anhängerin von Blavatsky, Anny Besant ist, und daß sie von ihren schwarzen Meistern mit der Aufgabe betraut wurde, die Welt davon zu überzeugen, als Lehrer einen negroiden Messias anzunehmen. Um die Vernichtung vollständiger zu machen, wurde eine verkommene Kreatur erwählt, die den ekelhaftesten moralischen Qualitäten offensichtliche Geistesschwäche hinzufügte. Und dann explodierte!

Dies also ist der gegenwärtige Stand des Krieges der drei Schulen. Wir können nicht erwarten, daß die Menschheit so vollständig heruntergekommen ist, daß sie Krishnamurti akzeptiert; doch daß solch ein Schema jemals vermutet werden konnte, ist ein Symptom der fast hoffnungslosen Dekadenz der weißen Schule[27]. Die schwarzen Adepten verkünden öffentlich, daß sie auf der ganzen Linie triumphiert haben. Ihre Formel hat die Zerstörung aller positiven Qualitäten erreicht. Es ist nur noch ein Schritt zu der Stufe, auf der die Vernichtung allen Lebens und aller Gedanken als unausweichliche Notwendigkeit erscheinen wird. Der Materialismus und vitale Skeptizismus der gegenwärtigen Zeit, sein verrückter Rausch nach Lust in völliger Mißachtung jeglicher Idee, für die Zukunft zu bauen, ist Beleg für einen Zustand kompletter moralischer Unordnung, von fortgeschrittener spiritueller Anarchie.

Die weiße Schule wurde so gelähmt. Wir werden an die Spinne, welche Fabre beschrieb, erinnert, welche ihren Opfern ein Gift einspritzt, welches sie lähmt, ohne sie zu töten, so daß ihre eigenen Jungen frisches Fleisch finden mögen. Und dies ist es, was im Moment in Europa und Amerika passiert, bis etwas dagegen unternommen wird, und zwar in sehr kurzer Zeit.

Die gelbe Schule konnte nicht untätiger Zuschauer der Scheußlichkeiten bleiben.

Madame Blavatsky war ein bloßer Vorläufer. Sie haben, in Zusammenarbeit mit den geheimen Oberhäuptern der weißen Schule, Oberhäuptern, welche durch den allgemeinen moralischen Niedergang, von welchem die Rassen, von denen sie ihre Adepten bezogen, betroffen waren, gezwungen waren, alle Versuche zur exoterischen Erleuchtung aufzugeben, einen Führer für die Menschheit vorbereitet. Dieser Mann, von extremer moralischer Kraft und Erhabenheit, kombiniert mit einem profunden Sinn für die weltlichen Realitäten, stand voran in einem Versuch, die weiße Schule zu retten, ihre Formel zu rehabilitieren, und von den Bastionen moralischer Freiheit die heulenden Wilden des Pessimismus zurückzuschlagen. Bevor nicht seine Bitte gehört ist, bevor nicht eine wahrhaft männliche Reaktion gegen die schleichende Auflösung, welche sie vergiftet, erfolgt, und bevor sie sich nicht bis zum letzten Mann unter seiner Standarte versammeln, wird eine große, entscheidende Schlacht verloren sein.

---

[27] Bemerke. Diese Passage wurde in 1924. e.v. geschrieben. Der Meister Therion erschien und zerschmetterte ihn. Was ein Schrecken schien, ist nun kaum noch eine Erinnerung.

Dieser Prophet der weißen Schule, von seinen Meistern und Brüdern erwählt, die Theorie und Praxis zu retten, ist mit einem Schwert weit mächtiger als Excalibur, bewaffnet. Er wurde mit einer neuen magischen Formel betraut, einer, welche von der gesamten menschlichen Rasse akzeptiert werden kann. Ihre Annahme wird die gelbe Schule stärken, indem sie ihrer Theorie einen größeren Wert einräumt; indem sie die Postulate der schwarzen Schule bestehen läßt, wird sie sie transzendieren und ihre Theorie und Praxis fast bis zu der Stufe derer der gelben erheben. Wie sie von den Adepten der weißen Schule alle Makel des Giftes der schwarzen entfernen wird, und die Kraft ihrer zentralen Formel der spirituellen Alchemie wiederherstellen wird, indem sie jedem Menschen ein unabhängiges Ideal gibt. Sie wird der moralischen Kastration ein Ende setzen, welche in der Annahme liegt, daß jeder Mensch, wie auch immer seine Natur beschaffen sein mag, sich selbst verleugnen soll, um einem fantastischen und unausführbaren Ideal der Güte zu folgen. Nebenbei, diese Formel wird die Physik selbst retten, indem sie sie befähigt, die Verzweiflung der Nutzlosigkeit abzulehnen, den vitalen Skeptizismus, welchen sie in der Vergangenheit hervorgerufen hat. Sie zeigt, daß die Freude der Existenz nicht in einem Ziel liegt, denn dies ist in der Tat offenbar unerreichbar, *sondern im Gehen selbst.*

Dieses Gesetz wird das Gesetz von Thelema genannt. Es ist zusammengefaßt in den vier Worten: Tu was Du willst.

Es sollte nicht notwendig sein zu erklären, daß eine volle Würdigung dieser Botschaft nicht durch eine hastige Untersuchung erlangt werden kann. Es ist essentiell, sie von jedem Standpunkt zu studieren, mit dem schärfsten philosophischen Scharfsinn zu analysieren, und letztlich als Schlüssel für jedes Problem, das innerhalb und außerhalb existiert, zu benutzen. Dieser Schlüssel, mit Geschicklichkeit benutzt, wird jedes Schloß öffnen. Vom tiefsten Standpunkt aus ist der größte Wert dieser Formel der, daß sie zum ersten mal in der Geschichte eine grundlegende Wiedervereinigung der 3 großen Schulen der Magick erfordert. Sie wird dazu neigen, den ewigen Konflikt durch das Verständnis zu besänftigen, das jede Art von Gedanken ihren eigenen Weg gehen sollte, ihre eigenen zugehörigen Qualitäten entwickeln sollte, ohne danach zu trachten, andere Formeln zu stören, wie (oberflächlich gesehen) entgegengesetzt zur eigenen auch immer.

Was für jede Schule wahr ist, ist ebenso wahr, wie für jedes Individuum. Erfolg im Leben, auf der Basis des Gesetzes von Thelema, impliziert strenge Selbstdisziplin. Jedes Wesen muß fortschreiten, wie die Biologie lehrt, durch genaue Anpassung an die Bedingungen des Organismus. Wenn, wie die schwarze Schule fortwährend behauptet, der Grund des Leides Verlangen ist, können wir immer noch der Konklusion durch das Gesetz von Thelema entkommen. Was notwendig ist, ist nicht, einigen fantastischen Idealen nachzulaufen, die absolut nicht zu unseren wirklichen Bedürfnissen passen, sondern die wahre Natur dieser Bedürfnisse zu entdecken, sie zu erfüllen, und uns darin zu erfreuen.

Dieser Prozeß ist, was wirklich mit Initiation gemeint ist; d.h., daß In- Sich-Selbst-Gehen, und sozusagen den Frieden machen, mit all den Kräften, die man dort findet.

Es ist hier verboten, die Natur des *Buches des Gesetzes* zu diskutieren. Die heilige Schrift von Thelema. Sogar nach vierzig Jahren genauer und kompetenter Untersuchung bleibt es zu einem großen Teil geheimnisvoll; doch das Wenige, das wir von ihm wissen, ist genug, um zu zeigen, daß es eine sublime Synthese aller Wissenschaft und aller Ethik ist. Es ist durch die Kraft dieses Buches, daß der Mensch einen Grad der Freiheit erlangen kann, welcher bis hierher niemals als möglich angesehen wurde, eine spirituelle Entwicklung, die insgesamt jenseits all dessen liegt, was bis hierher bekannt war; und, was den Punkt noch mehr trifft, eine Kontrolle der äußeren Natur, welche die aufgeplusterten Errungenschaften des letzten Jahrhunderts als nicht mehr erscheinen lassen wird, denn kindische Vorspiele zu einer unvergleichlich mächtigen Mannbarkeit.

Es ist von einigen gesagt worden, daß das Gesetz von Thelcma nur für die Elite der Menschheit ist. Zweifellos steckt soviel in dieser Behauptung, daß nur die Höchsten die außerordentlichen Möglichkeiten, welche sie bietet, überleben können. Zur selben Zeit, "das Gesetz ist für alle". Jeder zu seinem Grade, mag jeder Mensch lernen, die Natur seines eigenen Wesens zu erkennen und es in Freiheit zu entwickeln. Durch diese Mittel kann die weiße Schule der Magick ihre

Vergangenheit rechtfertigen, ihre Gegenwart festigen, und ihre Zukunft sichern, indem sie jedem menschlichen Wesen ein Leben der Freiheit und der Liebe garantiert.

Solcher Art sind die Worte von Gerard Aumont. Ich möchte nicht jedem Satz beipflichten; aber die gesamte Schrift ist so meisterlich in ihrer bündigen, dichten Kraft, und so unerreicht durch irgendein anderes Dokument, welches zu meiner Verfügung steht, daß ich es als das beste erachtete, es Dir in seiner eigenen ursprünglichen Form zu überlassen, mit nur den wenigen Veränderungen, welche der Verlauf der Zeit notwendig gemacht hat.

Liebe ist das Gesetz, Liebe unter Willen.

Brüderlich,

666

P.S. Unsere eigene Schule vereint das Rubinrot des Blutes mit dem Gold der Sonne. Sie vereint die besten Eigenschaften der gelben und der weißen Schule. Im Licht von G. Aumonts Ausführungen ist es leicht, dieses zu verstehen.

Für uns ist jedes Ereignis ein Akt der Liebe. Jede Erfahrung ist notwendig, ist ein Sakrament, ist ein Mittel des Wachstums. Also, *"Existenz ist reine Freude."* (AL, II: 9). *"Ein Fest jeden Tag in euren Herzen in der Freude meines Entzückens! Ein Fest jede Nacht für Nu, und die Freude höchsten Entzückens!"* (AL: II: 42, 43).

9. Die Geheimen Oberhäupter

Cara Soror,

Tu was Du willst, soll das Ganze des Gesetzes sein.

Ich bin sehr froh, seit ich einmal gezwungen war, sehr streng mit impertinenter Neugier zu verfahren, festzustellen, daß Dein Wunsch, über die Geheimen Oberhäupter der A∴A∴ informiert zu werden, gerechtfertigt ist; es ist mit größter Sicherheit höchst wichtig, daß wir beide in unseren Köpfen eine sehr klare Idee von jenen haben, unter deren Richterspruch und Vormundschaft wir beide arbeiten.

Du erinnerst mich mit Recht daran, daß eines meiner ersten Mottos war, daß "Geheimnisse der Feind der Wahrheit sind"; wie kommt es dann, daß ich mich in einer so wichtigen Sache der Politik des Verbergens befleißige?

Vielleicht ist es das Beste, wenn ich die Tatsachen des Falles so weit wie möglich darlege; aus ihnen mag hervorgehen, daß keine alternative Politik durchführbar ist.

Die erste Bedingung für die Mitgliedschaft in der A∴A∴ ist die, daß man schwört, das eigene Große Werk mit der Erhebung der Menschheit auf höhere Ebenen, spirituell und in jedem anderen Bereich, zu identifizieren.

Demzufolge ist es vernünftig, daß diejenigen, die mit der Führung des Ordens betraut sind, mindestens Meister des Tempels sein sollten, sonst wäre ihr Urteil wertlos; und zumindest Magi (obwohl nicht die besondere Art, die der Welt alle 2000 Jahre oder so das Wort einer neuen Formel bringt), oder sie wären unfähig, die Ereignisse auf irgendeiner das Werk betreffenden Skala zu beeinflussen.

Welcher Natur ist diese Macht, diese Autorität, dieses Verstehen, dieser Weisheits - Wille?

(Ich steige von Geburah nach Chokmah)

Auf der passiven Seite ist es vergleichsweise einfach, einige Ideen zu formen; denn die essentiellen Eigenschaften sind hauptsächlich Erweiterungen von denen, die alle von uns bis zu einem gewissen Grade besitzen. Und ob Verständnis - Wille "richtig" oder "falsch" ist, muß hauptsächlich eine Sache der Meinung sein; oft kann nur die Zeit solche Dinge entscheiden.

Doch auf der aktiven Seite ist es notwendig, eine Form der Energie, die zu ihrer Verfügung steht, zu postulieren, welche fähig ist, "Veränderung in Übereinstimmung mit dem Willen zu verursachen" - eine Definition der "Magick".

Nun ist dies, wie Du weißt ein außerordentlich komplexes Thema; die Theorie eine Tortur, und die Praxis mit allen Arten von Schwierigkeiten gespickt.

Gibt es keine einfache Methode?

Doch: Die thaumaturgische Maschine selbst stellt eine Energieform dar, die passender als selbst die Elektrizität ist, und beides, stärker und subtiler als diese, ihre Analogie in der Welt der profanen Wissenschaft. Man könnte sagen, daß sie elektrisch ist, oder zumindest ein Element der "Ringformel" der modernen mathematischen Physik.

In der R.R. und A.C. wird diese dem Adeptus Minor durch den Titel, der ihm bei seiner Initiation zu diesem Grad übertragen wird, zugesprochen: Hodos Chamälionis - Der Pfad des Chamäleons. (Das betont, daß diese Kraft in keiner Weise festgelegt ist.) In den höheren Graden des O.T.O. - der A.·.A.·. sind diese Begriffe nicht beliebt, welche am Rande des Bildhaften stehen - gewöhnlich wird sie "die Ophidischen Schwingungen" genannt, so die Betonung auf ihre schlangengleiche Stärke, Subtilität, ihre Kontrolle über Leben und Tod legend, und ihre Macht, sich selbst in ein verlangtes Set von Umständen zu begeben.

Es muß vermutet werden, daß es diese machtvolle Waffe ist, über die die Geheimen Oberhäupter die totale Kontrolle besitzen.

Sie können ein Mädchen dazu bringen, einen Vorhang zu sticken, oder eine politische Bewegung initiieren, die in einem Weltkrieg gipfelt; alles in Verfolgung eines Planes, vollkommen jenseits des Durchblickes oder des Verständnisses der tiefsten und subtilsten Denker.

(Es braucht eigentlich nicht erwähnt zu werden, daß der angemessene Gebrauch dieser Kraft einen dazu befähigt, all die klassischen 'Wunder' zu vollbringen.)

Diese Mächte sind erstaunlich. Diese Mächte bewegen sich in Dimensionen von Zeit und Raum, die sich von denen, mit denen wir vertraut sind, ziemlich unterscheiden. Ihre Werte sind uns unverständlich. Für ein Geheimes Oberhaupt, seine Waffe schwingend, kann "Die hübsche Bauart eines bewölkten Rohres" unendlich viel wichtiger sein, als einen Krieg, mit Hunger und Pestilenz, der Art, daß er ein Drittel der Rasse auslöschen kann, zu führen, dessen Gewinn die Krux seines Eides und der einzige Grund seiner Existenz ist!

Aber wer *sind* sie?

Da sie "unsichtbar" und "unerreichbar" sind, könnten sie nicht bloß die Erdichtungen eines selbsternannten "Meisters" sein, der sich selbst nicht so sicher ist, seine wacklige Autorität aufrecht zu erhalten?

Nun, die Kritik an "Unsichtbarkeit" und "Unerreichbarkeit" können gleichermaßen auf Captain A und Admiral B vom Geheimdienst der Marine übertragen werden. Diese "Geheimen Oberhäupter" bleiben aus genau den gleichen Gründen im Dunkel; und diese Qualitäten verschwinden sofort, wenn *sie Dich* haben wollen.

Darüberhinaus steht geschrieben, "Laß meine Diener wenige und geheim sein; sie sollen regieren die Vielen und Bekannten."(AL, I: 10) Aber sind sie dann Menschen im gewöhnlichen Sinne des Wortes? Sie mögen inkarniert oder diskarniert sein: Es ist eine Angelegenheit ihrer Bequemlichkeit.

Haben sie ihre Position dadurch erlangt, daß sie alle Grade der A.·.A.·. durchlaufen haben?

Ja und nein: Das System, daß mir zur Verbreitung gegeben wurde, ist nur eines von vielen. "Über dem Abyss" sind all diese technischen Knitterfalten glattgebügelt. Ein Mann, den ich verdächtige, ein Geheimes Oberhaupt zu sein, hat kaum eine Gemeinsamkeit mit unserem System. Daß er *Das Buch des Gesetzes* akzeptiert, ist fast seine ganze Gemeinsamkeit mit meiner Arbeit. Das, und sein Gebrauch der Ophidischen Vibrationen: Ich weiß nicht, wer von uns besser darin ist, aber ich bin sicher, daß er mir ein weites Stück voraus sein muß, wenn er einer von ihnen ist.

Du hast schon auf diesen Seiten und anderswo in meinen Schriften zahlreiche verschiedene Beispiele der Art, in der sie arbeiten. Die Liste ist weit von der Vollständigkeit entfernt. Die Angelegenheiten von Ab-ul-Diz und Amalantrah zeigen eine Art der Kommunikation; dann gibt es noch den Weg der direkten "Inspiration", wie in dem Fall von "Hermes Eimi" in New Orleans[28]. Noch einmal, sie können einen gewöhnlichen Menschen schicken, ob einer von ihnen oder nicht, kann ich nicht sicher sein, mich in einer bestimmten Aufgabe zu unterrichten, oder mich zu korrigieren, wenn ich gefehlt habe. Dann gab es auch Botschaften, die von Objekten, belebt oder nicht belebt, übermittelt wurden[29]. Nutzlos, es zu erwähnen, das herausragende Beispiel in meinem Leben ist der ganze Plan, der *Das Buch des Gesetzes* betrifft. Aber ist Aiwaz ein Mensch (vermutlich ein Perser oder Assyrer) und ein "Geheimes Oberhaupt", oder ist er ein 'Engel' in dem Sinne, wie Gabriel ein Engel ist? Ist Ab-ul-Diz ein Adept, der sich in die Aura einer Frau projizieren kann, mit der ich zufällig zusammenlebe, obwohl sie keinerlei vorherige Erfahrung mit dem Thema hat, oder überhaupt irgendein Interesse an solchen Dingen? Oder ist er ein Wesen, dessen Existenz vollständig jenseits dieser Ebene liegt, le-

[28] Ich werde daran denken, Dir Details der Ereignisse zu übermitteln, wenn die Gelegenheit da ist.

[29] Eine Sache, die ich aus eigener Erfahrung als sicher ansehe: Wenn Du rufst, kommen Sie. Die Umstände zeigen gewöhnlich, daß der Ruf vorhergesehen wurde, und Vorbereitungen, ihn zu beantworten, getroffen wurden, lange bevor er ausgestoßen wurde. Aber ich vermute, daß der Ruf auf eine gewisse Art seinen Ausstoß rechtfertigen muß.

diglich menschliche Erscheinung und Umgangsformen annehmend, um sich selbst für diese Frau wahrnehmbar und verständlich zu machen?

Ich habe niemals versucht, solch eine Untersuchung anzustellen. Es war nicht verboten; und doch fühlte ich, es war! Ich habe natürlich immer auf den genauesten Beweis bestanden, daß er wirklich die Autorität, auf die er Anspruch erhob, besaß! Aber ich hatte das Gefühl, es sei unpassend, irgendeine andere Initiative zu verlangen. Vielleicht nur eine Sache der guten Manieren?

Anderswo werde ich erklären, warum sie sich solch einen jammervollen Lumpenkerl wie mich aussuchten, um das Wort des Äons zu verkünden, und all die Dinge zu tun, die zu dieser besonderen Arbeit gehören. Die Last wird schwerer, wie die Jahre vergehen; doch - Perdurabo.

Liebe ist das Gesetz, Liebe unter Willen.

Brüderlich,

666

P.S. Als ich dieses Manuskript für "Literaten" überlas, fiel mir auf, daß Du, sehr vernünftig, fragen würdest, "aber wenn die Geheimen Meister diese grenzenlose Macht besitzen, warum erlauben sie, daß Du durch Drucker geschlagen wirst, aufgehalten wirst durch das Fehlen von Sekretären, von allen Arten praktischer Probleme getroffen wirst? ... Warum, kurz gesagt, läuft irgendetwas jemals falsch?"

Es gibt verschiedene Antworten; zusammengefaßt, genügen sie:

1. Was ist "falsch"? Seit vier Kriegen ist es ihre Idee von "richtig". Du magst fragen, an welchem Standard Du die Ereignisse messen sollst.

2. Ihre Arbeit ist schöpferisch. Sie operieren mit der dumpfen Masse unerfüllter Möglichkeiten. Das bedeutet 1. das Gegenteil der Trägheit; 2. den Rückzug, die Reaktion, den Rückschlag.

3. Dinge, die theoretisch machbar sind, sind praktisch unmöglich, wenn (a) obwohl ihre Vollendung wünschenswert sein mag, sie nicht zu der besonderen Arbeit gehören, die im Moment auf der Hand liegt; (b) die Gesamtsumme der verfügbaren Energie durch diese spezielle Aufgabe verbraucht wird und nichts für Nebensächlichkeiten zur Verfügung steht; (c) der Widerstand, passiv oder aktiv, zeitweise zu stark ist, um ihn zu überwinden.

Grober gesehen, man kann nicht beurteilen, wie ein Plan fortschreitet, wenn man keine genaue Vorstellung davon hat, was er bedeutet. Einem Soldaten wird gesagt "anzugreifen"; es mag die Absicht sein, daß er gewinnt, daß er einen allgemeinen Rückzug deckt, oder durch überlegtes Opfer Zeit gewinnt. Nur der Oberbefehlshaber weiß, was der Befehl bedeutet, oder warum er ihn ausspricht. Und sogar er kennt nicht den Ausgang, oder ob er seine militärischen Fähigkeiten oder Urteilsvermögen zeigen oder rechtfertigen wird.

Unser Geschäft ist es einzig, Befehle zu befolgen: Unsere Verantwortlichkeit endet, wenn wir uns selbst versichert haben, daß sie von einer Quelle ausgehen, welche das Recht hat zu befehlen.

P.P.S. Die Geschichte eines Besuchers hat mich kürzlich an die Möglichkeit erinnert, daß ich selbst ein Geheimes Oberhaupt bin, ohne es zu wissen: Denn einige Male haben andere Leute erkannt, daß ich wie ein solcher gehandelt habe, obwohl ich mir dieser Tatsache zu dieser Zeit nicht bewußt war.

10. Die Scolex-Schule

Cara Soror,

Tu was Du willst, soll das Ganze des Gesetzes sein.

Im Grunde willst Du wissen, wie man Gold von Kupferpyrit unterscheidet - "Katzengold" nannten Sie es '49[30] in Kalifornien - Nein! ich war nicht da - oder "absoluten" Alkohol - und Liqueur-Whisky von "Alki" (kommerzieller Alkohol - siehe Jack Londons *Die Prinzessin,* eine hervorragende Geschichte - solltest Du lesen.) und Kriegsscotch, wie er in den meisten britischen Pubs 1944, *era vulgari* verkauft wurde.

Ein sehr guter Plan ist es, ein Meisterstück zu nehmen, suche Dir per Zufall eine Seite aus, übersetze sie in das Französische oder Deutsche, oder welche Sprache Du auch immer am liebsten magst, gehe dreimal um Deinen Stuhl herum, um so das Englische zu vergessen, und dann übersetze sie zurück. Du wirst einen nützlichen Eindruck des Wertes des Meisterstückes dadurch bekommen, daß Du die Schwierigkeiten, die bei der Arbeit der Übersetzung entstehen, bemerkst; eher noch, dadurch, daß Du den Effekt beobachtest, den das Durchlesen des Ergebnisses bei Dir erzeugt; und zuletzt, indem Du die Rückübersetzung einschätzt: Ist die Wirkung des Originales durch die Arbeit damit gesteigert worden? Ist es klarer geworden? Hat es Dir die Information gegeben, welche es beabsichtigte?

(Ich erkenne Deine äußerst unüblichen Fähigkeiten an; dieser Test ist nicht einfach; und, augenscheinlich, mag es sein, daß Du die gesamte Komposition verschwendet hast, speziell dort, wo ihr Wert

[30] 1849 war das Jahr des großen Goldrausches in Kalifornien, d. Üb.

eher von ihrer Form abhängt, als von ihrem Inhalt. Wir sprechen nicht über sie, oder über poetische Prosa; alles, was wir wollen, ist verständliche Bedeutung.)

Daraus folgt nicht, daß eine Passage unsinnig ist, weil Du darin versagst, sie zu verstehen; sie mag einfach zu schwer für Dich sein. Wenn Bertrand Russell schreibt "Wir sagen, daß eine Funktion R "vollkommen Q-konvergent A" ist, wenn es ein Mitglied y der konvergierenden Domäne von R und dem Feld Q gibt, solcher Art, daß der Wert der Funktion für das Argument y und für jedes Argument, zu welchem y die Beziehung Q hat, ein Mitglied von A ist."

Tun wir das?

Aber Du bezweifelst nicht, daß, wenn Du die Bedeutung all dieser ungewohnten Wörter lernen würdest, Du fähig sein würdest, diesem Gedanken zu folgen.

Nimm nun einen Absatz von einem "okkulten Lehrer".

Darüber hinaus werde ich Dir Weizen geben, nicht Wicken; es scheint für vernünftige Instruktionen furchtbar einfach zu sein, zu Gebrabbel zu degenerieren. Hier geht es los!

Nirmanakayas Lumpenrobe anzuziehen heißt, den ewigen Segen für Dich selbst vorwegzunehmen, der Erlösung eines Menschen zu helfen. Nirwanas Glanz zu erreichen, aber zurückzuweisen, ist der höchste, der letzte Schritt - der höchste auf dem Pfade der Entsagung.

Es folgt ein allgemein verständlicher Kommentar durch Frater O.M.

Das ganze Gerede darüber, das Gauthama Buddha das Nirwana zurückgewiesen hat, ist offenbar eine reine Erfindung von Madame Blavatsky, und hat keinerlei Rückhalt im buddhistischen Kanon. Über den Buddha wird wieder und wieder gesagt, daß er "hinfortgegangen ist, durch diese Art des Hinfortgehens, welches nichts, was auch immer, zurückläßt". Der Bericht darüber steht in der Mahaparinibbana Sutta und es war der Verdacht der Theosophen, daß diese "großartige sublime Nibbana-Geschichte" etwas besonderes über den Gauthama Buddha war. Sie begannen über Parinibbana zu reden, Super-Nibbana, als ob es irgendeine Möglichkeit gebe, eins von eins abzuziehen, was eine höhere, überlegenere Art des Nichts zurücklassen würde, oder als ob es eine Möglichkeit gäbe, eine Kerze auszublasen, was Moses in einer viel größeren ägyptischen Dunkelheit zurücklassen würde, als wir jemals vermutet hätten, als wir Kinder waren.

Dies ist keine Wissenschaft. Dies ist kein Geschäft. Dies ist amerikanischer Sonntags-Symbolismus. Der Hindu und der Amerikaner ähneln sich sehr in dieser Unschuld, dieser "Naivität", welche Feengeschichten mit immer größeren Helden verlangt. Sie können die Idee nicht ertragen, daß irgendetwas vollständig und abgehandelt ist. So leben sie immer in Superlativen, und sind hart getroffen, wenn die Tatsachen sie erreichen und sie neue Superlative einführen müssen. Anstatt zu sagen, daß es Ziegelsteine verschiedener Größe gibt, und diese Größen zu spezifizieren, haben sie einen Ziegelstein und einen Superziegelstein und den "einen" Ziegelstein und "etwas" Ziegelstein; und wenn sie zum Ende gekommen sind, durchforsten sie das Wörterbuch nach einigen anderen Attributen für Ziegelsteine, welche den Sinn für das Wunderbare erregen sollen, bei dem angenommenen großartigen Fortschritt und Super-Fortschritt - ich präsentiere die amerikanische Öffentlichkeit mit diesem Wort - der gemacht worden sein soll. Vermutlich ist das gesamte Ding ein Bluff ohne auch nur eine einzige Tatsache dahinter. Fast die gesamte Hindu-Psychologie ist ein Beispiel dieser Art des Journalismus. Sie sind nicht zufrieden mit dem höchsten Gott. Der nächste Mensch wünscht sich darzustellen, indem er einen überlegeneren Gott als diesen hat, und wenn ein dritter Mann vorbeikommt und sie diskutierend findet, ist es an ihm, einen überlegensten Super-Gott zu erfinden.

Es ist einfach lächerlich, die Definition des Nibbana durch diese Erfindung des Parinibbana zu erweitern, und nur Redner beschäftigen sich selbst mit diesen fantastischen Spekulationen. Der ernsthafte Student kümmert sich um sein eigenes Geschäft, welches das Geschäft ist, das auf der Hand liegt. Der Präsident einer Gesellschaft bezahlt also seine Buchhaltung nicht dafür, eine Liste der zahllosen Millionen Profit zu machen, die in irgendeinem zukünftigen Jahr gemacht werden könnten. Man benötigt keine großartigen Fähigkeiten dazu, eine Reihe von Nullen hinter die bedeutende Zahl zu setzen, bis die Tinte ausgeht. Was er wünscht, ist die aktuelle Bilanz der Woche.

Dem Leser wird sehr empfohlen, sich selbst nicht zu erlauben, in fantastischen Fluchten der Gedanken unterzugehen, welche das Gift des Geistes sind, weil sie einen Versuch repräsentieren, vor der Realität wegzurennen, eine Verschwendung von Energie und eine Korruption moralischer Stärke. Sein Geschäft ist es, erstens, sich selbst zu kennen; zweitens, sich selbst zu ordnen und zu kontrollieren; drittens, sich selbst auf vernünftigen organischen Wegen Stück für Stück weiterzuentwickeln. Der Rest ist nur Sohle und Oberschuh.

Es gibt aber einen Sinn, in welchem der Dienst an der Menschheit notwendig für die Vervollständigung des Adepten ist. Er darf nicht zu weit fliehen.

Einige Bemerkungen zu diesem Kurs werden in der Notiz zum nächsten Vers gegeben.

Dem Student wird ebenso geraten, Notiz von den Bedingungen der Mitgliedschaft in der A.·.A.·. zu nehmen. (Der Equinox, Vol. III, Elage S. 57 bis 59.)

Wir gehen nun hinunter zum durchschnittlichen populären "Lehrer", dem bloßen Humbug. Lies dieses:

Eines Tages, ziemlich bald, wird eine vollständig andere Art der Elektrizität entdeckt werden, welche ebenso viele grundlegende Wechsel in das menschliche Leben bringen wird, wie der erste Typus. Diese neue Elektrizität wird sich in einem feineren Äther als unsere gewohnte Art bewegen, und wird so der Vibration in der 5. Dimension näher sein, der innersten Quelle aller Dinge, die es im Reich des "Darin-Seins", wo alles durch eine kolossale Kraft an seinem Platz gehalten wird, der gleichen Kraft, welche innerhalb des Atoms zusammengepackt ist. Elektrizität Nr. 2 wird undenkbar kräftiger sein, als unsere gegenwärtige Elektrizität Nr. 1.

(V.P. Alder, die 5. Dimension, S. 132.)

Erschöpft; Ich muß meinen Bogen neu spannen.

Liebe ist das Gesetz, Liebe unter Willen.

Brüderlich,

666

11. Wirre Pompositäten des frommen "Lehrers"

Cara Soror,

Tu was Du willst, soll das Ganze des Gesetzes sein.

Ich denke nicht, daß es eine neue Art der Elektrizität war. Ich denke, die Passage selbst hat mir Kopfschmerzen verursacht. Sie stößt mich ab, jenseits aller Worte.

Die Sache in eine Nußschale zu packen, gedrängt, zentriert, die Welt wird korrumpiert durch dieses gesamte -

Asthmatische Denken, artige Denken, bauchkrampfartige Denken, diffuse Denken, Absonderungsdenken, nebelverhangene Denken, spottende Denken, herumhüpfende Denken, schlechte-Manieren-Denken, Scheue-Denken, knieende Denken, beladene Denken, malmende Denken, neurotische Denken, profane Denken, sündhafte Denken, quälende Denken, Rokkoko-Denken, Torpedo-Denken, unsichere Denken, giftige Denken, Welpen-Denken, Ausländer-Denken, Zickzack-Denken, ambivalente Denken, gebrochene Denken, Spiraldenken, unverbundene Denken, witzige Denken, Leimdenken, hochmütige Denken, umgekehrte Denken, jazzige Denken, dienernde Denken, blutarme Denken, bibberhafte Denken, Altweiberdenken, reinigende Denken, umherschießende Denken, Rattenrätseldenken, übertriebene Denken, Rauschgolddenken, unausgeglichene Denken, zähe Denken, windige Denken, japsende Denken, zymmotische Denken, angesetzte Denken, triefäugige Denken, geköpfte Denken, Drunten-am-Arsch-Denken, entkommende Denken, formlose Denken, ausweichende Denken, heuchlerische Denken, ignorantes

Denken, Spatzenhirndenken, knierutschende Denken, faule Denken, unordentliche Denken, freche Denken, ölige Denken, ungeglättete Denken, überzivilisierte Denken, leimige Denken, neblige Denken, morastige Denken, theatralische Denken, pilzige Denken, unfertige Denken, irrelevante Denken, snobistische Denken, unsystematische Denken, schlammige Denken, wacklige Denken, Krebsgeschwürdenken, dumme Denken, eurasische Denken, beige Denken, deplazierte Denken, Teepartydenken, negroide Denken, onanistische Denken, hybride Denken, nebulöse Denken, blutlose Denken, Ersatzdenken, pontifikale Denken, unreife Denken, offiziöse Denken, irreführende Denken, schuldige Denken, wiehernde Denken, stinkende Denken, päderastische Denken, tuberkulöse Denken, wollige Denken, platte Denken, unhygienische Denken, pedantische Denken, hölzerne Denken, seifige Denken, Wunschdenken, Modedenken, unmännliche Denken, schlüpfrige Denken[31] wie wir es bei Brunton, Besant, Clymar, Max Heindel, Ouspensky und den Pfennigschriften der Geheimniskrämer, der U.B. der O.H.M, des A.M.O.R.C., und all den anderen Gruppen selbsternannter Rosenkreuzer finden; man sollte sie von der Bühne pfeifen.

\+ + +

Nun, da wir uns einig über die Bedingungen sind, welche erfüllt werden müssen, und wir erlauben wollen, daß eine gegebene Sache überhaupt einen Gedanken enthält, ist es passend, unsere Aufmerksamkeit auf die relativen Werte verschiedener Arten von Gedanken zu lenken. Diese Frage ist von aller höchster Wichtigkeit: Die gesamte Theorie der Erziehung hängt von einem korrekten Standard ab. Dies sind Tatsachen und Tatsachen: Man würde nicht notwendig sehr viel weiser sein, wenn man die Enzyklopädia Britannica auswendig lernen würde, ohne die Tafeln der Logarithmen. Das eine Ziel der Mathematik, ist tatsächlich - Whitehead betont dies in seiner kleinen Schilling-Arithmetik -, eine Tatsache dazu zu bringen, die Arbeit von Tausenden zu tun.

---

[31] Anm. d. Hrsg.: Im Originalmanuskript umfaßt die Liste ca. 1000 Adjektive; es wurde nur eine kleine Auswahl getroffen. (Diese Anm. steht schon im englischen Original, d. Üb.)

Was wir suchen, ist eine arbeitende Hierarchie der Fakten. Dies bringt uns sofort zurück zu unserer ursprünglichen "Addition und Subtraktion" Bemerkung in meinem Brief über den Geist. Klassifikation, der erste Schritt, setzt sich fort, indem er ähnliche Dinge zusammenstellt und verschiedene Dinge auseinanderhält.

Ein Aktivposten in der Prüfung einer Tatsache ist die Menge von Wissen, welche sie transportiert $(2+5)^2 = 49$; $(3+4)^2 = 49$; $(6+2)^2 = 64$; $(7+1)^2 = 64$; $(9+4)^2 = 169$ sind isolierte Tatsachen, nicht mehr. Schlimmer, die Koinzidenzen der 49 und der 64 könnten die wildesten Fantasien in Deinem Kopf hervorrufen - "irgendetwas Geheimnisvolles ist darum." Aber wenn Du schreibst: Die Summe der Quadrate von irgend zwei Zahlen ist die Summe der Quadrate von jeder + 2 x dem Ergebnis ihrer Multiplikation - $(a+b)^2 = a^2 + 2ab + b^2$ - so hast Du eine Tatsache, welche jeden möglichen Fall abdeckt, und einen Aspekt der Natur der Zahlen selbst darstellt. Die Wichtigkeit eines Wortes steigt mit seinem Rang, vom besonderen und konkreten zum allgemeinen und abstrakten, (es ist sonderbar, daß die höchsten Werte von allen, die "Naturgesetze" niemals für 2 Personen genau wahr sind, denn eine Person kann niemals das identische Phänomen beobachten, welches ein anderer wahrnimmt, denn die 2 Leute können niemals an genau demselben Ort zu genau derselben Zeit sein: doch sind es genau diese Tatsachen, welche für alle Menschen wahr sind.)

Beachte, ich bitte Dich, die grundlegende Wichtigkeit des Gedächtnisses. Von einem Standpunkt aus (Gottseidank!) bist Du überhaupt nichts als ein Bündel Erinnerungen. Wenn Du sagst, "Dies geschieht *jetzt*", bist Du ein Verfälscher von Gottes gesegneter Wahrheit! Wenn ich sage, "Ich sehe ein Pferd", so ist die Wahrheit, daß " Ich in diesen Ausdrücken meine persönliche hieroglyphische Interpretation des unbekannten und unerkennbaren Phänomens (oder Augenblicks'), welches mehr oder weniger kürzlich am anderen Ende meines Systems zur Aufnahme von Eindrücken stattgefunden hat."

Nun denn! Du erkennst, natürlich, wie viele Millionen und Milliarden von Erinnerungen da sein müssen, um jeden durchschnittlichen, gut trainierten Geist zu bilden. Diese Reihen von Adjektiven kamen spontan; ich habe sie nicht in Lexika nachgeschaut; nun stell Dir den

Umfang meines gesamten Vokabulars vor! Und Worte sind nur die halbgebrannten Ziegel, mit denen man konstruiert.

Achte also darauf, daß Du kein wertloses Material annimmst; daß Du wieder und wieder auswählst, immer in der rechten Ordnung und Proportion; organisiere, strukturiere Deine Gedanken, immer mit dem einen Ziel im Auge, das Große Werk zu vollenden.

Nun gut, bevor ich weiter darin einsteige, muß ich mich wie ein vollkommener Prolet benehmen und meinen Stammbaum beschmutzen, mein Wappen beflecken, und mein Schreibheft, indem ich Dich über "Realismus" verwirre. Entschuldige: nicht mein Mist; er wurde vor Jahrhunderten von einer Bande verfluchter Mönche gemacht, angeführt von einem Duns Scotus - so genannt, weil er Ire war - oder wenn nicht, so von jemand anderem, gleichermaßen unangenehmen. Sie hingen dem platonischen Dogma der Archetypen an. Sie behaupteten, daß es eine ursprüngliche (göttliche) Idee, wie "Grünheit" oder "Schwein" gebe, und das ein grünes Schwein, wie in der Natur beobachtet, nur ein Beispiel dieser ursprünglichen Essenzen sei. Ihre Gegner waren die "Nominalisten", welche im Gegenteil sagten, daß "Grünheit " oder "Schwein" nichts in sich selbst seien, sondern bloße Namen (Nominalismus von lat. *nomen,* ein Name), eingeführt zur Bequemlichkeit der Einordnung. Diese Doktrin ist gesunder Menschenverstand, und ich werde keine Zeit damit verschwenden, die Realisten zu vernichten.

Alles *a priori* Denken, die schlimmste Art des Denkens, geht in diesem Sinne Hand in Hand mit "Realismus".

Und nun siehst Du schockiert und überrascht aus! Und kein Wunder! Was (rufst Du aus) ist die gesamte kabbalistische Doktrin anderes, als die genaue Apotheose dieses "Realismus"? (Sie wurde ebenso "Idealismus" genannt, offensichtlich, um den Studenten aufzumuntern, und ihm auf seiner rauhen und unbequemen Straße zu behagen!). Ist nicht Atziluth die "archetypische Welt"? Ist nicht...

Oh, in Ordnung, in Ordnung! Laß Deine Bluse an! Ich habe mich nicht darum gerissen, es zu tun. Du liegst schon ganz richtig: Der

Baum des Lebens *ist* scheinbar genauso. Doch ist es falsch, ihn so anzusehen. Unsere Nr. 2 z. B. ist "Das, welches den Beinen eines Vogels, den menschlichen Ohren, Zwillingen, der Kubikwurzel von 8, den Größen der Lichter, und den Zinken einer Mistgabel gemeinsam ist." etc., aber wenn wir soweit gekommen sind, dürfen wir nicht fortfahren zu argumentieren, daß die Zahl 2, von diesem und jenem als Eigentum besessen ist, und darum aus diesem oder jenem Grunde jeweils 2 von diesem oder jenem existieren *müssen,* die wir nicht an unseren Fingern zählen können.

Der Ärger ist, daß wir es manchmal *können*; sehr oft sind wir gezwungen, es zu tun, und es ergibt ein korrektes Ergebnis. Aber wir dürfen einem solchen Theorem nicht trauen; Es ist wenig mehr, als ein Hinweis, uns in unseren Reihen zu helfen. Beispiel: Ein Engel erscheint und erzählt uns, daß sein Name MALIEL (MLIAL) ist, welches sich zu 111 addiert, der dritten der Zahlen in der Sonne. Schließen wir daraus, daß seine Natur solar ist? In diesem Falle ja, vielleicht, weil (in der Theorie) er diesen Name aus genau dem Grunde wählte, daß er zu seiner Natur paßt. Doch ein Mensch mag in der Silver Street 81 wohnen, ohne ein Wahnsinniger zu sein, oder um 5 Uhr am 5. Mai 1905 geboren sein und einen sehr armseligen Soldaten abgeben.

Ich denke, Du verstehst schon den Hauptpunkt. Du mußt Dein Denken strukturieren. Du mußt lernen, wie Du Deine Gedanken differenzierst, wie Du sie integrierst. Nichts existiert in Isolation; es ist immer durch seine Beziehung zu anderen Dingen bedingt; in der Tat, in einem gewissen Sinn, ist ein Ding nicht mehr als die Summe dieser Beziehungen. (Denn die einzige "Realität" auf dem langen Weg, ist, wie wir gesehen haben, eine Ansichtssache.)

Nun wird diese Aufgabe, den Geist zu organisieren, eine kohärente und intelligible Struktur zu errichten, durch die Kabbala, sehr erleichtert.

Wenn Du, bei einer dieser seltsamen Gelegenheiten einer Krankheit, über die Du wiederholt klagst, und deren Grund Dir so obskur erscheint, rosa Leoparden auf der Treppe siehst, "AH!". Die Farbe von Tiphareth auf der Königsskala - OH! Die Form von Leo, vermutlich in der Königinnenskala!" und dadurch Dein Vokabular um diese beiden Begriffe bereicherst. Dann vielleicht, vermutet jemand, daß das Übermaß in der Verehrung von Dionysos verantwortlich für die beobachteten Fakten ist - nun, da ist sofort wieder Tiphareth; der Priester, darüber hinaus, trägt eine Leopardenhaut und die Flecken stehen für die Sonne. Ebenso, Sol ist der Herrscher von Leo: Da stehst Du nun! Rosa Leoparden sind genau das, was Du mit Recht erwartest!

Bis Du diese Methode den ganzen Tag und jeden Tag für eine recht lange Zeit praktiziert hast, kannst Du nicht sagen, wie wunderbar die Kraft Deines Gedächtnisses dadurch steigt. Aber sei immer vorsichtig, die neuen Ideen, wie sie kommen, in der richtigen Abfolge ihrer Wichtigkeit einzuordnen.

Es ist dem System der Schlüssel nicht unähnlich, welches in großen Gebäuden wie Hotels benutzt wird. Zuerst ein Satz Schlüssel, von denen jeder eine Tür und nur eine Tür öffnet. Dann einen Satz, welcher alle Türen eines Stockwerks öffnet usw., bis zu dem einen Verantwortlichen, der einen einzigartigen Schlüssel hat, welcher jedes Schloß im Gebäude öffnet. Es gibt noch einen anderen Punkt, der dieses gesamte System der Kabbala betrifft. Es tut mehr, als bloß Deine dämonische Fähigkeit um 10.000% oder so zu steigern; Gewohnheit, Deine Gedanken herumzuwerfen, sie zu manipulieren, sie zu reinigen und abzubürsten, und sie an dem rechten Platz in Deinem "groben Kristallkabinett" zu packen, gibt Dir eine immens gesteigerte Macht über sie.

Im besonderen, es hilft dir, sie von dem emotionalen Schmutz zu reinigen, welcher ihnen normalerweise anhängt[32]; versuche niemals, einen Gedanken auf irgendeine Art und Weise zu qualifizieren, ihn

---

[32] Ich hoffe, ich muß nicht wiederholen, daß es *total* irrelevant ist, ob irgendein gegebener Gedanke angenehm oder unangenehm, oder auf andere Art und Weise durch Vedana beschmutzt ist. Du wirst völlig gleichgültig gegen jede Implikation außer ihrem Wert in Bezug auf das ganze System; dies ist von unberechenbarer Hilfe in der Annahme neuer Ideen. Es ist der Unterschied zwischen einem Mann, der versucht, seiner Frau ein Staubkorn mit groben schmierigen Fingern, welche durch Lehmflecken geschwärzt sind, aus dem Auge zu holen, und einem Optiker, welcher mit einer Lupe und all den Instrumenten, welche genau zu dieser Aufgabe passen, ausgerüstet ist.

Noch ein anderer Punkt. Außer daß Du Deine Gefühle und Sinneseindrücke loswirst, welche die Gedanken umwölken, wird Dich die Tatsache, daß Du Dich ständig selbst fragst "Nun, in welche Schublade welchen Schrankes gehört dieser Gedanke?"

zu sehen, wie er in sich selbst in Beziehung zu den anderen Elementen, welche notwendig sind, ihn zu dem zu machen, was er ist.

Vor allem, "vermisch nicht die Ebenen". Ein Dolch mag scharf oder stumpf sein, gerade oder gebogen; er "sieht" nicht "bösartig" aus, oder sogar "vertrauenswürdig", außer insoweit, als ihn die Qualität des Stahles so macht. Eine Klippe ist nicht "spottend" oder "drohend". Ein schneebedeckter Gletscher ist nicht "verräterisch": Dies zu sagen bedeutet nur, daß Mitglieder eines alpinen Clubs und andere Personen, welche die Bergsteigerei nicht beherrschen, unfähig sind, die Position bedeckter Gletscherspalten zu entdecken.

All diese Dinge mußt Du für Dich selbst entscheiden; wichtig ist nur, daß Du solche Ideen *herausfordern* solltest. Vor allem vermeide nicht unwillkommene Gänge von Gedanken oder schwierigen Problemen, oder laß sie schweifen. Sage nicht "er ist hinfortgegangen", wenn Du meinst, "er starb" und nenne nicht einen Spaten eine "blöde Schaufel"!

Ich werde diese kurze Notiz unterbrechen, so daß Du Zeit hast, mir zu sagen, ob das, was ich bis hierher gesagt habe, den gesamten Grund Deiner Untersuchung abdeckt.

Liebe ist das Gesetz, Liebe unter Willen.

Brüderlich,

666

---

automatisch dahin, das System als den wichtigsten Faktor in der Operation anzusehen, wenn auch nur, weil es ihnen allen gemeinsam ist.

Hast Du nicht nur Sanha (Wahrnehmung) vom Makel von Vedana (Empfindung) befreit, sondern bis dahin erhoben (oder zerstört), wenn Du es vorziehst, es in diesem Lichte zu selten! Ein bloßes Mitglied der Sankara (Tendenz) Klasse zu sein, so kraftvoll auf die vierte Stufe zu stoßen, der letzten! der Praxis von Malta Sati Patana.

12. Der Pfad der linken Hand
Die "schwarzen Brüder"

Cara Soror,

Tu was Du willst, soll das Ganze des Gesetzes sein.

Es ist die Einführung des Wortes 'Selbst', das solch kitzlige Fragen aufgeworfen hat. Es ist wirklich ein wenig verwunderlich; das Hinweisschild "Pfad der rechten Hand", "Pfad der linken Hand" scheint ziemlich unentzifferbar zu sein; und außerdem, für solch einen langen Weg sehen sie exakt gleich aus. An welchem Punkt gehen sie auseinander?

Die Antworten sind ziemlich einfach. Insoweit die Erreichung des Zieles oder die Erlangung betroffen sind, sind die beiden Pfade tatsächlich identisch. In der Tat, man fühlt sich fast gezwungen, eine innerste Falschheit, welche unmöglich zu entdecken ist, zu postulieren, die schon den frühesten Stufen innewohnt.

Denn die Entscheidung, welche die Katastrophe bestimmt, betrifft nur den Adeptus Exemptus $7^\circ = 4^\square$. Bevor nicht dieser Grad erreicht ist, und das sehr vollständig - mit allen Knöpfen korrekt angenäht - kann man nicht verstehen, was mit dem Abyss gemeint ist. Bis nicht "alles, was Du hast, und alles, was Du bist" identisch mit dem Universum ist, würde seine Vernichtung noch etwas zurücklassen.

Merke Dir diese erste Unterscheidung gut: Der "schwarze Magier" oder Zauberer ist nicht einmal ein entfernter Cousin des "Schwarzen Bruders."

Der Unterschied zwischen einem Dieb, der sich herumschleicht, und einem Hitler ist keine allzu schlechte Analogie.

Der Zauberer mag - tatsächlich ist er es gewöhnlich - ein geschlagener, enttäuschter Mann sein, dessen Ziele vollkommen natürlich sind. Oft genug ist sein tatsächliches Problem Unwissenheit; und in dem Moment, da er ein ziemlich heißer Schwarzer Magier wird, entdeckt er, daß er an kein Ziel kommt und findet sich, trotz seiner selbst, auf dem Wahren Pfad des Weisen wieder.

> *"Zeus anrufen, um die Macht des Pan zu vermehren,*
> *Das Gebet verursacht dem irren Manne Unbehagen,*
> *Lust liegt so still da, wie Liebe."*

Daraufhin wirft er seine Hexenmeister-Gerätschaften fort, wie ein guter kleiner Junge, findet die A∴A∴ und lebt glücklich bis an sein Ende.

Der Pfad der linken Hand ist eine vollständig andere Angelegenheit. Laß uns mit dem Anfang beginnen.

Du erinnerst Dich an meine Aussage, daß in der Natur nur 2 Operationen möglich sind: Addition und Subtraktion. Laß uns dieses auf den magischen Fortschritt anwenden.

Was passiert, wenn der Aspirant Diana invoziert, oder Lilith beschwört? Er steigert die Summe seiner Erfahrungen in diesen besonderen Bereichen. Manchmal hat er eine 'Liaison-Erfahrung', welche 2 Hauptlinien der Gedanken verbindet, und so Dutzende von isolierten Gewinnen wert ist.

Nun, wenn es überhaupt irgendeinen Unterschied zwischen dem weißen und dem schwarzen Adepten in einem ähnlichen Falle gibt, ist es daß der eine, indem er mit "Liebe unter Willen" arbeitet, eine Heirat mit der neuen Idee erreicht, während der andere bloß danach grabschen, seinem Harem von Sklaven eine Konkubine hinzufügt.

Der schwarze Bruder in spe beschränkt sich ständig selbst; er ist mit einem sehr beschränkten Ideal zufrieden; er hat Angst davor, seine Individualität zu verlieren - das erinnert an dieses "nordische" Geschwätz über "Rassenverunreinigung".

"Nun, Meister!" (welche Zurückhaltung im Klang Deiner Stimme!) Schon gut, schon gut! Nichts für ungut ! - Ich weiß, das ist der genaue Begriff, welcher in *Die Vision und die Stimme* benutzt wird, um den GROSSEN WEISSEN BRUDER oder das Kind des Abyss zu beschreiben, aber für ihn bedeutet es Sieg. Für den Linkshänder würde es jede Lage bedeuten, endgültig nur ihn, unwiderruflich, endgültig. Es ist genau dieses, was er am meisten fürchtet; und es ist dieses, zu welchem er am Ende kommen muß, da es in seiner Idee von Struktur kein kompensierendes Element gibt.

Aber wie (fragst Du) kann ein Mensch so weit fehlgehen, nachdem er als Adeptus Minor das "Wissen um und Konversation mit dem Heiligen Schutzengel" erreicht hat?

Rufe die Passage im 14. Aethyr in Dein Gedächtnis zurück, "Siehe, wohin Dich Dein Engel geführt hat!" usw. Vielleicht verläßt der schwarze Bruder seinen Engel, wenn er das Programm durchschaut.

Vielleicht war sein Fehler so tiefliegend, vom ersten Anfang an, daß es sein böser Genius war, den er heraufbeschworen hat.

In solchen Fällen ist es natürlich die Politik des Menschen, alle Beziehungen mit der obersten Triade abzubrechen und sie durch die Erfindung einer falschen Krone derart zu ersetzen. Für sie wird Wissen alles sein, und was ist Wissen anderes, als die innerste Seele der Illusion?

Auf diese Weise die wahre Förderung all seiner Fähigkeiten zurückweisend, verlieren sie ihre strukturelle Einheit und müssen durch ständige Gaben von Rauschgift in schmerzvoller Selbstbewahrung aufrecht erhalten werden. So werden all ihre chemischen Gleichungen endothermisch.

Das alternative Streben zu beschreiben, sollte dies durch das Mittel des Kontrastes klären; zumindest sollte die Kontemplation ein angenehmer Wechsel sein.

Jeder Zusatz muß sich verändern. Ich will es so. Ich möchte ihn vollständig aufnehmen. Ich möchte aus ihm einen permanenten Teil meines Tempels machen. Ich habe keine Angst, mich darin zu verlieren, wenn es nur ebenso durch mich selbst verändert wird, im Akt der Vereinigung. Ich habe keine Angst, daß es das "falsche' Ding sein könnte, da *jede* Erfahrung ein "Spiel von Nuit" ist, und das schlimmste, was passieren kann, ein zeitweiliger Verlust der Balance ist, welcher sobald er bemerkt wird, sofort dadurch korrigiert wird, daß man sich der gegenteiligen Formel erinnert und sie ausführt.

Denke an die Fama Fraternitatis: Als sie das Gewölbe öffneten, in welchem der Pastos unseres Vaters Christian Rosenkreutz stand, "waren all diese Farben strahlend und blitzend." Das heißt, wenn ein Feld 20 x 40 Zoll groß ist, so umfaßt das Symbol (sagen wir gelb) 400 Quadrat-Zoll, und der Hintergrund (in diesem Falle violett) die anderen 400 Quadrat- Zoll. Daher *blendeten* sie; die Begrenzung, Einschränkung, Absonderung, verschwand; und das Ergebnis war eine ausgleichende Idee von Form und Farbe, welche jenseits physikalischen Verständnisses ist. (Picasso versuchte einmal, diese Idee auf Leinwand auszuarbeiten.) Zerstöre dieses Gleichgewicht nur um ein 10 Millionstel eines Zolls, und der Effekt ist verloren. Das unausgeglichene Element sticht hervor wie ein Zivilist in der Mitte eines Regimentes.

Richtig, diese Fähigkeit, dieses *Gefühl* für das Gleichgewicht muß erworben werden; aber wenn Du es einmal getan hast, ist es ein unfehlbarer Führer. Sofortiges Unwohlsein warnt einen; der Impuls, es zu grabschen (die Analogie ist zu passend, um sie zurückzuweisen!) ist unwiderstehlich.

Und OH! Wie bestimmend es ist!

Bevor nicht ein Universum perfekt ist - und Perfektion schließt *die Idee der Balance* ein - wie kannst Du auch nur zum Admada Shana kommen? Hindus mögen behaupten, daß Admada Shana, oder sogar Shiva da Shana, das Äquivalent für die Überquerung des Abyss sind. Halte Dich vor solchen Schlüssen zurück! Die Trancen sind einfach isolierte Erfahrungen, scharf vom normal angesehenen Leben abgetrennt. Den Abyss zu überqueren, ist eine permanente und fundamentale Revolution im ganzen Sein eines Menschen.

Sogar viel mehr an der Grenze des Abyss. Wenn da auch nur ein Atom fehlt, oder zuviel ist, so muß die gesamte monströse, die unheilvolle Masse, dahin tendieren, sich mit einem unwiderstehlichen Impuls in eine solche Richtung bewegen, wie um das Gleichgewicht wiederherzustellen. Es abzulenken- nun, denke an Dein Horoskop! Wie kannst Du es dann in einer einzigen erstaunlichen Geste vernichten? Ah! Lausche auf *Die Vision und die Stimme.*

Der vielleicht beste und einfachste Plan für mich ist, die wichtigsten der relevanten Passagen auszuwählen und sie als einen Anhang zu diesem Brief zusammenzustellen. Ebenso, als Kontrast, diese Anspielung auf die "schwarzen Brüder" und den "Pfad der linken Hand". Dies sollte Dir eine klare Vorstellung davon geben, was das jeweils ist und tut; und davon, was ihre jeweiligen Methoden unterscheidet, welche in einigen Belangen so verwirrend ähnlich sind. Ich hoffe in der Tat höchst ernsthaft, daß Du Deinen magischen Dolch am Stein der Weisen wetzen wirst und beide, den Spaten mit dem weißen und jenen mit dem schwarzen Griff höchst kraftvoll und bestimmt benutzt. Indem ich versuche, diese Meinungen auszudrücken, werde ich ständig von der Furcht verfolgt, daß ich einen der Hauptpunkte vergessen könnte, oder sogar einem bloßen Wortspiel erlauben könnte, als Argument durchzugehen. Es macht alles nur schlimmer, wenn jemand sich an die Ideen des Nishama gewöhnt hat zu wissen, sogar bevor jemand es sagt, daß was jemand sagen wird, notwendigerweise unwahr ist, ebenso unwahr wie widersprüchlich. Also, was kann es schon ausmachen, was jemand sagt?

Solche Zweifel sind Dämpfer!

"Genug von weil! Sei es verdammt wie ein Hund!"

Hier folgen die Zitate aus *Die Vision und die Stimme.*

Der Engel erscheint erneut.

Die Schwärze zieht sich zusammen, so dicht, so eng anliegend, so durchdringend, so drückend, so daß jede andere Schwärze, die ich jemals wahrgenommen habe, dagegen wie helles Licht erscheinen müßte.

Seine Stimme kommt flüsternd: O Du, der Du Meister der fünfzig Tore des Verständnisses bist, ist nicht meine Mutter eine schwarze Frau? O Du, der Du der Meister des Pentagramms bist, ist nicht das Ei des Geistes ein schwarzes Ei? Hier wohnt der Schrecken und der blinde Schmerz der Seele, und siehe! sogar ich, der ich das einzige Licht bin, ein eingeschlossener Funke, stehe im Zeichen von Apophis und Typhon.

Ich bin die Schlange, die den Geist des Menschen mit der Lust des Lichtes verschlingt. Ich bin der augenlose Sturm der Nacht, der die Welt in Verlassenheit hüllt. Chaos ist mein Name und dicke Dunkelheit. Wisse Du, daß die Dunkelheit der Erde rötlich ist, und die Dunkelheit der Luft grau; die Dunkelheit der Seele aber ist absolute Schwärze.

Das Ei des Geistes ist das Ei des Basilisken, und die Tore des Verständnisses sind fünfzig, welche Zahl das Zeichen des Skorpions ist. Die Säulen um den Neophyten sind mit einem Feuerschein gekrönt, und das Gewölbe der Adepten ist durch die Rose erhellt. Und im Abyss befindet sich das Auge des Falken. Aber auf der Großen See wird der Meister des Tempels nicht Stern noch Mond finden.

Und ich wollte ihm gerade entgegnen: "Das Licht ist in mir." Aber bevor ich die Worte noch formen konnte, antwortete er mir mit dem großen Wort, das der Schlüssel des Abyss ist. Und er sprach: Du hast die Nacht betreten; gelüstet es Dich nach dem Tag? Trauer ist mein Name, und Betrübnis. Ich bin dem Leiden gegürtet. Hier hängt noch immer der Gekreuzigte, und hier weint die Mutter ob der Kinder, die sie nicht geboren hat. Unfruchtbarkeit ist mein Name, und Verlassenheit. Unerträglich ist Dein Schmerz und unheilbar Deine Wunde. Ich sagte: Möge Dunkelheit mich bedecken; und siehe, ich bin eingehüllt von Dunkelheit, die keinen Namen hat. O Du, der Du das Licht hinunter in die Erde geworfen hast, so mußt Du es auf ewig tun. Und das Licht der Sonne soll nicht auf Dich fallen, und der Mond soll Dir nichts von seinem Glanz gewähren, und die Sterne sollen verborgen sein, weil Du über diese Dinge hinausgegangen bist, über den Bedarf an diesen Dingen hinausgegangen bist, über die Sehnsucht nach diesen Dingen hinausgegangen bist.

Was ich für die Schatten von Felsen gehalten hatte, eher gefühlt als gesehen, scheinen nun verschleierte Meister zu sein, die vollkommen reglos und schweigend dasitzen. Ich kann nicht einen einzigen vom anderen unterscheiden.

Und der Engel sagt: Sieh nur, wohin Dein Engel Dich geführt hat! Du batest um Ruhm, Macht und Genuß, Gesundheit und Reichtum und Liebe und Stärke und Länge der Tage. Du hieltest das Leben gleich einem Octopus mit acht Tentakeln fest. Du strebtest nach den vier Kräften und den sieben Freuden und den zwölf Befreiungen und den zwei und siebzig Vorrechten und neun und vierzig Manifestationen und siehe! Du bist geworden wie einer von Diesen! Gebeugt sind ihre Rücken, auf denen das Universum lastet. Verschleiert sind ihre Gesichter, denn sie haben die unaussprechliche Herrlichkeit gesehen.

Diese Adepten erwecken den Eindruck von Pyramiden - ihre Kapuzen und Roben sind wie Pyramiden.

Und der Engel meint: Wahrlich ist die Pyramide ein Tempel der Initiation. Wahrlich ist sie auch ein Grab. Glaubst Du denn, daß da Leben in den Meistern des Tempels ist, die verhüllt sitzen, die am See lagern? Wahrlich, da ist kein Leben in ihnen.

Ihre Sandalen waren das reine Licht, und sie haben sie von ihren Füßen genommen und sie in den Abyss hinunter geworfen, denn dieser Aethyr ist heiliger Boden. Hierin erscheint keine Form, und die Vision Gottes von Angesicht zu Angesicht, die in dem Athanor mit dem Namen Auflösung transmutiert wird oder in der Schmiede der Meditation in eins gehämmert, ist an diesem Ort nur eine Lästerung und Verspottung.

Und die Gottesvision ist nicht mehr, und die Herrlichkeit des Allerhöchsten ist nicht mehr. Es gibt keinerlei Wissen mehr. Es gibt keine Seligkeit mehr. Es gibt keine Kraft mehr. Es gibt keine Schönheit mehr. Denn dies ist der Palast des Verständnisses, da Du eins bist mit den Uranfänglichen Dingen.

Trinke von der Myrrhe meiner Rede, die zusammen mit der Galle des Roc zerrieben worden und in der Tusche des Tintenfisches aufgelöst und mit dem Duft des tödlichen Nachtschattens behaftet ist.

Dies ist Dein Wein, der Du trunken von dem Wein des Iacchus warst. Und statt Brot sollst Du Salz essen, der Du durch das Getreide der Ceres fett geworden! Denn so, wie das reine Sein das reine Nichts ist, so ist die reine Weisheit die reine .....[33], und dementsprechend ist reines Verständnis Schweigen und Reglosigkeit und Dunkelheit. Das Auge wird siebzig genannt, und das dreifache Aleph, durch welches Du es wahrnimmst - sie teilen sich in die Zahl des schrecklichen Wortes, das der Schlüssel des Abyss ist.

Ich bin Hermes, der ich ausgesandt bin vom Vater, alle Dinge in diesen letzten Worten verschwiegen zu offenbaren, welche Du vernehmen wirst, noch bevor Du Deinen Sitz unter diesen einnimmst, deren Augen versiegelt sind, und deren Ohren verstopft sind, und deren Münder zusammengepreßt sind, die in sich selbst eingefaltet sind, deren Körperflüssigkeit ausgetrocknet ist, so daß nichts bleibt außer einer kleinen Pyramide aus Staub.

Und jenes helle Licht des Trostes und jenes schneidende Schwert der Wahrheit und all jene Kraft und Schönheit, die sie aus sich selbst gemacht haben, ist von ihnen gegangen, eben wie es geschrieben steht: "Ich sah Satan wie einen Blitz vom Himmel fallen." Und wie ein flammendes Schwert läßt er all dies durch den Abyss stürzen, wo die vier Tiere Wache und Wehr halten. Und es erscheint im Himmel des Jupiter als ein Morgenstern oder als ein Abendstern. Und das Licht davon scheint sogar bis hinunter auf die Erde und bringt Hoffnung und Hilfe für sie, die in der Dunkelheit der Gedanken sitzen und das Gift des Lebens trinken. Fünfzig sind die Tore des Verständnisses, und Einhundert und Sechs sind die Gründe dafür. Und der Name einer jeden Jahreszeit ist Tod. (*Die Vision und die Stimme,* 14. Aethyr)

Und für sein Werk danach?

So betreten wir die Erde, und da ist eine verschleierte Gestalt in völliger Dunkelheit. Trotzdem ist es möglich, ganz genau hineinzusehen, so daß uns nicht einmal die winzigsten Einzelheiten entgehen. Und auf die Wurzel der einen Blume gießt er Säure, so daß sich die Wurzel qualvoll windet. Und eine weitere beschneidet er, und der

---

[33] Ich vermute, nur ein Magus hätte dieses Wort hören können.

Schrei klingt wie der Schrei einer Alraune, die an den Wurzeln herausgerissen wird. Und eine weitere versengt er mit Feuer, und noch eine andere salbt er mit Öl.

Und ich sagte: Schwer ist die Arbeit, aber wahrlich groß ist der Lohn.

Und der junge Mann entgegnete mir: Er wird den Lohn nicht sehen; er pflegt den Garten.

Und ich fragte: Was wird ihm künftig widerfahren?

Und er sprach: Dies vermagst Du nicht zu erkennen, und es wird auch nicht durch die Buchstaben offenbar, die die Totems der Sterne sind, sondern nur durch die Sterne selbst.

Und er sagt zu mir ziemlich unvermittelt: Der Mann der Erde ist der Anhänger. Der Liebende gibt sein Leben für das Werk unter den Menschen. Der Einsiedler gehet allein und gibt den Menschen nur von seinem Licht.

Und ich frage ihn: Weshalb sagt er mir das?

Und er entgegnet: Nicht ich sage Dir das. Du erzählst es Dir selbst, denn Du hast viele Tage lang darüber nachgedacht und das Licht nicht gefunden. Und nun, da Du NEMO genannt wirst, wird die Antwort auf ein jedes Rätsel, die Du nicht gefunden hast, ohne danach zu suchen in Dein Gemüt springen. Wer kann schon sagen, an welchem Tage eine Blume erblühen wird?

Und Du sollst der Welt von Deiner Weisheit geben, und sie soll Dein Garten sein. Und was die Zeit und den Tod anbetrifft, so hast Du mit diesen Dingen nichts zu tun. Denn liegt ein wertvoller Stein auch im Wüstensand verborgen, er wird sich um den Wind der Wüste nicht kümmern, sei er auch selbst eigentlich nur Sand. Denn der Urheber der Werke hat daran gewirkt; und weil er rein ist, ist er unsichtbar; und weil er hart ist, bewegt er sich nicht.

All diese Worte werden von jedem vernommen, der NEMO heißt. Und damit verlegt er sich selbst auf das Verständnis. Und er muß die Kraft der Wasser des Todes verstehen, und er muß die Kraft der Sonne und des Windes verstehen, und die des Wurmes, der die Erde umgräbt, und die der Sterne, die dem Garten ein Dach sind. Und er muß das jeweilige Wesen und die Eigenschaften einer jeden Pflanze verstehen, oder wie sonst soll er seinen Garten pflegen? (Ibid., 13. Aethyr)

So für den Meister des Tempels; für die schwarzen Brüder, wie?

Denn Choronzon ist wie die Schale oder der Auswurf dieser 3 Pfade, und darum ist sein Kopf nach Da'ath erhoben, und darum hat ihn die schwarze Bruderschaft zum Kind der Weisheit und des Verständnisses erklärt, der nur der Bastard des Abyssos ist. Und das ist jenes, das in der heiligen Kabbala geschrieben steht, bezüglich des Strudels, des Leviathan und des großen Steines. (Ibid.)

Außerdem gibt es dann noch Maria, eine Lästerung gegen Babalon, denn sie hat sich selbst abgeschlossen, und deshalb ist sie die Königin all jener verruchten Teufel, die auf der Erde umherlaufen, welche Du zuvor als die kleinen Flecken gesehen hast, die den Himmel von Urania befleckten. Und all diese sind der Kot von Choronzon. Und somit steht Babalon unter dem Einfluß des Magiers, denn sie hat sich selbst dem Werk unterworfen; und sie bewacht den Abyss. Und in ihr gibt es eine vollkommene Reinheit von dem, was darüber ist; gleichwohl wird sie als Erlöserin zu denen geschickt, die unten sind. Denn es existiert kein anderer Weg in das himmlische Mysterium, außer durch sie und das Tier, auf dem sie reitet; und der Magier ist über sie gesetzt, um die Brüder der Schwärze zu täuschen, damit sie sich nicht etwa selbst eine Krone machen; denn gäbe es zwei Kronen, dann würde Yggdrasil, jener alte Baum, in den Abyss hinausgeschleudert, entwurzelt und in den äußersten Abgrund hinabgeworfen, und das Arcanum, das sich im Tempelinnersten befindet, wäre entweiht; und die Arche würde berührt, und die Loge von ihnen angespien, die keine Meister sind, und das Brot des Sakramentes wäre der Dung von Choronzon; und der Wein des Sakramentes wäre das Wasser von Choronzon; und der Weihrauch wäre Zerstreuung; und das Feuer auf dem Altar wäre Haß. Aber erhebe Dich, stehe auf, spiele den Mann, denn siehe! Dir soll der große Schrecken offenbart werden, das Ding der Ehrfurcht, das keinen Namen hat. (Ibid., 13. Aethyr)

Und jetzt kommt Sie wieder hervor, reitend auf einem Delphin. Ich sehe auch noch einmal jene wandernden Seelen, welche die verbotene Liebe gesucht und nicht verstanden haben, daß "das Wort der Sünde Begrenzung ist".

Es ist sehr seltsam; sie scheinen sich gegenseitig oder nach irgendetwas zu suchen, denn sie laufen die ganze Zeit umher. Aber sie prallen aufeinander und wollen sich trotzdem nicht erkennen, oder vielleicht können sie es auch nicht, weil sie in ihren Mänteln so vollkommen abgeschlossen sind.

Und eine Stimme erklingt: Äußerst schrecklich ist es für den, der sich selbst eingeschlossen und fest gegen das Universum gemacht hat. Denn sie, die lagernd am See in der Stadt der Pyramiden sitzen sind wahrlich eingeschlossen. Aber sie haben ihr Blut gegeben, sogar bis zum letzten Tropfen, um den Kelch von Babalon zu füllen.

Diese, die Du da siehst, sind in der Tat die Schwarzen Brüder, denn es steht geschrieben: "Er wird über ihr Elend lachen und spotten, wenn ihre Furcht kommt." Und deshalb hat er sie auf die Ebene der Liebe erhoben.

Und ferner steht geschrieben: Er wünschte nicht den Tod eines Sünders, sondern lieber, das er sich abwende von seiner Verruchtheit. Nun, würde einer von diesen seinen Umhang abwerfen, könnte er das Strahlen der Herrin des Aethyrs erkennen; sie aber wollen nicht.

Und wieder:

Oh, ich sehe riesige Ebenen zu ihren Füßen, enorme Wüsten, besetzt mit großen Felsen; und ich sehe kleine einsame Seelen; hilflos umherlaufend, winzige schwarze Kreaturen, wie Menschen. Und sie halten ein sehr seltsames Heulen aufrecht, das ich mit nichts vergleichen kann, was ich je gehört habe; jedoch ist es auf seltsame Art menschlich.

Und die Stimme sagt: Diese sind sie, die nach Liebe griffen und daran festhielten, die für immer an den Knien der großen Göttin beten. Diese sind sie, die sich selbst in den Festungen der Liebe eingeschlossen haben (Ibid., 7. Aethyr).

Ebenso auch dies:

Und dies ist die Bedeutung des Abendmahls während des Passahfestes, wohingegen das Vergießen des Lammblutes ein Ritual der Schwarzen Brüder ist, denn sie haben den Pylon mit Blut verschlossen, damit der Engel des Todes nicht eintrete. So schließen sie sich selbst aus der Gesellschaft der Heiligen aus. So halten sie sich fern von Mitleid und vom Verständnis. Verflucht sind sie, denn sie schließen ihr Blut in ihrem Herzen ein.

Sie halten sich fern von den Küssen meiner Mutter Babalon, und in ihren falschen Festungen beten sie den falschen Mond an. Und sie binden sich mit einem Eid und mit einem großen Fluch aneinander. Und in ihrer Bösartigkeit verschwören sie sich gemeinsam, und sie haben Macht und Herrschaft, und in ihren Kesseln brauen sie den herben Wein der Verblendung, der vermischt ist mit dem Gift ihrer Selbstsucht.

Auf diese Weise führen sie Krieg gegen den Heiligen, legen ihre Verblendung auf die Menschen und auf alles, was lebt. So daß ihr falsches Mitleid als Mitleid bezeichnet wird, und auch ihr falsches Verständnis nennt man Verständnis, denn dies ist ihr mächtigster Zauber.

Dennoch gehen sie durch ihr eigenes Gift zugrunde, und in ihren einsamen Festungen werden sie von der Zeit verschlungen werden, welche sie auf betrügerische Weise dazu gebracht hat, ihr zu dienen, und von dem mächtigen Teufel Choronzon, ihrem Meister, dessen Name der Zweite Tod ist, denn das Blut, das sie auf ihr Pylon gesprenkelt haben, welches ein Riegel gegen den Engel Tod ist, ist der Schlüssel, mit dem er eintritt[34]. (Ibid., 12. Aethyr)

Zuletzt:

Dennoch muß er, der versteht, in den äußersten Abyss hinausgehen, und dort muß er mit ihm sprechen, der über den vierfachen Schrecken der Prinzen des Bösen gesetzt ist, ja mit Choronzon, dem mächtigen Teufel, der den äußersten Abyss bewohnt. Und keiner darf mit ihm sprechen oder ihn verstehen, nur die Diener Babalons, die verstehen, und sie, die ohne Verständnis sind, seine Diener.

---

[34] (Ich denke, der Ärger mit diesen Leuten bestand darin, daß sie ihr eigenes Blut durch das eines anderen ersetzen wollten, um ihre Persönlichkeiten zu erhalten.)

Siehe! Es dringt nicht in das Herz und auch nicht in das Gemüt des Menschen, diese Angelegenheit zu empfangen; denn die Krankheit des Körpers ist Tod, und die Krankheit des Herzens ist Verzweiflung, und die Krankheit des Gemütes ist Wahnsinn. Im äußersten Abyss aber gibt es die Krankheit des Strebens und die Krankheit des Willens und die Krankheit der Essenz von allem, und es gibt kein Wort und auch keinen Gedanken, worin sich das Bild seines Bildes reflektieren würde.

Und wer immer in den äußersten Abyss hinausgeht, es sei denn er ist einer von ihnen, die verstehen, streckt seine Hände aus und beugt seinen Nacken unter die Ketten Choronzons. Und wie ein Teufel geht er auf der Erde um, unsterblich, und er vernichtet die Blumen der Erde, und er verpestet die frische Luft, und er vergiftet das Wasser; und das Feuer, das der Freund des Menschen ist und die Fürbitte seines Strebens, da es immer wie eine Pyramide nach oben klettert, und weil der Mensch es in einer hohlen Röhre vom Himmel stahl, sogar dieses Feuer verwandelt er in Untergang und Wahnsinn und Fieber und Zerstörung. Und Du, der Du ein Häuflein trockenen Staubs in der Stadt der Pyramiden bist, mußt diese Dinge verstehen.

Und nun geschieht etwas, das auf unglückselige Weise reiner Unsinn ist; denn der Aethyr, der das Fundament des Universums ist, wurde von dem äußersten Abyss angegriffen, und die einzige Art, wie ich das wiederzugeben vermag, besteht darin zu sagen, daß das Universum erschüttert wurde. Aber das Universum wurde *nicht* erschüttert. Und das ist die exakte Wahrheit; so daß das rationale Gemüt, das diese spirituellen Dinge interpretiert, verärgert ist; aber da es darin geübt ist zu gehorchen, läßt es fallen, was es nicht versteht. Denn das rationale Gemüt denkt in der Tat logisch, zum Verständnis aber gelangt es nie; aber der Seher ist ja einer von ihnen, die verstehen.

Und der Engel sagt:

Siehe, Er hat Seine Gnade und Seine Macht errichtet, und zu Seiner Macht kommt Sieg hinzu, und zu Seiner Gnade ist Glanz hinzugefügt. Und all diese Dinge hat Er in Schönheit geordnet, und Er hat sie fest auf den Fels der Ewigkeit gesetzt, und daran hat Er sein Königreich als eine Perle gehängt, die in ein Schmuckstück aus dreimal zwanzig und zwölf Perlen eingefügt ist. Und Er hat die Vier Heiligen Lebewesen als Wächter eingesetzt, und er hat Sein Siegel der Rechtschaffenheit eingraviert, und Er hat es mit dem Feuer seines Engels poliert, und die Röte Seiner Lieblichkeit macht es offenbar, und mit Freude und Verschmitztheit hat er es fröhlichen Herzens gemacht, und der Kern davon ist das Geheimnis Seines Wesens, und darin ist Sein Name Zeugung. Und Seine Stabilität hat die Zahl 80, denn der Preis dafür ist Krieg.

Sei also achtsam, o Du, der Du bestimmt bist, das Geheimnis des äußersten Abyss zu verstehen, denn in jedem Abyss mußt Du die Maske und Gestalt seines Engels annehmen. Hättest Du einen Namen, so wärest Du unwiderruflich verloren. Suche deshalb, ob da vielleicht doch noch ein einziger Blutstropfen ist, der noch nicht in den Kelch von Babalon der Schönen gesammelt wurde, denn befände sich da in jenem kleinen Häufchen aus Staub auch nur ein einziger Tropfen Blutes, so wäre alles verdorben; er würde Skorpione und Vipern ausbrüten, und die Katze des Schleims.

Und ich sagte zu dem Engel:

Ist da nicht einer als Wächter bestimmt?

Und er erwiderte:

Eloi, Eloi, lama sabachthani.

Solch eine Ekstase des Schmerzes peinigt mich, daß ich ihr keinen Ausdruck verleihen kann, obgleich mir bewußt ist, daß es der Schmerz von Gethsemane ist. (Ibid., 11. Aethyr)

Liebe ist das Gesetz, Liebe unter Willen.

Brüderlich,

666

13. Das System des O.T.O.

Cara Soror,

Tu was Du willst, soll das Ganze des Gesetzes sein.

Du sagst, daß der ernsthafte Inspektor Deiner Lebensumstände Dich gebeten hat, den Unterschied zwischen der A.·.A.·. und dem O.T.O. zu erklären, und daß Du, obwohl Dein eigener Geist darüber vollständig klar ist, es unmöglich findest, eine ebensolche Klarheit in seinem zu erzeugen. Du fügst hinzu, daß er kein (wie man zuerst vermutet hätte) Schwachsinniger ist. Und ob ich in diesem Falle bitte tun wolle, was ich könne?

Nun, hier ist der essentielle Unterschied *ab ovo usque ab mala*: Die A.·.A.·. betrifft das Individuum, seinen Fortschritt, seine Initiation, seine Reise vom "Studenten" zum Ipsissimus; er hat keinen Kontakt irgendwelcher Art zu einer anderen Person außer dem Neophyten, der ihn einführt, und dem einen oder mehreren Studenten, welche er, nachdem er Neophyt geworden ist, einführen mag.

Die Details dieses "Fortschrittes des Pilgers" sind ausführlich beschrieben in *Ein Stern in Sicht;* und ich wäre in der Tat dumm und voreingenommen, wenn ich versuchen würde, es besser zu machen. Aber es ist wahr, daß es in bezug zum O.T.O. kein ähnliches Handbuch der Instruktion gibt. Im Manifesto, und anderen offiziellen Pronunziamenti hat es, das ist wahr, was adäquate Daten sein sollten, aber ich verstehe sehr gut, daß sie nicht so geordnet und klassifiziert sind, wie man wünschen würde; es gibt sicherlich Raum für eine einfache elementare Übersicht über die Ursprünge des Ordens, sondern

Prinzipien, seiner Methoden, seiner Gestalt, der Tugenden seiner aufeinanderfolgenden Grade. Ich werde nun versuchen, dies nachzuliefern, zumindest in einem kurzen Umriß.

Laß uns am Anfang beginnen. Was ist ein dramatisches Ritual? Es ist eine Aufführungder Abenteuer des Gottes, welchen man die Abscht hat, anzurufen. (Die Bacchae des Euripides sind ein perfektes Beispiel dafür.) Nun, da im O.T.O. das Objekt der Zeremonien die Initiation des Kandidaten ist, ist es sein Pfad in der Ewigkeit, der in dramatischer Form wiedergegeben wird.

Was ist der Pfad?

1. Das Ego wird vom solaren System angezogen.
2. Das Kind erfährt die Geburt.
3. Der Mensch erfährt das Leben.
4. Er erfährt den Tod.
5. Er erfährt die Welt jenseits des Todes.
6. Dieser ganze Kreislauf von punktuellen Ereignissen wird in Nichts aufgelöst.

Dieser gesamte Zyklus von punktuellen Ereignissen wird in die Vernichtung gezogen.

Im O.T.O. werden diese aufeinanderfolgenden Stufen wie folgt repräsentiert:

1. 0° (Minerval)
2. 1° (Initiation)
3. 2° (Segnung)
4. 3° (Hingabe)
5. 4° (Perfektion, oder Erhebung)
6. P.I. (Perfekter Initiierter)

Von diesen Ereignissen oder Stationen auf dem Pfad sind alle außer 3 (2 Grad) einzelne kritische Erfahrungen. Wir jedoch sind höchst beschäftigt mit den sehr verschiedenen Lebenserfahrungen.

Alle folgenden Grade des O.T.O. sind also Ausarbeitungen des 2. Grades, da es in einer einzelnen Zeremonie kaum möglich ist, sogar im kürzesten Abriß, die Lehren der Initiation in bezug zum Leben darzustellen. Die Rituale 5 Grad bis 9 Grad sind dann Instruktionen für den Kandidaten, wie er sich selbst weiterbringen kann; und sie übertragen auf ihn, graduell, die magischen Geheimnisse, welche ihn zum Meister des Lebens machen.

Um für einen Moment zu dieser Frage der Geheimhaltung zurückzukehren: Es gibt keine Regel, die Dich davon abhält, gegen mich solche meiner klareren Bemerkungen wie "Geheimnis ist der Feind der Wahrheit" zu zitieren; aber, zum einen, ich bin, und war immer, der Führer der extrem Linken in der Ratskammer der Stadt der Pyramiden, so daß, wenn ich überhaupt in das System des O.T.O. einführe, soweit das "Geheimnis der Geheimnisse" des 9. Grades betroffen ist, ist es wirklich ein Punkt der persönlichen Ehre. Mein Eid, den ich dem letzten Frater Superior und O.H.O., Theodor Reuss, gab.

Zusätzlich zu all dem ist es in diesem besonderen Fall, ohne Frage, eine Angelegenheit der allgemeinen Klugheit, zum einen, weil der Mißbrauch des Geheimnisses, zumindest an der Oberfläche so einfach und so verführerisch ist, und weil, wenn es eine Angelegenheit der allgemeinen Kenntnis werden würde, der Orden selbst der Gefahr von Verleumdung und Verfolgung ausgesetzt wäre, denn das Geheimnis ist sogar noch leichter mißzuverstehen, als zu profanieren.

Lege! Judica! Tace!

Liebe ist das Gesetz, Liebe unter Willen.

Brüderlich,

666

14. Lärm

Cara Soror,

Tu was Du willst, soll das Ganze des Gesetzes sein.

Du fragst mich, was zur gegenwärtigen Zeit die größte Gefahr für die Menschheit ist.

Ich antworte mit einem Wort: LÄRM.

Du wirst Dich daran erinnern, daß im Yoga die bündige Zusammenfassung der Initiierten-Instruktion ist:

Sitz still
Halt das Denken an
Sei ruhig und
Geh hinaus.

Das zweite dieser Postulate ist auch das dritte; denn man kann weder denken, noch aufhören zu denken, in diesem ganzen Aufruhr.

Dann wiederum ist die 4. Kraft der Sphinx die Stille; in diesem Fall muß ich Dich an "Kleine Aufsätze über die Wahrheit" (Nr. 14, S. 75) erinnern.

Wir versuchen wirklich, etwas völlig anderes zu diskutieren; etwas Praktisches im täglichen Leben. Sehr gut; Du bemerkst, daß Goetia in Wirklichkeit "heulend" bedeutet, daß wir offiziell die Glocke benutzen, das Tom-Tom, die Gesänge, die Mantras usw. Alles richtig, über die Magick, aber nichts davon gehört zu Yoga, sogar die Praxis des Mantras soll stiller werden, je weiter jemand fortschreitet, bis es "mentales Murmeln" wird. *M* ist der Buchstabe, der mit den fest geschlossenen Lippen ausgesprochen wird; und Stille ist die Bedeutung der MU-Wurzel von Geheimnis.

Nun ja, wir müssen den Wert des rhythmischen, einpunktigen Klanges zugeben; das ist sehr verschieden von Lärm. Das Altfranzösisch hat noase, nose, eine Debatte, Streit, Lärm; das Provinzialische nocsa, nausa, noeiza. Aber Diez behauptet die Ableitung von nosea - und beim lebenden Gingo, ich schätze Diez als einen hundertprozentig weißen Mann ein.

Ich hatte einst eine heilsame Unterrichtsstunde: Wie diffus und darum unnötig ist vieles sogar in unserer höchst komprimierten Sprache.

Ich wurde von meinem Oberhaupt damit beauftragt, die Rekonstruktion eines bestimmten Rituals vorzunehmen. Das war 1912; an Ton hatte sich die Geschwindigkeit der Welt gnadenlos gesteigert; Leute auch nur dazu zu bringen, kurze Passagen auswendig zu lernen, würde kein einfacher Job sein. So, gewarnt durch die Weitschweifigen, Gläubigen, Besserwisserischen und platten Schrecken der Freimaurerei (speziell der höheren Grade der schottischen und ägyptischen Riten), löste ich es, das Geschwätz zu beenden und in die Startlöcher in der drastischsten Art, die ich kenne, zu gelangen.

Es war ein großer Erfolg.

Doch dann hatten wir einen Kandidaten, welcher steintaub war. (Nicht ein bißchen schwerhörig; seine Trommelfelle waren geborsten.)

Offensichtlich, man konnte ihm Papierstreifen zeigen, wie man es in der Unterhaltung mit ihm getan hat. Aber in einem großen Teil der Zeremonie mußte der Kandidat die Augen verbunden haben. Es blieb nichts übrig, als mit dem Taubstummenalphabet auf seinen Fingern zu kommunizieren. Das tat ich - und fand, daß ich unter dem Eindruck des Augenblickes zumindest 40% des "nicht verminderbaren Minimums" auslassen konnte, ohne dem Effekt des Rituals irgendeinen Schaden anzutun.

"Das hat's ihm beigebracht!"

Was ich beklage, ist, was ich ernsthaft für eine Verschwörung der schwarzen Loge halte, um die Leute vom Denken abzuhalten.

Nackt und schamlos!

In einigen Länder hat es den Zwang gegeben, Regierungsprogrammen zuzuhören; und wer weiß, wie lange es dauern wird, bis wir alle per Gesetz dazu gezwungen sind, uns dem Blöken, Bellen und Rülpsen des langweiligen Geschwätzes der BBC-Leute zu unterwerfen.

So darf niemandem erlaubt werden, überhaupt zu denken. Nieder mit den öffentlichen Schulen! Kinder müssen durch militärisch geschulte Hirten geistig gedrillt werden, deren Bezahlung beim ersten Anzeichen des Nichteinverständnisses mit den Bossen ausgesetzt würde. Ansonsten, betäube die gesamte Welt mit sinnlosem Krach. Mechanisiere alles! Gebe niemandem eine Chance zu denken. Standardisiere "Unterhaltung". Je lauter und je kakophonischer, umso besser! Kurze Intervalle zwischen einem Ausbruch und dem nächsten können mit Bitten gefüllt werden, wiederholt, bis hypnotische Kraft ihnen die Gewalt von Befehlen gibt, dieses oder jenes Produkt der "Geschäftsleute" zu kaufen, welche die wirkliche Macht im Staate sind. Männern, welche ihr Land in offensichtlicher Routine verraten.

Die Geschichte der letzten 30 Jahre ist beredt genug, würde man denken. Was diese Weichen, Schwachsinnigen niemals verstehen ist, daß ein lebender Organismus sich selbst intelligent an seine Umgebung anpassen muß, oder beim ersten ernsthaften Wechsel der Umstände untergeht.

Was würde England heute sein, wenn da nicht ein Mann gewesen wäre, vorsichtshalber für Jahrzehnte "in der Wildnis" gehalten, als "unvernünftig", "exzentrisch", "gefährlich", "nicht vertrauenswürdig", "unmöglich mit ihm zu arbeiten", der das Land von den verwunderten "sicheren" Männern übernommen hätte?

Und was könnte er getan haben, bevor nicht die Leute geantwortet hätten? Nichts. So gibt es also immer noch einen Überrest, dessen Unabhängigkeit, Realitätssinn, und Männlichkeit dann beginnen zu zählen, wenn die liebe gute wollige Herde sich beim ersten Heulen des Wolfes in Schrecken zerstreut.

Ja, es gibt sie, und sie können uns unsere Freiheit wiederbringen - wenn wir sie nur dazu bringen können zu erkennen, daß der Feind in Whitehall heimtückischer tödlich ist, als der Feind in Brownshirt House[35].

Liebe ist das Gesetz, Liebe unter Willen.

Brüderlich,

666

[35] Whitehall ist der britische Regierungsbezirk in London. Brownshirt House dürfte sich auf die Braunhemden, also die SA im 3. Reich beziehen. [A.d.Ü]

15. Sexualmoral Einschließlich Artemis Jota

Cara Soror,

Tu was Du willst, soll das Ganze des Gesetzes sein.

Danke!

Ich soll die gesamte Frage des Sex in einigen wenigen wohlgewählten Worten abhandeln? Soll ich vermuten, daß Du Dir Geld borgen willst? Solch widerliche Schmeichelei verlangt die indirekte Annäherung.

Tatsächlich ist Dein Verlangen nicht so außergewöhnlich, wie es zuerst klingt; denn soweit es die englische Sprache betrifft, gibt es kaum etwas, das es wert ist zu lesen. 98,138% ist, was Francis Ridley Ravergal "Fiedelbögen, bläh, Quatsch, Bullshit, und der Rest" zu nennen pflegte. Trotzdem, gerade kürzlich habe ich eine Ezyklica an die Gläubigen herausgebracht mit dem attraktiven Titel *Artemis Jota,* und ich schlage vor, daß wir dies in der Folge lesen, um Ärger zu sparen, und weil es praktisch eine Liste all der Klassiker enthält, die Du lesen solltest. Ebenso faßt es Informationen und Hilfen für "Anfänger" zusammen, mit dem schuldigen Bezug zu den positiven Injunktionen im *Buch des Gesetzes.*

Trotzdem, um den Zweck dieser Briefe würde ich die gesamte Sache in eine Nußschale packen wollen. Der Baum des Lebens bietet, wie üblich, eine bequeme Methode der Klassifikation.

1. Zur physikalischen Seite gehören physiologische Gesetze.

   "Spiel nicht mit der Motorsäge!" Wie John Wesley es ausgedrückt haben könnte, obwohl ich bezweifle, ob er es getan hat.

2. Die "moralische" Seite. Wie im Falle der elektrischen Spannung einer Efeuranke, gibt es keine. Kümmere Dich um Deine eigenen Sachen! ist die einzige ausreichende Regel. Soziale, ökonomische, religiöse und ähnliche Aspekte hineinzuziehen, ist irrelevant und Unreinheit.

3. Die magische Seite. Sex ist, direkt oder indirekt, die mächtigste Waffe in der Rüstung des Magiers; und genau weil es keinen moralischen Führer gibt, ist er unbeschreiblich gefährlich. Ich habe eine Menge Hinweise gegeben, speziell in "Magick" und dem "Buch Thot"h - einige der Karten sind fast beleidigend offenherzig; so mir ziemlich streng auf die Finger geklopft, weil ich Kindern Zündhölzer zum Spielen gegeben habe. Meine Entschuldigung war, daß sie die Streichhölzer schon hatten, daß meine Erklärungen dazu gedacht waren, bewußte Vorsichtsmaßnahmen zu den existierenden automatischen Sicherheitsvorrichtungen hinzuzufügen.

Die obigen Bemerkungen beziehen sich hauptsächlich auf die Technik der Angelegenheit; und es wird vermutlich lange dauern, Dir zu erklären, daß Du fähig sein solltest, die dazugehörigen Prinzipien aus Deinem allgemeinen Wissen der Magick herauszuarbeiten, und speziell der Formel von Tetragrammaton, klar ausgesprochen und erklärt in Magick, Kapitel III. Kombiniere dies mit dem Herzen von Kapitel XII und Du hast es!

Doch es gibt noch einen anderen Punkt, der herausgehoben werden soll. Dies ist zufällig der Punkt, an dem die "automatischen Sicherheitsvorrichtungen" mit hineinkommen. "Du hast kein Recht, als Deinen Willen zu tun" (AL, I: 42) bedeutet, daß "fremdartigen" Absichten nachzuhuren nur ein Desaster sein kann. Es ist möglich, in der Chemie eine endothermische Reaktion hervorzurufen; aber das heißt nur, um Ärger zu bitten. Das Produkt trägt in seinem eigenen

Herzen den Samen der Auflösung. So ist natürlich das wichtigste Vorspiel jeder magischen Operation sicherzustellen, daß ihr Objekt nicht nur harmonisch mit, sondern notwendig für Dein Großes Werk ist.

Merke auch, daß der Gebrauch dieser überlegenen Methode die Manipulation höchst geheimer und sehr feinstofflicher Energien mit einschließt. Sie vergleicht sich mit den Operationen der gewöhnlichen Ma- gick, wie Artillerie mit der Donnerbüchse!

Was *ist* dann das verdammte Ding? Das ist gerade der Ärger; denn es ist die *erste* der Masken auf dem Gesicht des Wahren Willens und diese Maske ist das Pokerface!

Wie alle wahre Kunst spontan ist, Genius ist, weit jenseits allen bewußten Willens oder Kontrolle ist, ist es mit dem Sex ebenso. In der Tat, man könnte ihn sogar tiefer als Kunst ansetzen; denn die Kunst versucht zumindest einen verständlichen Weg des Ausdrucks zu finden. Das ist sehr viel mehr an geistiger Gesundheit, als die blinde Lust des sexuellen Impulses. Der verrückteste Genius schaut von Chokmah nicht nur nach Binah, sondern zu der Frucht dieser Vereinigung in Daath und dem Ruach; es hat für Binah keinen Wert, den Sexualimpuls zu verstehen, zu interpretieren, zu übertragen. Er verlangt nicht mehr als ein Instrument, welches ihn zerstören wird.

Was ist dann das magische Gedächtnis? Klar genug für den Kabbalisten. "Liebe ist das Gesetz, Liebe unter Willen." Es muß bei seinen frühesten Manifestationen mit seinem passenden Binah zusammengebracht werden, um so frei den Pfad Daleth entlangzufließen und die verlorene Balance wiederherzustellen. Versuche, es zu unterdrücken sind fatal, es zu sublimieren, falsch und nutzlos. Aber, von Anfang an weise geführt, hat es zu der Zeit, da es stark wird, gelernt, wie es seine Kräfte zu den besten Zwecken einsetzt.

Und was ist mit den parallelen Instinkten einer Frau? Außer in (ziemlich seltenen) Fällen genitaler Krankheit oder Deformation, ist das Problem niemals so akut, denn Binah, sogar während sie Chokmah zuzwinkert, hat das andere Auge weit offen auf Tiphareth gerichtet. Ihr wahrer Wille ist so durch die Natur von Anfang an geteilt, und ihre Tragödie ist, wenn sie darin versagt, diese beiden Objekte zu vereinen. Oh, meine Liebe, ja, ich weiß alles über die *spretæinjuria formæ* und *furens quid femina possit;* aber das ist nur, weil, wenn sie ihren Biß vermißt, fühlt sie sich doppelt verblüfft, nicht nur der ekstatischen Gegenwart, sondern auch der glanzvollen Zukunft beraubt. Wenn sie unabhängig von der Frucht des Baumes des Lebens ist, wenn diese noch unreif ist, hat sie nicht nur den schlechten Geschmack im Mund, sondern es folgen auch Verdauungsstörungen. Denn da sie soviel in der Welt der Vorstellung lebt, ständig die Schattenbilder ihres Verlangens auslebend, ist sie nicht annähernd so anfällig für die gewalttätigen Verrücktheiten der reinen blinden Lust, wie der Mann. Der essentielle Unterschied wird durch den ihrer jeweiligen Orgasmen angezeigt, der weibliche wellenförmig, der männliche katastrophal.

Liebe ist das Gesetz, Liebe unter Willen. Brüderlich,

666

Liebe ist das Gesetz, Liebe unter Willen.

Brüderlich,

666

Artemis Iota vel
De coitu
Scholia Triviae

Dianae sumus in fide
Puellae et Pueri integri
Dianam pueri integri
Puellaeque canamus[36]

Catullus

Das Wort der Sünde ist Beschränkung. Oh Mann! Weise nicht Dein Weib zurück, wenn sie will; oh Liebende, wenn ihr wollt, scheidet! Es gibt kein Band, das die Getrennten vereinen kann, außer der Liebe; alles andere ist ein Fluch. Verflucht! Verflucht sei es auf die Äonen!

Zustimmung oder Ablehnung müssen durch den Impuls selbst bedingt werden, ohne Bezug zu irgendwelchen anderen Motiven, wie bei gewöhnlicher Einflußnahme.

So mit all Deinem; Du hast kein Recht, als Deinen Willen zu tun.

Jeder Gedanke, jedes Wort, oder Tat ohne Ausnahme ist diesem Gesetz unterworfen. *"Tu was Du willst"* gibt keine Lizenz, etwas anderes zu tun; falls dies nicht verstanden sein sollte, ist die Doktrin hier expliziter. *"Du hast kein Recht, als Deinen Willen zu tun."*

Jedes Teilchen Energie muß in diese einspurige Maschine des Willens eingebaut werden; es muß dem einen Zweck, direkt oder indirekt, dienen. Ein sehr kleines Loch in der Hülle kann ein sehr großes Schiff versenken.

Darum ist jede Handlung mit den Gedanken und Worten, welche ihre Ausführung bestimmen, ein Sakrament.

[36] *Unter Dianas Schutz stehen wir*
Mädchen und keusche Jungen
Von Diana, keusche Jungen
und Mädchen, laßt uns singen.

Nun ist von allen Handlungen die wirklich wichtigste der Akt der Liebe. Erstens, weil die Ekstase, welche die korrekte Ausführung begleitet, ein physisches Abbild, oder Hinweis des Stadiums von Samadhi ist, da die Bewußtheit des Ego zeitweise abhanden ist. Zweitens, weil der normale Effekt auf der materiellen Ebene unberechenbar groß ist, oder sein kann. (Die Betonung auf dem Wort "korrekt" ist absolut). Genau weil er so eine machtvolle Waffe ist, ist sein Gebrauch von vielfältigen Vorsichtsmaßnahmen umgeben, und sein Mißbrauch in Geboten, welche schwer beladen durch Drohungen sind, mißbilligt... "Auch, nehmet eure Fülle und Willen der Liebe wie ihr wollt, wann, wo und mit wem ihr wollt! Aber immer zu mir."

Wenn dies nicht recht geschieht, wenn ihr die Raumzeichen verwechselt und sagt: "Sie sind eins, oder sagt, sie sind viele, wenn das Ritual nicht immer zu mir ist: dann erwartet die schrecklichen Urteile von Ra-Hoor-Khuit!"

Dies soll die Welt regenerieren, die kleine Welt, meine Schwester, mein Herz und meine Zunge, der ich diesen Kuß sende.... Doch Ekstase sei Dein und Freude der Erde: Immer zu mir! Zu mir!

...Ihr werdet Güter sammeln und Vorrat an Frauen und Gewürzen, ihr werdet kostbare Juwelen tragen, ihr werdet die Völker der Erde weiter an Glanz und Stolz übertreffen, aber immer in Liebe zu mir, und so werdet ihr zu meiner Freude gelangen.

Es gibt einen Schleier, dieser Schleier ist schwarz. Es ist der Schleier der züchtigen Frau, es ist der Schleier des Kummers und das Bartuch des Todes. Dies gehört nicht zu mir. Reißt dieses Lügengespinst der Jahrhunderte nieder. Verschleiert eure Laster nicht mit tugendhaften Worten, diese Laster sind mein Dienst. Ihr tuet Recht, und ich will euch hier und danach belohnen.

Es gibt Hilfe und Hoffnung in anderen Sprüchen. Weisheit sagt, sei stark! Dann kannst Du mehr Freude ertragen. Sei nicht tierisch, verfeinere Dein Entzücken. Wenn Du trinkst, trinke nach den 98 Regeln der Kunst. Wenn Du liebst, übertriff durch Zartheit und wenn Du etwas freudiges tust, laß Feinheit darin sein!

Doch übertriff! Übertriff! Strebe immer nach mehr! Und wenn Du wahrhaft mein bist - und bezweifle es nicht, und wenn Du immer freudvoll bist - Tod ist die Krone von allem.

Hier ist die detaillierte Bestätigung von AL I: 41. Dieser Akt ist ein definitiv elektrisches oder magnetisches Phänomen. Keine anderen Überlegungen passen. (Darum wird er dem Außenseiter gelegentlich unvernünftig erscheinen.) Die einzige Ausnahme - welche es nur scheinbar ist - ist, wenn die Befriedigung des Impulses dem wahren Willen ernsthaft mehr schadet, als es helfen würde, ihn zu erfüllen; jeder solche Fall muß nach seinem Nutzen eingeschätzt werden.

"Aber immer zu mir." Das Wort "immer" läßt keine Ausnahme zu; "Zu mir" mag umschrieben werden als die "Erfüllung einer Möglichkeit, welche für die Erreichung des großen Werkes notwendig ist." Jeder Akt ist ein Sakrament, aber von vornherein. Der Text setzt sich mit einer direkten Drohung fort: "Wenn das Ritual nicht immer zu mir ist: dann erwartet die schrecklichen Urteile von Ra-Hoor-Khuit!" Dieses Sakrament der Sakramente zu profanieren ist der schicksalhafteste aller Fehler und Beleidigungen; denn es ist Hochverrat am großen Werk selbst.

Der nächste Vers wiederholt: "Wenn das Ritual nicht immer zu mir ist"; und wird betont und mit einer Drohung versehen. Der Beleidiger weilt nicht länger im freien Genuß der Liebkosungen der Göttin der Liebe; er ist hinausgeworfen in die Strafverfolgung des gnadenlosen und schrecklichen Gottes von Kapitel III.[37]

"...Seid deshalb anmutig: Kleidet euch alle in feine Gewänder, eßt kräftige Speisen und trinkt süße Weine und Weine, die schäumen! Auch erfüllt euch nach Willen in Liebe..." Dies bezieht sich auf die Technik der Kunst; sie wird später in diesem Aufsatz erklärt werden.

"Mit wem Du willst." Dies wiederholt, was schon oben in den Bemerkungen zu AL, 1:41 gesagt wurde.

---

[37] Dies bezieht sich auf das *Liber Legis, Das Buch des Gesetzes*, wie auch die vorhergehenden und nachfolgenden Zitate in diesem Kapitel 15.

Vers 53 versichert die Wichtigkeit dieses Dogmas. Die Ablehnung dieser Vorschriften ist für die endlosen und unerträglichen Qualen, die schrecklichen und unsagbaren Desaster der Vergangenheit verantwortlich gewesen.

Der Kabbalist mag bemerken, daß "zu mir!" am Ende dieses Verses nicht nur die Anrede wiederholt, sondern auch ein magisches Siegel auf dem Dogma ist. (Vers 54 ist ein Hinweis, das Geheimnis zu suchen).

In griechischen Buchstaben TO MH addiert es sich zu 418; es ist identisch mit ABRAHADABRA, der Formel des großen Werkes. Meditation sollte den Studenten zu sogar noch tieferen und fruchtbareren Überlegungen führen.

Rufet mich an unter meinen Sternen! Liebe ist das Gesetz, Liebe unter Willen. Laßt auch die Narren die Liebe nicht mißverstehen, denn es gibt Liebe und Liebe. Es gibt die Taube und es gibt die Schlange. Wählet ihr genau! Er, mein Prophet, hat gewählt. Er kennt das Gesetz der Festung und das große Mysterium des Hauses Gottes.

Schönheit und Stärke, perlendes Lachen und köstliches Ermatten, Kraft und Feuer sind unser.

Ich bin die Schlange, die Wissen und Wonne gibt, und strahlenden Glanz, und ich fülle die Herzen der Menschen mit Trunkenheit. Zu meiner Verehrung nehmet Wein und seltene Drogen, wovon ich meinem Propheten erzählen werde, und berauscht euch daran. Sie sollen euch überhaupt kein Leid zufügen. Sie ist eine Lüge, diese Narrheit gegen das Selbst. Die Zurschaustellung der Unschuld ist eine Lüge. Sei stark, oh Mensch! Genieße und erfreue Dich an allen Dingen der Sinne und Wonne. Fürchte nicht, daß irgendein Gott Dich dafür abweisen wird.

Siehe! Dies sind tiefe Geheimnisse, denn es gibt auch Freunde von mir, die Einsiedler sind. Und glaube nicht, sie im Wald oder auf dem Berge zu finden, sondern in purpurnen Betten, liebkost von herrlichen Weiberbestien mit kräftigen Gliedern und Feuer und Licht in ihren Augen und Massen flammenden Haares um sich herum, dort werdet ihr sie finden. Aber Du, oh mein Volk, erhebe Dich und erwache! Die Rituale sollen richtig durchgeführt werden mit Freude und Schönheit!
Es gibt Rituale der Elemente und Feste der Zeiten.

Ein Fest für die erste Nacht des Propheten und seiner Braut!
Ein Fest für die drei Tage der Niederschrift von dem Buch des Gesetzes.
Ein Fest für Tahuti und das Kind des Propheten geheim, oh Prophet!
Ein Fest für das höchste Ritual und ein Fest für die Equinox der Götter.
Ein Fest für Feuer und ein Fest für Wasser; ein Fest für das Leben und ein größeres Fest für den Tod!
Ein Fest jeden Tag in euren Herzen in der Freude meines Entzückens!
Ein Fest jede Nacht für Nu und das Wohlbehagen höchsten Vergnügens!
Ja! Feiert! Frohlockt! Es gibt keine Furcht danach! Es gibt die Auflösung und ewige Ekstase in den Küssen von Nu.

Diese Verse beziehen sich wieder auf die Begleitumstände der Handlung; sie benennen die Zusätze zu der Technik; und sie benennen den Geist, in welchem sie begonnen werden sollte. Die objektive wissenschaftliche Einstellung von Untersuchung und Vorbereitung ist Voraussetzung; das Ziel ist es, Hindernisse vorherzusehen, den Lauf zu beschleunigen und zu lenken: Doch der Impuls selbst ist Enthusiasmus.

Es gibt einen Schleier, dieser Schleier ist schwarz. Es ist der Schleier der züchtigen Frau, es ist der Schleier des Kummers und das Bahrtuch des Todes, dies gehört nicht zu mir. Reißt dieses Lügengespinst der Jahrhunderte nieder. Verschleiert eure Laster nicht mit tugendhaften Worten, diese Laster sind mein Dienst. Ihr tuet Recht, und ich werde euch hier und hernach belohnen.

Laßt die unbefleckte Maria auf dem Rade zerrissen werden: um ihretwillen laßt alle keuschen Frauen unter euch vollständig verachtet sein!

Auch um der Schönheit willen und der Liebe!

Der Student sollte die Doktrin der "schwarzen Brüder!" verstehen[38]. Die Erfüllung irgendeiner seiner Möglichkeiten zurückzuweisen ist die direkte Negation des großen Werkes.

Es gibt Hilfe und Hoffnung in anderen Sprüchen. Weisheit sagt, sei stark! Dann kannst Du mehr Freude ertragen. Sei nicht tierisch, verfeinere Dein Entzücken. Wenn Du trinkst, so trinke nach den acht und neunzig Regeln

[38] Siehe Kapitel 12 dieses Buches.

der Kunst. Wenn Du liebst, übertriff durch Zartheit und wenn Du etwas freudiges tust, laß Feinheit darin sein!

Doch übertriff! Übertriff!

Strebe immer nach mehr! Und wenn Du wahrhaft mein bist - und bezweifle es nicht, und wenn Du immer freudevoll bist - Tod ist die Krone von allem.

Hier, in wenigen einfachen Sätzen, ist ein vollständiger Führer - als Skelett - zur Kunst der Liebe.

Genius ohne Technik ist oft grob und unverständlich; doch Technik ohne Genius sind trockene Knochen. Genius ist da, oder nicht da; weder Klugheit noch Arbeit nützen, falls es abwesend ist. Doch kann man behaupten, daß er immer da ist, da "jeder Mann und jede Frau ist ein Stern." Auf jeden Fall wird nur die Technik durch Studium und Übung beeinflußt; Es steht geschrieben, daß es "ebenso viel Studium verlangt, wie die Theologie, und ebensoviel Übung wie Billard." Alles, was man tun kann ist, den latenten Genius a) zu befreien, b) zu lenken. In Ländern, die der Zivilisation feindlich gegenüberstehen (*horribilesque ultimosque Britannos*) und ihren Kolonien, vergangenen und gegenwärtigen, ist die Technik fast nicht existent; Individuen, welche sie zu irgendeinem Grad der Perfektion besitzen, schulden ihren Vorsprung in fast jedem Fall der Lehre und dem Training unter den Eingeborenen von glücklicheren und weniger barbarischen Teilen der Welt. Jede Art von Rasse oder Kultur hat ihre eigenen speziellen Fähigkeiten.

A. Studium: Der Student sollte solche Klassiker wie das Anangaranga, den *Bagh-i-Muattar* von Abdullah El Haji das Kama Shastra, die *Kama Sutra*, den *duftenden Garten* von Sheikh Nefzawi, und bestimmte wissenschaftliche oder pseudowissenschaftliche Abhandlungen (gewöhnlich über die Deformation der Natur, oder den Mißbrauch der Ignoranz) von vielen Autoren, meist französischen, deutschen, österreichischen oder italienischen, studieren, im Kopf behalten und sich zu Herzen nehmen. *Energetisierter Enthusiasmus,* (der Equinox, VOL. I, no.9) ist von handwerklicher Kunst. *(Liber LXVI, Liber CCCLXX, Liber DCCCXXXI, Liber CLXXV, Liber CLVI* und andere, ebenfalls im

Equinox, sind offizielle Publikationen der A∴A∴.) Ebenso gibt es verschiedene Klassiker zu diesem Thema, welche hilfreich sind, die romantische und enthusiastische Atmosphäre zu erzeugen, welche zur Praktizierung dieser Kunst passt; man mag Cattullus, Juvenal, (speziell die *Sechste Satire*) Martial, Petronius Arbiter, Apuleius, Boccaccio, Masucci, Francois Rabelais, de Balzac *(Contes Drolatiques)*, de Sade (*Justine, Juliette et al*) Andre de Nerciat, Alfred de Musset et Georges Sand (*Gamiani: ou Deux Nuits d'exces*) Sacher Masoch *(Venus in Furs)* erwähnen, und Engländer und Amerikaner, zu zahlreich, um sie aufzulisten, aber hauptsächlich die Poeten in heiligen Orden: Swift, Sterne, Herrick, Donne und Herbert.

Es gibt auch eine komplette Literatur des Mystizismus, welche sich diesem Thema nähert, oder es impliziert; doch diese Art der Arbeit ist für den jüngeren Studenten ebenso gefährlich, wie sie oberflächlich attraktiv ist. Es fördert den Sinn für Schuld, lehrt die giftige Kunst der Selbstbeschneidung, und ruft eben diese Heuchelei hervor, welche die Freiheit hauptsächlich verdammt. "Reiße nieder dieses Lügengespinst der Jahrhunderte." (AL, II: 52)

B. Praxis: Kein einziger Lehrer, wie befähigt auch immer, kann auch nur ein Hundertstel der Grundlagenarbeit dieser Kunst vermitteln. Die beste Lehre ist die von trainierten und zusammengeschlossenen Experten; als nächstes die von Männern und Frauen von natürlichem Genie.

C. Ursprüngliche Forschung. Diese sollte auf dem größtmöglichen Wissen basieren und dem tiefsten Verständnis des Selbst; und auf den Ergebnissen der Reichweite und Intensität der eigenen Praxis.

Doch übertriff! Übertriff! (AL, II: 71)
Doch immer zu mir. (AL, I: 51)

16. Über Konzentration

Cara Soror,

Tu was Du willst, soll das Ganze des Gesetzes sein.

Du fragst mich klugerweise nach einem besonderen Brief über Konzentration; Du hebst hervor, daß ich sie durchgehend impliziere, aber niemals eine genaue Instruktion gegeben habe.

Konzentration öffnet in der Tat alle Türen; sie liegt am Herzen jeder Praxis, da sie die Essenz aller Theorie ist; und fast all die verschiedenen Regeln und Regelungen zielen darauf ab, die Adeptschaft in dieser Sache zu sichern. Die ganze vorbereitende Arbeit - Wachsamkeit, Einpunktigkeit, Bewußtheit und der Rest - beabsichtigt, Dich darin zu trainieren.

All die Begrüßungen, Ansprachen, "Formeln des Willens", regelmäßigen Anbetungen, sogar das Aussprechen von *apo pantos kakodaimonos* mit einem nach unten und außen gerichteten Schwung des Armes und abgewendetem Blick, wenn man einer Person in einer religiösen (christlichen) Uniform begegnett: All das fällt unter "Streichle die Katze nicht gegen den Strich!" oder, im modernen pseudowissenschaftlichen journalistischen Jargon "Ausrichtung des Lebens".

Was Du wirklich brauchst, ist die offizielle Instruktion in 'Der Equinox' und das möglichst volle und tiefe Verständnis der 8 Abhandlungen über Yoga; aber diese Abhandlungen sind so höllisch interessant, daß ich, wenn ich in das Buch schaue, um etwas zu finden, das ich zitieren kann, es mich wegträgt. Ich kann es nicht niederlegen. Ich vergesse alles über diesen Brief. Eine wirklich schlechte Reklame über Konzentration.

Der beste Weg ist der schwerste; all dieses zu vergessen und von vorne zu beginnen, als ob niemals zuvor etwas über dieses Thema geschrieben worden wäre.

Ich muß immer im Kopf behalten, daß man von Dir nicht erwarten kann, daß Du irgendetwas über Yoga oder Magick weißt, oder irgend etwas anderes, was über das hinausgeht, wovon man erwarten kann, daß es der durchschnittlich gebildeten Person beigebracht worden ist.

Was ist das Problem? Es gibt deren zwei.

β) Den Geist dahin zu trainieren, sich mit der höchsten Geschwindigkeit und Energie zu bewegen, mit der größtmöglichen Genauigkeit in der gewählten Richtung, und mit dem Minimum an Störungen oder Abweichungen. Das ist Magick.

α) Den Geist insgesamt anzuhalten. Das ist Yoga.

Die Regeln, sonderbar genug, sind in beiden Fällen identisch; zumindest, bis Deine "Magick" vollkommen ist; Yoga geht lediglich einen Schritt weiter. In β hast Du alle Bewegungen vom Vielen zum Einen reduziert; In α reduzierst Du dieses Eine zu Null.

Nun denn, mit einem Seufzer der Erleichterung, wisse dieses: Daß jeder mögliche Vorfall im Beta-Training *mutatis mutandis* ist, dem Ausführenden vollkommen vertraut.

Das Material muß in der Art und Weise ausgewählt und vorbereitet werden, die am besten zu der Art der beabsichtigten Maschine paßt; die verschiedenen Teile müssen mit der größten Präzision zusammengesetzt werden; jede Störung der Funktion muß entfernt werden, und jede Fehlerquelle ausgelöscht. Nun freu Dich, Kind! Im Fall der Maschine, die er selbst entwickelt und konstruiert hat mit jeder Bedingung zu seinen Gunsten, denkt er, daß er nicht zu schlecht ist, wenn er etwa 15 oder 20 Prozent der berechneten Effizienz aus dem Instrument herausholt; und sogar die Natur, mit Millionen Jahren, um anzupassen und zu verbessern, kann auch nicht oft behaupten, es sehr viel besser gemacht zu haben. So hast Du keinen Grund, entmutigt zu sein, wenn Dir der Erfolg nicht gleich in der ersten Woche Deiner Arbeit lächelt und Du mit einem Material beginnst, über dessen Möglichkeiten Du fürchterlich unwissend bist, mit traurig begrenzten Mitteln, mit Naturgesetzen, welche Du nicht verstehst; tatsächlich, mit fast allem gegen Dich, außer unzähmbaren Willen und unüberwindlichem Mut.

Es gibt nur eine Methode, die unter solchen Umständen wie denen des Anwärters auf Magick und Yoga angewendet werden kann: Die Methode der Wissenschaft. Versuch und Irrtum. Du mußt beobachten. Das impliziert vor allem, daß Du lernen mußt zu beobachten. Und Du mußt Deine Beobachtungen aufzeichnen. Kein Umstand des Lebens ist irrelevant, oder kann es sein. "Wer nicht für mich ist, ist gegen mich." In all diesen Briefen wirst Du nur 2 Dinge finden: Entweder erzähle ich dir, was schlecht für Dich ist, oder was gut für Dich ist. Aber ich bin nicht Du; ich kenne nicht jedes Detail Deines Lebens, jeden Trick Deiner Gedanken. Du mußt 90 Prozent der Arbeit allein tun. Ob es Liebe ist, oder tägliche Beschwörung, oder Diät, oder Freunde, oder Vergnügen, oder irgendetwas anderes, Du mußt herausfinden, was Dir zu Deinem wahren Willen hilft und was Dich behindert; nähre das eine und lösche das andere aus.

Ich möchte ernsthaft darauf bestehen, daß Konzentration nicht, wie fast alle von uns denken, darin besteht, die Dinge in den Übungen richtig zu machen; Du mußt jeden Atemzug Deinem wahren Willen unterwerfen, um den Boden für die Übungen fruchtbar zu machen. Wenn Du Dich in Dein Asana setzt, um Deinen Geist zu beruhigen, ist es sehr viel leichter für Dich, wenn Dein gesamtes Leben zu relativer Ruhe tendiert. Wenn Du mit Deinem Stab klopfst, um die Eröffnung einer Invokation zu verkünden, ist es besser, wenn der Zweck dieser Zeremonie seit Deiner Kindheit im Hintergrund Deiner Gedanken geraunt hat!

Ja in der Tat: Hintergrund!

Tief unten, genau auf der Schwelle des Unbewußten, sind all jene Tatsachen, welche Dich dazu bestimmt haben, dieses Dein Großes Werk zu wählen.

Dann, die bewußte Ambition, welche die allgemeine Ordnung und Disposition Deines Lebens bestimmt.

Zuletzt die Übungen selbst. Und es ist mein Glaube, daß bei der großen Mehrheit der Fehlschläge die Vernachlässigung der Bemeisterung stattfindet, um Dank für sie zu zeigen.

Liebe ist das Gesetz, Liebe unter Willen.

Brüderlich,

666

17. Astralreisen
Wie man sie macht
Und wie man seine
Erfahrungen verifiziert

Cara Soror,

Tu was Du willst, soll das Ganze des Gesetzes sein.

Es gibt keine bessere Art, das Gedächtnis zu trainieren, als die Praxis der heiligen Kabbala.

Der gesamte Mechanismus des Gedächtnisses beruht darauf, unabhängige Daten zu verbinden. Du mußt damit fortfahren, ein Stück zum nächsten zu addieren, immer die einfachen Eindrücke verbindend, indem Du sie auf andere beziehst, welche allgemeiner sind; und so weiter bis Dein gesamtes Universum so angeordnet ist wie Dein Gehirn und Dein Nervensystem. Dieses System wird tatsächlich das Universum. Wenn Du alles ordentlich verbunden hast, versteht und kontrolliert Dein zentrales Bewußtsein jedes winzigste Detail. Doch Du mußt am Anfang beginnen - Du gehst auf einen Spaziergang und das erste, was Du siehst, ist ein Auto. Dieses repräsentiert den Atu **VII**, den Wagen, bezogen auf Cancer. Dann kommst Du zu einem Fischhändler und bemerkst bestimmte Krustentiere. Diese gehören zum gleichen Zeichen, Cancer. Das nächste Ding, welches Du bemerkst, ist ein amberfarbener Anzug bei Swan & Edgar's; Amber ist ebenso die Farbe von Cancer in der Königsskala. Nun hast Du einen Satz von drei Eindrücken, welche durch die Tatsache verbunden sind, daß sie alle zu der Cancer-Klasse gehören; Die Erfahrung wird Dich sehr bald lehren, daß Du alle drei sehr viel klarer und genauer erinnern kannst, als Du jedes von ihnen einzeln könntest.

Du hast die Last der Erinnerung nicht erhöht, sondern vermindert.

Was Du über Spannung und Eifer und Haß sagst, ist sehr wahr. Siehe das Buch des Gesetzes, Kapitel I: 44.

Denn reiner Wille, unbefleckt von Absicht, befreit von der Gier nach Ergebnis, ist in jeder Hinsicht vollkommen.

Dies ist, von einem praktischen Standpunkt aus, einer der wichtigsten Verse in dem Buch.

Das ungewöhnliche Wort unbefleckt ist sehr interessant. Die Leute setzen im allgemeinen voraus, daß "Wille" der Sklave des Zweckes ist. Daß Du ein Ding nicht wirklich wollen kannst, bevor Du nicht auf ein definitives Ergebnis zielst. Aber dies ist nicht der Fall. An das Ergebnis zu denken, dient normalerweise dazu, den Geist abschweifen zu lassen. In diesen wenigen Worten ist die gesamte Methode eingeschlossen, ohne all die bombastische Gläubigkeit der Sklavendoktrin des Mystizismus über die Unterwerfung des Willens. Noch ist die Idee von Unterwerfung wirklich korrekt; der Wille muß mit dem sogenannten göttlichen Willen identifiziert werden. Man möchte wie ein mächtiger Fluß werden, welcher nicht bewußt auf das Meer zielt, und sich mit Sicherheit keinem äußeren Einfluß unterwirft. Er handelt in Übereinstimmung mit den Gesetzen seiner eigenen Natur, mit dem Tao. Man könnte es beschreiben, wenn notwendig, als "passive Liebe"; aber es ist Liebe (im Ergebnis) erhoben zu ihrem höchsten Potential. Wir kommen auf das gleiche zurück: Wenn Leidenschaft von jeder "Gier nach Ergebnis" gereinigt ist, wird sie unwiderstehlich; sie ist "Gesetz" geworden. Ich kann niemals verstehen, warum die Mystiker darin versagen zu sehen, daß ihre schwierige Doktrin der Unterwerfung genau auf der Dualität besteht, welche sie ausmerzen wollten!

Beachte bitte, daß je weiter Du gehst, je höher Dein Potential ist, desto größer ist die Tendenz zu Lecks, oder sogar dazu, das umgebende Gefäß zu zerbrechen. Ich kann Dir helfen, indem ich Dich davor warne, Hindernisse, real oder vorgestellt, auf Deinem eigenen Weg aufzustellen; was die meisten Leute tun. Es ist fast lächerlich zu denken, daß das große Werk bloß darin besteht "sie verschwinden zu lassen"; sondern das Karma stößt Dich von der einen Seite der Steilkurve zur anderen, bis Du "in die Gerade kommst".

(Es gibt ein oder zwei Kapitel im Buch der Lügen darüber, aber ich habe kein Exemplar. Ich muß eins finden, und sie hier einsetzen. Ah ja, Seite 22.)

Oh Du, der aufbricht auf dem Pfad, Trug ist das Phantom, welches Du suchst. Wenn Du es gefunden hast, sollst Du alle Bitternis kennen. Deine Zähne im Sodomapfel festgebissen.

So wurdest Du jenen Pfad entlanggelockt, dessen Schrecken Dich sonst weit weggetrieben hätte.

Oh Du, der Du auf der Mitte des Pfades schreitest, keine Trugbilder verspotten dich. Denn um des Schreitens willen schreitest Du.

So bist Du jenen Pfad entlanggelockt worden, dessen Faszination Dich sonst weit weggetrieben hätte.

Oh Du, der Du Dich dem Ende des Pfades näherst, Anstrengung gibt es nicht mehr.

Schneller und schneller fällst Du; Deine Müdigkeit wandelt sich zu unaussprechlicher Ruhe.

Denn da ist kein Du auf jenem Pfad. Du bist der Weg geworden.

Wie im Yi-King, das 3. Hexagramm hat sich von der ursprünglichen Vollkommenheit entfernt und es benötigt den gesamten Rest der Hexagramme, um die Dinge wieder in Ordnung zu bringen. Das Ergebnis, das ist wahr, ist überlegen; die Vollkommenheit des Ursprungs ist durch seine Erfahrung vergrößert und bereichert worden.

Es gibt eine andere Methode, das große Werk zu definieren, welche uns das gesamte Thema der Manifestation erklärt, die Entfernung von der Vollkommenheit von "Nichts" zu der Vollkommenheit von

"Alles" und man mag diesen Vorteil bedenken, daß es geradezu unmöglich ist fehlzugehen. Jede Erfahrung, was immer ihre Natur sein mag, ist nur ein anderer notwendiger Stoß.

Natürlich kann man das nicht realisieren, bevor man ein Meister des Tempels geworden ist; konsequenterweise ist man fortwährend in Sorgen und Verzweiflung geworfen. Du siehst, es gibt eine Menge mehr darin, als bloß die eigenen Fehler zu lernen. Man kann niemals sicher sein, was richtig oder falsch ist, bevor man erkennt, daß "Falsch" gleichermaßen "Richtig" ist. Nun wird man die Idee von "Anstrengung" los, welche verbunden ist mit der "Gier nach Ergebnis". Alles, was man tut, ist, die eigenen Energien genußbringend und gesund zu verwenden.

Es wird nicht ausreichen, den "Menschen" als den "letzten Grund" der Manifestation zu betrachten. Bitte zitiere mich nicht selbst gegen mich.

Der Mensch ist so unendlich klein,
in all diesen Sternen, vorherbestimmt.
Schöpfer und Meister von ihnen allen.
Der Mensch ist so unendlich groß.

Der menschliche Apparat ist das beste Instrument dessen wir momentan in unserem Normalbewußtsein gegenwärtig sind; aber wenn Du dahin kommst, die Konversation der höheren Intelligenzen zu erfahren, wirst Du verstehen, wie unvollkommen Deine Fähigkeiten sind. Es ist wahr, daß Du diese Intelligenzen als Teile Deiner selbst projizieren kannst, oder Du kannst annehmen, daß bestimmte menschliche Vehikel von ihnen für bestimmte Zwecke zeitweilig eingesetzt werden mögen; aber diese Spekulationen tendieren zur Nutzlosigkeit. Das wichtige ist, Kontakt zu Wesen herzustellen, wie immer ihre Natur sein mag, welche Dir selbst überlegen sind, nicht nur im Grad, sondern in der Art. D.h. nicht nur so verschieden wie eine dänische Dogge von einem Chihuahua, sondern wie sich ein Büffel von beiden unterscheidet.

Natürlich hast Du vollkommen recht bei den Sinnen, obwohl ich nicht zustimmen würde, den Fünfen die gleiche Bedeutung zu geben, welche den meisten Leuten gemein ist. Es muß, mag man vermuten, Wege geben, solche Phänomene wie Magnetismus, elektrischen Widerstand, chemische Affinität und ähnliche anzugehen. Laß mich Dich wieder einmal auf das Buch des Gesetzes, hinweisen, Kapitel II: 70 bis 72.

Es gibt Hilfe und Hoffnung in anderen Sprüchen. Weisheit sagt, sei stark! Dann kannst Du mehr Freude ertragen. Sei nicht tierisch, verfeinere Dein Entzücken. Wenn Du trinkst, trinke nach den acht und neunzig Regeln der Kunst. Wenn Du liebst, übertriff durch Zartheit und wenn Du etwas freudiges tust, laß Feinheit darin sein!

Doch übertriff! Übertriff!

Strebe immer nach mehr! Wenn Du wahrhaft mein bist - bezweifle es nicht, und wenn Du immer freudevoll bist - Tod ist die Krone von allem.

Die Idee der Mystiker, sich nach und nach stumpfsinnig zu machen, und zu verdummen, ist eine "Verfluchung gegen den Herrn". Dies, nebenbei, ist nicht in Konflikt mit den Regeln des Yoga. Diese Art von Unterdrückung ist vergleichbar mit den Beschränkungen im athletischen Training, oder Diät bei Krankheit.

Nun gehen wir zurück zur Kabbala - wie man sie benutzt.

Laß uns annehmen, daß Du eine Invokation gemacht hast, oder sollen wir es eine Untersuchung nennen, und annehmen, daß Du eine Passage von Bach interpretieren willst. Sie zu spielen ist die prinzipielle Waffe in der Zeremonie. Im Verlauf Deiner Operation nimmst Du Deinen Astralkörper an und erhebst Dich weit über die irdische Atmosphäre, während die Musik sanft im Hintergrund verweilt. Du öffnest Deine Augen und findest, daß es Nacht ist. Dunkle Wolken sind am Horizont; doch im Zenit ist eine Krone von Sternbildern. Dieses Licht hilft dir, speziell wenn Deine Augen sich an die Dämmerung gewöhnen, Deine Umgebung wahrzunehmen. Es ist eine verlassene und einsame Landschaft. Wundervolle Berge umringen die Welt. In der Mitte erhebt sich eine Gruppe von blauschwarzen Gipfeln. Nun erscheint vor ihrem Hintergrund ein gigantisches Wesen. Seine Stärke, speziell in seinen Händen und in seinen Schenkeln, ist erschreckend. Man denkt an eine Kombination aus einem Löwen, einer Bergziege und einer Schlange. Du springst sofort zu der Idee, daß dies eines der seltenen Wesen ist, welches die Griechen Chimäre nennen. So überragend ist seine Erscheinung, daß Du es für klug hältst, eine passende Gottform anzunehmen. Doch welcher ist der passende Gott. Du magst es vielleicht für das beste halten, im Licht Deiner vollständigen Ignoranz darüber wer er ist und wo Du bist, die Gottform von Harpokrates anzunehmen, welche in jedem Fall einen guten Schutz darstellt; aber das wird Dich natürlich nicht sehr weit bringen. Wenn Du ausreichend mutig und argwöhnisch bist, wirst Du Dich geistig sehr schnell damit beschäftigen. Hier wird eine tägliche Praxis der Kabbala nützlich. Du gehst in Deinem Geist die sieben heiligen Planeten durch. Der allererste von ihnen scheint gut mit dem übereinzustimmen, was Du bis jetzt gesehen hast. Alles paßt gut genug zu Saturn. Um sicher zu sein, gehst Du die anderen durch; aber es ist ein sehr offensichtlicher Fall - Saturn ist der einzige Planet, der mit allem übereinstimmt. Die einzig andere Möglichkeit wäre der Mond; doch es ist keine Spur seiner mehr liebenswerten Charakteristiken zu finden. So wirst Du entscheiden, daß Du eine saturnische Gottform benötigst. Glück in der Tat für Dich, daß Du Dich täglich in der Annahme solcher Formen geübt hast! Sehr fest, sehr standhaft, sehr langsam, sehr leise, formst Du Deine normale astrale Erscheinung um in jene von Sebek. Die Chimäre, Deine göttliche Autorität erkennend, wird weniger überragend und bedrohlich in ihrer Erscheinung. Sie mag, in einer Weise, ihren Willen anzeigen, Dir zu dienen. Sehr gut, soweit; aber es ist natürlich von größter Wichtigkeit, Dich ihrer Integrität zu versichern. So beginnst Du nach dem Namen zu fragen. Das ist lebenswichtig; denn wenn sie Dir die Wahrheit erzählt, gibt sie Dir Macht über sich. Aber wenn sie Dir andererseits eine Lüge erzählt, verläßt sie das Gute und all seine Festungen. Sie wird ziemlich wie ein U-Boot, dessen Basis man zerstört hat. In der Zwischenzeit kann sie Dir eine Menge Bösartigkeiten antun, so sei wachsam!

Nun denn, sie erzählt dir, daß ihr Name Ottilia ist. Sollen wir versuchen, es in griechisch oder hebräisch zu buchstabieren? Nach dem Klang des Namens und vielleicht bis zu einem gewissen Grade durch ihre Erscheinung mag man sich für das erste entscheiden; doch insgesamt ist die griechische Kabbala so unbefriedigend. Wir geben dem

Hebräischen die erste Chance - wir beginnen mit Ajin, Tet, Jod, Lamed, Jod, Aleph, He. Laß uns diese Schreibweise für den Beginn versuchen. Sie addiert sich zu 135. Ich wage zu behaupten, daß Du Dich nicht erinnerst, was das Sepher Sephiroth Dir über diese Zahl erzählt; doch wie das Glück es will, gibt es keine Notwendigkeit, da zu suchen; denn 135 = 3 x 45. 3 ist die Zahl, die erste Zahl des Saturn, und 45 die letzte. (Die Summe der Zahlen im magischen Quadrat von Saturn ist 45). Dies korrespondiert wunderschön mit allem, was Du bis jetzt hast. Aber natürlich mußt Du jetzt wissen, ob die Chimäre "einer der gläubigen Geister" ist. Kurz, ist sie Freund oder Feind? Du sagst zu ihr "Das Wort des Gesetzes ist Thelema." Es stellt sich heraus, daß sie überhaupt kein bißchen versteht, so warst Du vollkommen richtig mit Deiner Wahl des Hebräischen. Du fragst sie "Was ist das Wort des Gesetzes?" und sie erwidert dunkel: "Das Wort des Gesetzes ist Thora." Das bedeutet gar nichts für Dich; jeder mag soviel wissen, als daß "Thora" das gewöhnliche Wort für das heilige Gesetz Israels ist, und so bittest Du sie, es Dir zu buchstabieren, um sicher zu sein, daß Du richtig gehört hast; und sie gibt Dir die Buchstaben, vielleicht, indem sie sie spricht, vielleicht, indem sie sie zeigt: Tet, Resch, Ajin. Du addierst diese und erhältst 279. Dies ist wiederum durch die saturnische 3 teilbar und das Ergebnis ist 93. Mit anderen Worten: Sie war genau richtig. Auf der Ebene von Saturn mag man mit 3 multiplizieren und daher hat sie Dir das korrekte Wort "Thelema" gegeben, aber in einer Form, die Dir ungewohnt war. Du magst Dich nun selbst als von ihrem guten Willen überzeugt betrachten und fortfahren, sie genauer zu untersuchen. Die Sterne über ihrem Kopf erinnern an den Einfluß von Binah, deren Nummer ebenso 3 ist, während das interessanteste Ding das Herz ihres Seins ist: der Buchstabe Jod. (Man zählt nicht die Bezeichnung AH: Als göttliche Silbe repräsentiert sie das innerste Licht und das äußerste Licht.) Dieses Yod, dieser Funke von intensiver Strahlkraft, ist von dem gleichen grünlichen Gold, welches man (in dieser Welt) sieht, in den feinen goldenen Blättern aus Tibet. Es glüht mit immer größerer Intensität, während Du Dich darauf konzentrierst, es zu beobachten, was Du nicht tun konntest, während Du damit beschäftigt warst, die Glaubenssätze der Chimäre zu untersuchen.

Nachdem das Vertrauen etabliert ist, fragst Du, warum sie Dir zu dieser Zeit und an diesem Ort erschienen ist; die Antwort auf diese Frage ist natürlich Deine ursprüngliche Idee, d.h. sie stellt für Dich, in anderen Worten, jene "gebirgige Fuge" dar, welche sie invozierte. Du hörst ihr mit Aufmerksamkeit zu, stellst solche Fragen, wie es Dir gut erscheint und zeichnest die Ergebnisse auf.

Das obige Beispiel ist natürlich reine Imagination, und präsentiert einen sehr wünschenswerten Fall. Es wird nur zu einfach sein, und das nicht nur am Anfang, auf alle Arten von Schwierigkeiten und Gefahren zu treffen.

Liebe ist das Gesetz, Liebe unter Willen.

Brüderlich,

666

18. Die Wichtigkeit unserer konventionellen Grüße u.s.w.

Cara Soror,

Tu was Du willst, soll das Ganze des Gesetzes sein.

Von Zeit zu Zeit habe ich Dich mit meiner beispiellosen Eloquenz dazu ermahnt, niemals die vorher beschriebenen Begrüßungen zu vernachlässigen; aber ich denke, es ist ebenso richtig, die verschiedenen Überlegungen zu sammeln, welche mit ihrem Gebrauch verbunden sind - und in "Begrüßungen" schließe ich "den Willen verkünden" vor festen Mahlzeiten, die vier täglichen Verehrungen der Sonne *(Liber CC vel Resch)* und die Begrüßung von unserer Lady, dem Mond ein. Ich werde mich mit dem allgemeinen Objekt der kombinierten Rituale beschäftigen, nicht mit den speziellen Kräften jedes einzelnen.

Die Praxis von Liber III vel Jugorum[39] ist das Komplement dieser gesammelten Gewohnheiten, durch scharfe physische Selbstbestrafung, wenn Du etwas denkst, sagst oder tust, was auch immer es ist, das Du Dir selbst vorgenommen hast zu vermeiden, setzt Du einen Wächter an das Tor Deines Geistes, der bereit ist, alle Ankömmlinge herauszufordern, und so gewöhnst Du Dir an, aufmerksam zu sein. Behalte dies im Kopf, und Du wirst keine Schwierigkeit haben, die Argumentation dieses Briefes zu verfolgen.

[39] Siehe Magick Bd. 2, KC-Verlag

Wenn Du Dharana[40]-Konzentration übst, setzt Du Dir selbst genau so viele Minuten. Es ist eine ständige, fortlaufende Anstrengung. Der Geist kämpft durchgehend dagegen, der Kontrolle zu entgehen. (Ich hoffe, Du erinnerst Dich an die Sequenz der "Unterbrechungen". Im Falle, daß Du es nicht tust, fasse ich sie zusammen.)

1. Augenblickliche physische Unterbrechung: Asana sollte diese unterbinden.

2. Dinge, die "in Deinem Geist sind".

3. Träumerei und "Wäre es nicht besser, wenn ich - ?".

4. Atmosphärische Störungen - z.B. Stimmen, die augenscheinlich von einer fremden Quelle stammen.

5. Verlust der Kontrolle selbst; und der Ergebnisse selbst. (Denke an die Praxis einiger Hinduschulen: "Nicht das, nicht das!" zu allem, was sich als Tat Sat-Realität, Wahrheit, präsentiert.)

Muß ich Dich daran erinnern, wie drängend der Wunsch zu entkommen mit Sicherheit werden wird, wie phantastisch die Mittel des Geistes und die Entschuldigungen sind, die sich oft zu einer mittleren Revolte erheben? In Kandy brach ich voller Wut los, und raste hinunter nach Colombo mit dem Wunsch, die Luft ebenso rot wie die Bethel[41]-Spucke-Flecke auf den Gehsteigen zu färben! Doch nach 3 Tagen nutzloser Suche nach befriedigender Ausrüstung kam ich zurück zu meinen Pferden und, ich war mit Sicherheit bloß zu erschöpft gewesen; die Entspannung besänftigte und bestärkte mich; ich nahm die Übungen mit verdoppelter Energie wieder auf, und Dhyana dämmerte vor Ablauf einer Woche auf.

Ich erwähne dies, weil es zu den normalen Gewohnheiten des Geistes gehört, diese Gegenattacken zu organisieren, welche ihre Aufgabe so leicht erfüllen. Was Du benötigst, ist ein Geist, der Dir bei Deinem Werk durch seine normale Funktion mehr hilft, als Dich zu behindern.

---

[40] Siehe Magick Bd. 2, KC-Verlag

[41] Die Bethelnuß ist eine sanfte Droge, welche den Speichel rot färbt. [A.d.Ü.]

An diesem Punkt kommen die Begrüßungen und Willensverkündungen und Anbetungen zu ihrem Recht.

Es ist keine reine Konzentrationsübung; ich habe kein gutes Wort dafür. "Hintergrund - Konzentration", oder "Langstreckenkonzentration" sind klobig und nicht allzu genau. Es ist wirklich eher wie eine Privatschulerziehung. Man macht nicht ständig "etwas besser, als man es jemals vorher getan hat"; man verliert nicht seine Brille alle 2 Minuten, oder ist ein kleiner Gentleman, wenn man sich die Haare kämmt. Der Punkt ist, daß man sich selbst dahin trainiert, in jedem Moment der Überraschung angemessen zu reagieren. Es muß die "zweite Natur" für "Tu was Du willst, soll das Ganze des Gesetzes sein" werden, in den Vordergrund des Geistes zu springen, wenn man einem Fremden vorgestellt wird, oder zu einem Frühstück herunterkommt, oder die Telefonklingel hört, oder die Stunde der Anbetung beachtet (dies müßten die oberflächlichen Reaktionen sein, wie das instinktive Erheben, wenn eine Lady den Raum betritt), oder, auf der anderen Seite, in Momenten unmittelbarer Gefahr, oder plötzlicher Annäherung, oder wenn man in der Meditation die tiefsten Zustände erreicht.

Man muß nicht dogmatisch im Gebrauch dieser speziellen Worte sein. Man mag sich eine Formel wählen, welche den eigenen besonderen wahren Willen repräsentiert. Es ist ein bißchen wie Cato (oder war es Scipio?), der jede Rede, ob über die Bestimmungen der römischen Bäder, oder dem Vorhaben einen Marsch der Maremma auszurufen, mit den Worten beschloß: "Und weiterhin bin ich der Ansicht, daß Carthago zerstört werden sollte."

Verstanden?

Du lehrst den Geist, Deine Gedanken automatisch auf genau das Ding zu lenken, von welchem sie abwandern wollten. "Ja, ich werde Dich kriegen Stephen!... Aber Onkel Dudley, sei ehrlich, machst Du das immer auch alles selbst? Bist Du nicht manchmal aufgeregt oder fürchtest, daß Du die Wirkung Deines Briefes zerstörent, oder auf offener Straße für eine "Szene" sorgen wirst, wenn Du plötzlich anhältst und diese unverständlichen Bewegungen durchführst, oder läßt Du es einfach?"

Ja, dass passiert.

> *Peccavi.*
> *Mea culpa, mea maxima culpa*[42].

Ich bin nicht Dein alter und geschätzter Freund Adam Kadmon, der Vollkommene Mensch.

Ich bin ein ziemlich armseliges Exemlar.

Ich bin niemand, um dessentwillen den man ein Telegramm an Lung Peng Chung, Himi oder Monsalvat schicken müsste.

Ja, ich vergesse es dann und wann; obwohl ich froh bin, sagen zu können, nicht annähernd so oft, wie früher (Eine erlernte Gewohnheit verstärkt sich von selbst). Doch oft vernachlässige ich mit Absicht meine Pflicht. Sie stinkt mir. Ich verabscheue sie. Sie ist einfach zu mühselig.

Wie ich oben schon sagte ist Adam Kadmon nicht mein zweiter Name.

Gut denn, habe ich auch nur den Schatten einer Entschuldigung? Ja, ich habe, in einer gewissen Weise; ich halte es nicht für gute Manieren, die Leute dazu zu zwingen, meine Idiosynkrasien zu schlucken, und ich möchte nicht exzentrischer erscheinen, als ich brauchen kann. Es mag meinen persönlichen Einfluß mindern, und so genau dem Werk schaden, welches ich vollbringen will.

Liebe ist das Gesetz, Liebe unter Willen.

Brüderlich,

666

---

[42] Ich habe gesündigt. Meine Schuld, meine große Schuld

19. Der Akt des "Als ob"

Cara Soror,

Tu was Du willst, soll das Ganze des Gesetzes sein.

Es scheint, daß ich mich letzten Mittwoch soweit selbst vergaß, daß ich mich im Gespräch auf den "Akt des 'Als ob'[43]" bezog und niemals erwähnt habe, was es überhaupt darstellt, oder warum irgendjemand ihn vollbringen sollte, oder was passiert wenn jemand ihn vollbringt.

Schon gut, ich werde das bereuen; glücklicherweise ist es eine sehr einfache Sache; sehr wichtig, vollkommen paradox, unheimlich effektiv.

Analysiert ist es, die Annahme zu machen, daß etwas, was sehr falsch erscheint, in Wirklichkeit richtig ist, daß ein eifriger Wunsch eine vollbrachte Tatsache ist, eine vernünftige Vorsicht vollständig unbegründet - und auch so zu handeln.

Beispielsweise: Ich befinde mich an einem verlassenen Ort, in meinen Essensvorräten von einem wöchentlichen Boten abhängig. Wenn er sich einen Tag verspätet, ist es unangenehm; wenn zwei, bedeutet es Härte; wenn drei ernsthaftes Risiko. Man ist natürlich nervös, wenn der Tag sich nähert; vielleicht macht es das Wetter, oder etwas ähnliches, wahrscheinlich, daß er sich verspätet. Aus dem einen oder anderen Grunde habe ich meine Vernunft ziemlich überfordert. Es gibt nichts, was ich materiell gesehen daran ändern könnte.

---

[43] Im engl. "Act of Truth", also auch "Akt der Wahrheit". [A.d.Ü.]

Die vernünftige Handlungsweise ist, meine Hörner einzuziehen, mit dem zum Leben notwendigen Minimum zu existieren, was beinhaltet, daß ich die tägliche Arbeit auf fast nichts reduziere, und das Beste hoffe, während ich das Schlimmste erwarte.

Doch es gibt eine magische Art des Vorgehens. Du sagst Dir selbst: Ich bin hier, um diese Arbeit in Übereinstimmung mit meinem wahren Willen zu tun. Die Götter müssen darauf achten, daß ich nicht von irgendeinem komischen Boten behindert werde. (Aber achte darauf, daß sie Dich nicht hören; sie könnten es für Größenwahn halten, oder Anmaßung. Tue dies alles im Zeichen des Schweigens, unter dem Schutz von Harpokrates, dem "Herrn von Verteidigung und Schutz"; achte darauf, seine Gottform anzunehmen, wie er auf zwei Krokodilen steht.) Dann erhöhst Du Deinen Konsum und leistest zur selben Zeit eine ganze Menge Extraarbeit. Wenn Du diesen "Akt des Als ob" genau ausführst, mit der echten Überzeugung, daß nichts schief gehen kann, wird Dein Bote einen Tag zu früh ankommen, und eine extragroße Ladung bringen.

Laß mich gleich hinzufügen, daß es sehr schwer ist, besonders am Anfang, bis man Vertrauen in den Nutzen dieser Formel gewonnen hat; und es ist schon schrecklich leicht zu "schummeln", durch die Gefühle zu waten (wie man sagt) ist hier nutzloser, als in den meisten anderen Fällen, und die Ergebnisse des Versagens sind allgemein niederschmetternd[44].

Du mußt jedesmal einen Akt erfinden, der zu Deinem Fall paßt; nimm an, Du erwartest nächsten Freitag ein Telegramm, mit welchem Geld auf Dein Konto überwiesen wird. Du brauchst 500 Dollar, um eine wichtige Rechnung zu bezahlen und Du weißt nicht, ob sie auch nur 200 schicken werden. Was wirst Du tun? Einschnappen, Deine Ausgaben einschränken, Dich schlecht fühlen und Dich unfähig zu kraftvollen Gedanken oder Taten machen? Es könnte sein, daß Du erfolgreich darin bist, genügend Geld zu sparen, um den Handel durchzuziehen; aber Du wirst nicht einen Penny über den sofort benötig-

---

[44] Laß Dich nicht von einer offensichtlich oberflächlichen Ähnlichkeit zur "Christian Science", dem "Coueismus" und ihrer gackernden Meute in die Irre führen. Sie lassen jeden essentiellen Teil der Formel vermissen.

ten Betrag hinaus bekommen - und allein die Kosten an moralischer Überlegenheit!

Nein, geh und gönne Dir selbst ein Champagnerfrühstück und schlendere die Bond Street mit einem *8V2* "Hoyo de Monterey" und verschwende 30 Dollar für ein vollständig unnützes Ding. Dann werden die 500 Dollar auf 1000 anwachsen und außerdem 2 Tage zu früh kommen!

Es gibt 1 oder 2 Punkte, welche Du sehr sorgfältig abwägen solltest, bevor Du beginnst:

1. Der beabsichtigte Akt muß absurd sein; es würde überhaupt nichts nützen, wenn durch irgendeinen Fehler, wie ungewöhnlich auch immer, trotzdem Dein Ziel erreicht würde. Beispielsweise ist es nutzlos, einen Außenseiter zu unterstützen. Es darf keine Kausalverbindung geben.

2. Der Akt muß einer sein, welcher die Situation definitiv verschlechtert. Z.B.: Nimm an, Du zielst auf ein neues Kleid, um einen Treffer bei einem Wettbewerb zu landen, und zweifelst, ob es so viel besser, als Dein gegenwärtig bestes ist, oder ob es rechtzeitig fertig sein wird. Dann, trage das derzeitig beste heute Abend (naß natürlich), wissend, daß Du sicher bist zu gewinnen.

3. Offensichtlich erscheinen all die gewöhnlichen Bedingungen einer magischen Operation in diesen, wie in allen Fällen; Dein Ziel muß mit Deinem wahren Willen übereinstimmen und all das; aber es gibt einen komischen Punkt bezüglich eines Aktes des Als ob: den, daß man sich nur dann darauf zurückziehen sollte, wenn es keine andere mögliche Methode gibt. In dem Fall des Forschers oben, würde es nichts nützen, wenn er Mittel und Wege hat, um den Boten zur Beeilung zu bewegen.

Es scheint mir, daß der obige kurze Ausflug einen intelligenten und imaginativen Studenten wie Dich befriedigen sollte; aber wenn irgendein Punkt dunkel verbleibt, lass es mich wissen und ich werde mit einem Postscriptum nachkommen.

Liebe ist das Gesetz, Liebe unter Willen.

Brüderlich,

666

P.S. Ich dachte, es könnte Dir helfen, wenn ich ein paar Experimente machen würde. Ich habe es getan. Ergebnis: Es ist eine sehr viel schwierigere und delikatere Angelegenheit, als ich dachte, als ich diesen Brief schrieb. Beispielsweise ist ein einziger Gedanke des "Hintergrundstromes" - z.B. "Wenn es schief geht, hätte ich es besser so und so gemacht..." - genug, um die ganze Operation mausetot zu machen. Natürlich bin ich total außer Übung; aber auch so...

20. Talismane: Das Lamen: Das Pantakel

Cara Soror,

Tu was Du willst, soll das Ganze des Gesetzes sein.

Wirklich, Du betriedigst mich, wenn Du Dich von solchen abstrusen und exaltierten Themen, mit welchen Du mich zuletzt so oft beschäftigt hast zu solch netten kleinen Fragen wendest, wie derjenigen in dem Brief, den ich heute morgen erhielt: "Bitte, lieber Meister, gib mir einige Hinweise darüber, wie man Talismane macht. (Das ist doch dasselbe, wie Thelesmata, nicht wahr?) [Ja, 666] und das Pentakel. Die offiziellen Instruktionen sind ziemlich klar, natürlich; aber irgendwie finde ich sie ein bißchen beängstigend".

Nun, ich denke ich weiß ganz gut, was Du meinst. So werde ich versuchen, den Stil von Tante Tabitha in "The Flapper's Firesight" zu imitieren.

Zum einen, Du vergißt das Lamen zu erwähnen. Nun, was sind diese Dinge denn eigentlich? Das ist leicht genug.

Das Lamen ist eine Art Wappen. Es drückt den Charakter und die Kräfte des Trägers aus. Ein Talisman ist ein Lagerhaus von einer besonderen Art von Energie, derart, welche benötigt wird, um die Aufgabe zu erledigen, für die Du es konstruiert hast.

Das Pentakel wird oft mit den beiden anderen verwechselt; genau ausgedrückt ist es ein Minutum Mundum, "das Universum im kleinen". Es ist eine Karte von allem, was existiert, arrangiert in der Ordnung der Natur. Es gibt ein Kapitel in Buch Vier Teil II[45], welches ihm gewidmet ist; ich kann mich nicht entscheiden, ob ich es mag. Im besten Falle ist es sehr weit davon entfernt, eine praktische Instruktion zu sein. (Das etwas weiter unten in diesem Buch folgende Kapitel über das Lamen ist sogar noch schlechter.)

Eine nicht zu verrückte Analogie für diese drei: Der Schachspieler, die Eröffnung und das Spiel selbst.

Aber - wirst Du einwenden - warum überhaupt verrückt sein? Warum nicht einfach sagen, daß das Lamen tatsächlich den Charakter und die Kräfte des Trägers ausdrückt, ein dynamisches Portrait des Individuums ist, während das Pentakel, sein Universum, ein statisches Bild von ihm ist? Und das, fragst Du verblüffenderweise nach, ist der Grund, warum Du es vorzogst, die Waffe der Erde (im Tarot) die Scheibe zu nennen, somit ihre fortwährende drehende Bewegung betonend, anstatt als Pantakel oder die Münze, wie es gebräuchlicher ist. Noch einmal, exquisites Kind unseres Vaters, dem Bogenschützen des Lichtes und der seegeborenen Aphrodite, Dein wohlbekannter Scharfsinn, hat "die neunzig und neun hinausgeworfen und einen über", wie Browning sagt, wenn er (auch er!) auf den Tarot anspielt.

Wie Du aus dem obigen entnommen haben wirst, ist ein Talisman eine sehr viel beschränktere Idee; es ist nicht mehr als eines der Objekte in seinem Pentakel, einer der Pfeile im Köcher seines Lamens. Also, würdest Du dann erwarten, ist es wenig schwierig zu konstruieren. Alles, was Du benötigst, ist "Überlegungen anzustellen", über Deine vorgenommene Operation zu entscheiden, welcher Planet, welches Zeichen, Element oder Unterelement oder was nicht noch alles Du benötigst, um Dein Wunder zu vollbringen.

Wie Du weißt, kann eine sehr große Menge wünschenswerter Objekte durch den Gebrauch der Talismane in *Der Größere* und *Der Kleinere Schlüssel von Solomon dem König* erreicht werden; auch bei Pietro di Abano und dem dubiosen *Vierten Buch* von Cornelius Agrippa.

Du darfst auf keinen Fall versuchen, die Quadrate, welche in dem Buch der heiligen Magie von Abramelin dem Magus gegeben sind zu

---

[45] Siehe Magick Bd. 1, KC-Verlag

benutzen, bevor Du nicht in der Operation erfolgreich warst. Mehr noch, bevor Du es ausführen willst, und Dich länger darauf vorbereitet hast, es auch zu tun, bist Du ein Narr, wenn Du das Buch überhaupt in Deinem Besitz hast. Diese Quadrate haben die Angewohnheit, sich zu lösen und Dinge aus eigener Initiative zu tun. Und das wirst Du nicht mögen.

Der spätere Philip Haseltine, ein junger, vielversprechender Komponist, benutzte eines dieser Quadrate, um seine Ehefrau zu ihm zurückzubringen. Er ritzte es hübsch auf seinen Arm. Ich weiß nicht, wie er bei der Arbeit vorging; doch seine Frau kam schon zurück, und sehr kurz danach tötete er sich selbst.

Dann gibt es noch die Elementaren Tafeln von Sir Edward Kelley und Dr. John Dee. Aus diesen kannst Du ein Quadrat ableiten, mit welchem Du fast jede vorstellbare Operation vollbringen kannst, wenn Du die Kraft der verschiedenen Symbole, welche sie manifestieren, verstehst. Sie sind letztlich eine Ausdehnung des Tarot. (Offensichtlich ist der Tarot selbst als ganzes ein universales Pentakel - vergib mir den Pleonasmus! Jede Karte, speziell für die Trümpfe ist dies wahr, ist ein Talisman; und das Ganze mag ebenso als das Lamen von Merkur angesehen werden. Es ist klarerweise eine Idee, welche viel zu groß ist, als daß irgendein menschlicher Geist sie in ihrer Gesamtheit verstehen könnte. Denn es ist "Die Weisheit, mit welcher Er die Welten erschuf'.)

Der entschiedene Vorteil dieses Systems ist nicht, das seine Vielfalt es unseren Bedürfnissen so passend macht, sondern daß wir die Invokationen, welche notwendig sind, um die Energien herbeizurufen, schon besitzen. Was den Punkt vielleicht noch genauer trifft, sie arbeiten, ohne daß sie den Magier zu solch harter Arbeit und Verausgabung zwingen, welche benötigt wird, wenn er sie aus seinem eigenen Ingenium schreiben will. Ja! Dies ist meine Schwäche und ich bin sehr frech, Dich dazu zu ermutigen, den härtesten Pfad zu beschreiten.

Ich habe es oft so gehalten, daß ich den Hintergrund meines Talismans in vier konzentrischen Kreisen gestaltet habe, indem ich sie in folgender Weise bemalt hatte: Den ersten (innersten) in der Königs- (oder Ritter) Skala, den zweiten in derjenigen der Königin, den dritten in der des Prinzen und den äußersten in der Prinzessinnenskala des Zeichens, Planeten oder Elementes, welchem ich ihn widmete. Darauf, vorzugsweise in den "blitzenden" Farben, malte ich die passenden Namen und Zeichen.

Zuletzt mag der Talisman mit einem Schriftband umgeben werden, worauf ein passendes "Verslein" geschrieben wird, gewählt aus einem heiligen Buch, oder vom Magier entworfen, um dem Fall zu dienen.

Im britischen Museum (und ich vermute auch anderswo) kannst Du die Medaille sehen, welche zur Erinnerung an den Sieg über die Armada angefertigt wurde. Dies ist eine Reproduktion, vielleicht verändert, des Talismanes, welcher von Dee benutzt wurde, um den Sturm heraufzubeschwören, welcher die feindliche Flotte zerstreute.

Du mußt Dir die Theorie des magischen Bindegliedes[46] sehr ans Herz legen und darauf achten, daß sie wahr klingt. Denn ohne dies ist Dein Talisman schlechter als nutzlos. Er ist gefährlich; denn all die Energie ist dazu gezwungen, sich selbst irgendwie zu entladen; er wird seine eigenen Verbindungen mit irgendetwas naheliegendem, das seine Wünsche anerkennt, machen; und Du kannst in jede Art der ernstesten Arten des Ärgers geraten.

Es gibt eine Menge nützlichen Stoffes in Magick. Ich könnte damit fortfahren, die ganze Nacht hindurch nichts anderes zu tun, als Informationsquellen anzugeben.

Dann kommt die Frage, wie der Talisman zu "laden" ist, wie die betroffenen Wesen zu evozieren, oder invozieren sind und wie - oh - noch so viel, daß Du schon ein ganzes Leben brauchst, um die Theorie zu meistern.

Erinnere Dich auch bitte daran, was ich anderswo hervorgehoben habe, daß die größten Meister sehr oft überhaupt keine Magier waren, technisch gesehen; sie benutzten solche Mittel, wie Geheimgesellschaften, Slogans, und Bücher. Falls Du so frech sein solltest zu versuchen, diese von unserem Diskurs auszuschließen, liegt es klar

---

[46] Siehe Magick Bd. 1, KC-Verlag

auf der Hand, daß Du nicht ein einziges Wort von dem verstanden hast, was ich Dir diese letzten paar hundert Jahre versucht habe zu erklären!

Darf ich mit einem kleinen Beispiel schließen? *Der Equinox*, Vol. III No. 1, trägt das Neophyten-Pentakel von Frater O.I.V.V.I.O. Die Frontseite der ursprünglichen (vierbändigen) Ausgabe von Magick, mit schlecht reproduzierten Farben, ist ein Lamen einer eigenen Magick, oder ein Pentakel der Wissenschaft, ich bin sicher, daß ich nicht sicher bin, was!

Die meisten meiner Talismane, wie meine Invokationen, waren Gedichte. Dieser Brief muß zumindest in einer Hinsicht wie die *Ilias* sein; er endet nicht; er hält.

Liebe ist das Gesetz, Liebe unter Willen.

Brüderlich,

666

21. Meine Theorie der Astrologie

Cara Soror,

Tu was Du willst, soll das Ganze des Gesetzes sein.

Einige wenige wohlgewählte Worte über Astrologie? Madam, ich bin nur zu erfreut, dem nachzukommen. Unser Ziel ist es zu dienen. Der Kunde liegt gewöhnlich falsch; doch die Statistiken zeigen, daß es sich nicht auszahlt, es ihm zu erzählen.

Es scheint mir lange her zu sein, seit ich Dein Geburtshoroskop berechnete und es auswertete, doch es ist klar in meinem Gedächtnis, daß Du erstaunt warst, wie heute so viele, durch die Einfachheit und Korrektheit meiner Deutung. Es begann, Du erinnerst dich, damit daß Du mir die gewöhnlichen Daten gabst, als wir uns auf einen Tee in den Anglers' Rest setzten. Ich berechnete den Aszendenten sofort und bemerkte "Schwachsinn!". Ich schaute Dich wieder sehr sorgfältig an; und murmelte, nach vielen Grunzern, "eher halb elf, plus minus eine Stunde." Du bestandest auf Deiner Aussage; ich bestand auf meiner. Da wir keinen Streit in der Gaststätte anfangen wollten, entschieden wir uns dazu, Dir die Arbeit aufzuhalsen, Deiner Mutter zu schreiben, um den Streit zu schlichten. Zurück kam die Antwort: "So um 11.00 Uhr. Ich erinnere mich, weil Dein Vater solange ausgehalten hatte, wie er konnte - er mußte den Weckdienst nehmen."

Dieser Umstand ist in meiner Erfahrung sehr gewöhnlich; ich habe dem widersprochen, was wie eine gesicherte Tatsache klang und habe durch Untersuchung bewiesen, daß ich richtig lag; in Beachtung der Statistiken, welche ich viele Jahre zurück angelegt habe und die mir zeigten, daß ich in 109 von 120 Fällen richtig lag, denke ich, daß zwei Dinge zutreffend sind; erstens, ich rate nicht - das sagt nicht viel; aber zweitens, was von überragender Wichtigkeit ist: Es gibt eine definitive Verbindung zwischen der persönlichen Erscheinung und dem Verhalten des Betreffenden, und dem Zeichen des Zodiak, welches aufging, als er zum erstenmal Luft in seine Lungen sog.

Laß mich hinzufügen, um das Argument zu stärken, daß in den wenigen Fällen, wo ich gefehlt habe, ein guter astrologischer Grund dafür bestanden hat. Beispielsweise mag ich darauf bestanden haben, daß Pisces aufging, wenn es in Wirklichkeit Capricornus war; doch in diesem Fall war Saturn dadurch geschwächt, daß er im Cancer stand, mit schlechten Aspekten von Venus und dem Mond, so all seine rauhen, männlichen, arbeitsamen Qualitäten auslöschend und im Aszendent mag Jupiter gestanden haben, viele Qualitäten von Pisces ausdrückend usw.

Nun laß mich beginnen: Du möchtest, daß ich das System - oder Nicht-System, erkläre, welches ich benutze. Ich "bewege mich nicht in geheimnisvoller Weise, um meine Wunder zu vollbringen"; denn nichts könnte einfacher sein. Für seinen Ursprung habe ich Abramelin, dem Magus, zu danken, welcher die Gefäße seines Zornes über die Astrologen seiner Zeit ausgoß, mit ihren lächerlichen Berechnungen der "Stunden der Planeten" usw. Ich denke, er geht zu weit, wenn er sagt, daß der Planet überhaupt keinen Einfluß oder sehr wenig haben kann, bevor er über dem Horizont ist; doch er meinte es gut, sei er gesegnet! Und, obwohl er es nicht sagt, denke ich, daß ich meinen Stoff in einer sehr ähnlichen Weise erledige wie er.

Hier ist mein System in einer Nummer-OOO-Ampulle.

Berechne die Geburtskonstellationen: Studiere sie, mache Notizen der Aspekte und Würden, konzentriere Dich und schalte den magischen Empfänger ein! Gelegentlich, als ich anfing, berechnete ich die Progressionskonstellation, um zu sehen, wie der Patient sich diese Woche machte, aber es schien niemals genug zu helfen, um die Störungen, welche durch die Komplikationen hervorgerufen wurden, zu kompensieren. Was ich beobachte, um die Situation von heute zu untersuchen, sind Transite. Diese habe ich sehr verläßlich gefunden;

doch sogar dabei ignoriere ich gewöhnlich die Aspekte von geringerer Wichtigkeit. Um die Wahrheit zu sagen, Konjunktionen bedeuten sehr viel mehr, als der ganze Rest zusammengenommen.

Tausende von Büchern sind über Astrologie geschrieben worden; niemand konnte sie wahrscheinlich alle ernsthaft durchlesen, er würde ein großer Narr sein, es zu versuchen. Aber er kann wenig Schaden anrichten, wenn er weit genug in sie einsteigt, um zu beobachten, daß kaum ein halbes Dutzend sich auch nur über die Grundlagen ihres Systems einig sind, kaum irgendwelche zwei über die Bedeutung irgendeines gegebenen Aspektes, einer Würde oder Position; es herrscht nicht einmal immer Übereinstimmung darüber, welche Fragen zu welchen Häusern gehören.

Es gibt einige wenige vollständig sinnlose Systeme, so wie jene, welche Wissenschaft mit Toshosophischen[47] Hypothesen vermischen; natürlich läßt Du diese beiseite. Aber ich tendiere sogar bei allgemein akzeptablen Formen der Astrologie, sowie Mundan- und Stundenastrologie dazu, mißtrauisch zu sein. Ich frage z.B. warum, wenn Taurus Polen und Irland regiert, wie es ohne Zweifel der Fall ist, der Zusammenbruch und die Massaker von 1939 e.v. und später in dem einen, nicht auch in dem anderen stattfanden. Alle Seehäfen der Welt fallen natürlich unter eines der drei Wasserzeichen; aber wir können nicht erkennen, daß eine Störung von Pisces, welche Tunis trifft, in all den anderen ähnlich regierten Häfen keinen Schaden anrichten sollte.

Dies bringt uns zum ersten großen Sprung im Hindernisrennen der gesamten Wissenschaft. Wir hören von Tausenden von Leuten, welche zur selben Zeit getötet werden (innerhalb einer oder zwei Stunden, vielleicht ein oder zwei Minuten), durch Erdbeben, Schiffbruch, Explosion, Krieg oder anderen Formen der Gewalt. War das Horoskop von jedem einzelnen der Opfer mit der Wahrscheinlichkeit eines solchen Endes versehen? Ich habe sehr seltsame Fälle von Koinzidenz gesehen, aber nicht in *dem* Ausmaße.

---

[47] Ein Wortspiel mit "Theosophie", auf welche Crowley, speziell im Falle der Nachfolger von H.P. Blavatsky, nicht besonders gut zu sprechen war. [A.d.Ü.]

Die Antwort, glaube ich, ist vielfältig. Es könnte zum Beispiel sein, daß Polen und Irland durch verschiedene Grade von Taurus regiert werden, daß es überlegene und unterlegene Zeichen gibt, die ersten die zweiten überstimmend, so daß das Horoskop von der Jungfernfahrt der Titanik die Horoskope der Opfer ihres Unterganges verschlang.

Einiges von dieser Art ist wirklich eine offensichtliche Wahrheit. Flut in China, Krankheit in Indien, Pest irgendwo, hängen offensichtlich von Richtlinien ab, deren Grad sehr viel größer als der persönliche ist.

Dann - in diesem Punkt fühle ich mich annehmbar sicher - mag es ein oder zwei weitere Faktoren geben, von denen wir überhaupt nichts wissen, durch welchen die grundlegenden Möglichkeiten einer Stellung in Gang gesetzt werden (ebenso wie ein Auto mit laufendem Motor nicht starten wird, bevor nicht der Gang eingelegt ist).

Ich werde schließen, indem ich eine wirklich bemerkenswerte Position verkünde.

1. Ich sehe überhaupt keine Notwendigkeit dazu zu postulieren, daß bestimmte Strahlen, oder andere Mittel, um eine besondere Form oder Formen von Energie zu übertragen, uns vom anderen Ende des solaren Systems erreichen können; denn wir können tatsächlich auf vollkommen analoge Phänomene in den Entdeckungen der letzten hundert Jahre hin- weisen. Aber das ist nicht mehr als ein Postulat.

2. Die Grundlagen der Astrologie als solcher, welche durch das, was ich und einige andere schon hervorgehoben haben, angezeigt werden, werden ausreichen, um mich unter die arrogantesten Ungläubigen im gesamten Fach zu setzen, wäre nicht das, was noch folgt.

3. Die Tatsachen bezüglich des Aszendenten sind so vernünftig, so unabstreitbar und unerklärlich, ohne das Postulat in 1., daß ich vollständig überzeugt von der fundamentalen Wahrheit der grundlegenden Prinzipien dieser Wissenschaft bin.

Ich sagte, "ich will schließen" - und ich meinte es. Denn nun, da (so hoffe ich) Du meine Überzeugung, daß Astrologie eine ursprüngliche Wissenschaft und nicht eine unordentliche Masse aus Altweibergeschichten ist, ausreichend würdigst, wirst Du offensichtlich verlangen, daß ich Dir beibringe, wie man sie lernt, so daß Du meine Meinung im Lichte Deiner eigenen Experimente verifizieren kannst.

Dies wird viel besser aussehen, wenn ich es in einem Extrabrief schreibe.

Bis dann -

Liebe ist das Gesetz, Liebe unter Willen.

Brüderlich,

666

22. Wie man die Praxis der Astrologie erlernt

Cara Soror,

Tu was Du willst, soll das Ganze des Gesetzes sein.

"Auf, ihr Wächter und auf sie". Zuerst mußt Du Deine Korrespondenzen auswendig rückwärts und von vorne nach hinten kennen. Sie sind praktisch alle in dem Buch Thoth; "wenn irgendjemand irgendwas vermißt", schau im Buch 777 nach.

Dann besorge Dir ein Buch über Astrologie, je älter, je besser. Raphael Shillings Handbuch ist sicherlich ausreichend für den gegenwärtigen Zweck. Behalte gut im Kopf, was das Inhaltsverzeichnis über die Natur der Planeten sagt, über den Einfluß der Aspekte, was mit den Würden gemeint ist, den Graden der Häuser usw.

Verbinde all dies mit Deinem klassischen Wissen; dem Charakter und den Qualitäten, den Kräften und die Arbeiten der verschiedenen inbegriffenen Gottheiten.

Als nächstes lerne, wie man ein Horoskop berechnet. Dies sollte eine durchschnittlich intelligente Person nicht mehr als eine Stunde kosten. Du kannst es aus einem Buch lernen. Zuletzt beschaff Dir Bailey's *1001 Bemerkenswerte Horoskope* und *Mehr Horoskope.* Ebenso jede andere erwerbliche Kollektion. Übe Horoskope aufzustellen. Benutze das Chaldäische Quadratsystem; es zeigt auf den ersten Blick, was in den Winkelhäusern passiert, welche die Schlüssel des gesamten Bildes sind.

Vergleiche und unterscheide, was Du von den historischen Horoskopen weißt, mit dem, was von den Aspekten (und dem Rest) in den Büchern gesagt wird, die Du gelesen hast.

Stelle ähnliche Horoskope zusammen; z.B. ein Dutzend, welche einen aufsteigenden Schützen haben, ein paar andere mit Jupiter in der Himmelsmitte und so weiter; sieh zu, ob Du eine Ähnlichkeit in ihren Lebensläufen mit dem, was die Bücher Dich erwarten lassen, findest.

Habe keine Angst zu kritisieren; im Gegenteil, mache einige Forschungsarbeit auf eigene Faust und finde Fälle, welche der Tradition zu widersprechen scheinen. Beispiel: Saturn im MC soll einen spektakulären Aufstieg in der Karriere eines Menschen bedeuten, welche mit einem ebenso bemerkenswerten Fall endet. Beispiele: Napoleon I. und III., Oscar Wilde, Woodrow Wilson, Lord Northcliffe, Hitler. Suche nach Stellungen mit Saturn genauso plaziert, dessen Träger gleichförmig fortgeschritten und im Dunst der Heiligkeit gestorben sind. Finde heraus, warum das, was in einigen Fällen funktionierte, in anderen versagt hat.

Wenn Du (sagen wir) 500 Horoskope studiert hast, wirst Du schon ein ziemlich kompetenter Richter sein. Übe Deine blutigen Gewehre!, wie Kipling sagt; bringe einen Freund dazu - nur dieses eine Mal erlaube ich Dir menschliche Beziehungen - welcher Dir Stellungen von historischer Bedeutung zusammenstellt, oder mit einigen herausstechenden Charakteristiken (z.B. Mörder, Sport Champions, Staatsmänner, Monster, Philantropen, Heseriarchen), ohne Dir zu erzählen, zu wem sie gehören.

Baue Charakter, Bestimmung, Geschichte aus dem Horoskop heraus auf. Es klingt unglaublich; aber in mehr als 60 Fällen war ich sogar in der Lage, ihn zu benennen! Wenn Du in diesem Spiel gut geworden bist - und es ist ein höchst amüsantes Spiel, magst Du Dich selbst einen sehr kompetenten Astrologen nennen.

Manchmal, sogar jetzt, mag man das Bild des Erzbischofs von York Jabez Balfour oder Catherina de Medici zuordnen; oder Moody und Sankey mit Brown und Kennedy vermischen: sei nicht entmutigt; vielleicht mögen sie nach allem doch etwas für Dich aussagen!

Ich glaube, und ich hoffe, daß Du von der Geschwindigkeit überrascht sein wirst, mit welcher Du Wissen erwirbst.

Darüberhinaus warst Du nicht die ganze Zeit vollständig faul. Du bist wie ein verrücktes Kaninchen herumgerannt, und hast versucht, das aufsteigende Zeichen von jedem, den Du kennst, herauszufinden. Schau ihnen voll ins Gesicht, dann im Profil und notiere Dir auffällige Charakteristiken, lose Lippen, fliehende Kinne, große Nasen, schmale Stirnen, abstehende Ohren, Pickel, Warzen, Narben, die Gestalt des Gesichtes (Drei Haupttypen; dünn, scharf, für kardinale Zeichen; rechteckig, standfest für cherubische; schwache, nichtssagende, für den Rest); dann die Statur, ob leicht, wohlgeformt, stämmig, muskulös, fett oder was nicht noch alles; in Kürze jedes körperliche Merkmal, das Dir auffällt; bilde Dir eine Meinung darüber, welches Zeichen bei der Geburt aufgegangen ist, und bleibe dabei!

Noch einmal, Du kannst dies in Cafés praktizieren, wenn Du zivilisierte Länder besuchst und es ist oftmals möglich, mit Leuten bekannt zu werden, welche interessant aussehen und Dich nicht, wie in England, sofort unehrenhafter Annäherungsversuche verdächtigen und sie dazu zu bekommen, mitzuspielen. Dies ist manchmal leichter, wenn Du schon mit jenem Freund zusammen bist, welchen ich so nachlässig war, Dir zu erlauben; und es ist, wie ich beanspruche, sehr hilfreich, seltsame Gesichter zu diskutieren, und wenn auch nur, um Dir selbst klarzumachen, warum Du Dich bei einem für Virgo und bei einem anderen für Taurus entscheidest.

Einmal passierte eine seltsame Sache; ich hatte all dies dem Mädchen, mit welchem ich damals zusammenlebte, erklärt: d.h. ich lehrte sie die Namen der Zeichen; sie kannte keine Astrologie, nicht einmal die einfachsten Korrespondenzen. Nach ungefähr einem Monat war sie besser als ich! ("Warum seltsam?" murmelst Du gefühllos...") Schon richtig, meine Liebe! Ich war schon immer ein schlechter Leser von Charakteren. Doch was soll's! Es gab eine Zeit, als ich Hoffnung für Dich hegte "entgegne ich wild." Sie hatte den Knackpunkt begriffen, den Trick daran; sie konnte auswählen, eliminieren, wieder zusammenstellen, mit vergangenen Erfahrungen vergleichen und sich ein Urteil bilden, ohne die Namen der Materialien zu kennen.

Wenn Du Deine Schwimmfüße in diesen beiden Teilen Deiner astrologischen Erziehung hast, magst Du (denke ich) mit einigem Vertrauen in See stechen. Ein ganz guter Test Deiner Fähigkeiten würde es sein, wenn Du drei von vier Leuten richtig herausbekommmst, in einer Gesamtanzahl von 60 oder so. Nun, entschuldige, daß ich heute Abend meinen "sentimentalen" habe. Sagen wir zwei von drei. Wenn es reines Raten wäre, würde es bedeuten, daß Du bei etwa einem von sieben richtig liegst. Ja, wenn Du falsch liegst, berechne das Horoskop, studiere es sorgfältiger denn je und finde heraus, was Dich in die Irre geführt hat.

Erinnere Dich immer daran, daß Deine Methode die statistische ist und Deine einzige Sicherheit gegen Selbstbetrug.

Innerhalb der Grenzen eines Briefes kann ich kaum hoffen, tiefer in die Materie einzudringen, als ich es getan habe; doch bei meiner Seele! Ich denke, was ich gesagt habe, sollte für einen intelligenten und strebsamen Studenten genug sein. Laß mich betonen, daß es all dieses Wert ist, während die Erfahrung kommt. Ein Ding zu lernen, könnte Hinweise auf ein anderes geben.

Ich weiß zu meinem Leidwesen sehr gut, wie schwer es ist, lediglich aus geschriebener Instruktion zu lernen, wie man etwas macht; so wäre es vielleicht besser, wenn Du es arrangierst, mich einmal zu besuchen, um das eigentliche berechnen einer Stellung zu sehen. Möglicherweise gibt es auch einige Punkte, die Du gerne diskutieren möchtest. Ich werde damit enden, daß ich 6 Kleidergutscheine gegen 1 Pfund Zucker wette, daß Du in 2 Jahren konzentrierter Arbeit über diese Zeilen ein besserer Astrologe werden wirst, als ich es jemals war. (Das ist sehr geschickt von mir; in 2 Jahren werden wir alle unsere Kleider ohne Gutschein bekommen.)

Liebe ist das Gesetz, Liebe unter Willen.

Brüderlich,

666

23. Ein improvisierter Tempel

Cara Soror,

Tu was Du willst, soll das Ganze des Gesetzes sein.

Dieser Brief wurde durch Punkte inspiriert, die bei unserem letzten Treffen diskutiert wurden.

Da einige Deiner täglichen Übungen zeremoniell sind, sollte es kein Fehler sein, einige Hinweise von praktischem Wert zu gewähren. Denn in ritueller Magick wird es natürlich die erste Sorge sein, alles ausgewogen und ordentlich zu halten.

Falls Du vorhast, einen regulären Tempel einzurichten, sind die präzisesten Instruktionen in jedem Teil in Buch 4, Teil II. (Aber ich habe seit Jahren noch nicht einmal ein Exemplar gesehen!) Eine ganze Menge ist in Teil III verteilt, speziell über die 4 Elementarwaffen[48].

Doch wenn Dir die Umstände im Moment die Mittel verwehren, dieses Vorhaben auszuführen, wie es das Ideal will, kannst Du sicherlich Dein bestes tun, indem Du einen recht befriedigenden - und vor allem funktionierenden - Ersatz schaffst.

Ich war oft auf solche Dinge eingeschränkt, wenn ich in fremden Ländern reiste, auf Gletschern kampierend, usw. Ich schaffte es ganz gut. In Mexico, D.F. beispielsweise, nahm ich mein Schlafzimmer selbst als Kreis, meinen Nachttisch als Altar, meine Kerze als Lampe; und ich hatte kompakte Waffen dabei. Ich hatte einen Stab, 8 Inch lang, alles aus Schmucksteinen und Emaille, um den Baum des Lebens darzustellen; innerhalb eine Eisenröhre, welche Quecksilber

[48] Siehe Magick Bd. 1, KC-Verlag

enthielt - völlig korrekt, überragend, und voller Mutterwitz. Was für ein Bursche! Ebenso ein gekaufter Weißgoldkelch; für Luft und Erde machte ich eine Stickerei von Rosenblättern auf gelber Seide und eine andere auf grüner Seide, in welche Salz eingewickelt war. In der Wildnis war es leicht, zustimmungswürdig und höchst effizient, einen Kreis zu machen und einen Altar aus Steinen zu bauen; meine Alpenlaterne diente bewundernswert als Lampe. Sie tat doppelte Pflicht, wenn es erforderlich war. Im Sakrament der 4 Elemente diente sie beispielsweise für Feuer. Doch Deine Bedingungen sind nicht so beschränkt wie diese.

Laß uns bedenken, was man mit einem gewöhnlichen Haus anfangen kann, so einem, wie Du es glücklicherweise besitzt.

Vor allem ist es von immensem Vorteil, einen Raum zu haben, welcher speziell dieser Arbeit gewidmet ist, und niemals für irgendeinen anderen Zweck benutzt wird, niemals von irgendeiner anderen Person, außer Dir selbst, betreten wird, es sei denn, es wäre ein anderer Initiierter, entweder zur Inspektion oder im Falle, daß ihr zusammenarbeitet.

Die Aura akkumuliert mit der Regelmäßigkeit und Frequenz des Gebrauches.

Der erste Punkt ist der bannende. Alles muß aus diesem Raum entfernt werden, was nicht absolut notwendig für die Arbeit ist.

In diesem Land muß man sich um das Heizen kümmern. Ein elektrischer Ofen im Osten oder Süden ist das beste dabei. Er darf keine Aufmerksamkeit erfordern. Man kann gewöhnlich Öfen mit einem excellent passenden Symbolismus kaufen. (Das letzte mal, als ich dies tat - 1913 e.v. - bekam ich einen perfekten Ferranti bei Harrods. Die kreisrunde Kupferschüssel mit der zentralen Scheibe als Deckel der Hitze ist unübertrefflich.) Die Wände sollten "naturfarben" sein, ein neutrales Dunkelgrün, Grau oder Blaugrau? und vollständig leer, es sei denn, Du hängst in den richtigen Ecken die passenden Bilder auf, solche wie die "Wachttürme" - siehe in *Der Equinox,* Vol. I, No. 7.

Bedenke, daß Dein "Osten", Dein Kiblah, Boleskine[49] ist, welches so nah wie möglich geradeaus nördlich von Plymouth liegt. Finde den Norden durch den Schatten einer vertikalen Rute bei Mittag, oder durch den Polarstern. Arbeite den Winkel wie üblich aus.

Die Stele der Offenbarung kann gut auf der Nordwand hängen, um Deinen "Osten" auszumachen.

Als nächstes, Dein Kreis. Der Boden sollte "Erd"-grün sein; doch weiß oder schwarz werden es auch tun (ein Freimaurerteppich ist nicht das schlechteste). Der Kreis selbst sollte sein wie in Buch 4, Teil II; doch da diese Ausgabe vermutlich nicht zu bekommen ist, bitte mich, Dir das große gemalte Diagramm in meinem Portfolio zu zeigen, wenn Du mich das nächste mal besuchst, und wir können arrangieren, daß es kopiert wird.

Dies sollte in den korrekten Farben auf den Boden gemalt werden: Das Kether-Quadrat nach Norden, Deinem "Osten".

Der Altar muß exakt in das Quadrat von Tiphareth passen; er wird am besten als Schrank ausgeführt; aus Eiche oder Akazie vorzugsweise. Er kann dazu benutzt werden, Reserven an Weihrauch und anderen Requisiten zu beinhalten.

Beachte, daß die Höhe des Altars Deiner Bequemlichkeit dienen soll. Er ist konsequent in direkter Relation mit Deiner eigenen Statur; in der Proportion ist er ein Doppelkubus. Dies dann bestimmt die Größe Deines Kreises; tatsächlich ist der gesamte Apparat und die Möblierung eine geometrische Funktion Deiner selbst. Betrachte es alles an der Projektion Deiner Selbst in Ausdrücken seiner konventionellen Formel (eine Konvention bedeutet wirklich "das, welches bequem ist." Wie sonderbar wäre es also, einer selbst gemachten Konvention zu gehorchen, welche so unbequem wie möglich ist!)

Zunächst, die Lampe. Diese mag aus Silber oder Weißgold sein, (um den Pfad von Gimel zu repräsentieren) und wird von der Decke exakt über der Mitte des Altars herabgehängt. Es gibt viele alte Kirchenlampen, welche gute Dienste leisten. Das Licht sollte von

[49] Boieskine ist ein Anwesen am Loch Ness in Schottland, welches Crowley längere Zeit bewohnte

einem Docht kommen, welcher in einem Schwimmkorken in einem Glas Olivenöl ist. (Ich hoffe, Du kannst so etwas bekommen!) Es ist wirklich wünschenswert, dies so ähnlich wie möglich der "ewigen Lampe der Rosenkreuzer" zu machen; es ist kein Hinderungsgrund, daß dies oftmalige Aufmerksamkeit impliziert.

Nun zu den Waffen!

Der Stab. Laß diesen einfach, gerade und schlank sein! Wenn Du einen Mandel- oder Hexenhaselbaum in Deinem Garten hast - oder sollte ich es Park nennen? Wenn dem so ist, schneide (mit dem magischen Messer - ich würde Dir meines leihen) einen Zweig, so gerade wie möglich, ungefähr zwei Fuß lang. Schäle ihn, reibe ihn fortwährend mit dem Öl des Abramelin ein (dieses und sein Weihrauch, von Wallis und Co., 26 New Cavendish Street, W.l.) und bewahre ihn in scharlachrote Seide eingehüllt auf. Fortwährend schrieb ich, und meinte es; reibe ihn ein, wenn Du Dein Mantra sagst zum Rhythmus desselben (denke daran, "A ka dua" ist das beste; bitte mich, es Dir zu intonieren, wenn Du mich das nächste mal besuchst).

Der Kelch. Es gibt eine Menge von Schalen, die man kaufen kann. Er sollte aus Silber sein. Wenn mit Ornamenten versehen, ist die beste Form die eines Apfels. Ich habe passende Kelche in vielen Läden gesehen.

Das Schwert. Die ideale Form ist im Ass der Schwerter im Tarot gezeigt. Laß die Klinge auf alle Fälle gerade sein und den Griff ein einfaches Kreuz. (Das 32° Freimaurerschwert ist nicht allzu schlecht; Kenning oder Spencer in Great Queen Street, W.C.2, haben sie auf Lager, oder hatten es zumindest.)

Die Scheibe. Diese sollte aus reinem Gold sein mit Deinem eigenen Pantakel, von Dir selbst nach fortwährendem Studium entwickelt, darin eingraviert. Während Du Dich darauf vorbereitest, wird jede flache Kreisscheibe aus Gold Dir dienlich sein. Ziemlich flach, natürlich. Wenn Du ein gutes, einfaches Muster für die Zwischenzeit möchtest, versuche das Rosenkreuz oder das unicursale Hexagramm.

Soviel zu den Waffen! Nun, bei Deinen persönlichen Ausrüstungsgegenständen, Robe, Lamen, Sandalen und der Rest, hat das Buch des

Gesetzes höchst gedankenvoll die Dinge für uns vereinfacht. "Ich bitte euch ernsthaft vor mich zu treten in einer einzelnen Robe und bedeckt mit einem reichen Kopfschmuck." Al, I: 61). Die Robe mag wohl in der Form eines Taukreuzes sein; z.B. sich von den Achselhöhlen zu den Fußgelenken und von Schulter, zu was immer Du den Platz nennst, wo Deine Hände herauskommen, ausdehnend. (Die Gestalt wird in der Illustration in Magick gut dargestellt) Für Dich als Probationer ist einfaches Schwarz korrekt; und das unicursale Hexagramm mag auf der Brust eingestickt oder appliziert (ist es das? Ich meine "aufgenäht") werden. Die beste Kopfbedeckung ist der Nemyss: Ich kann mir selbst nicht trauen, wenn ich beschreiben sollte, wie man einen herstellt, doch gibt es jede Menge Modelle im britischen Museum oder in jedem illustrierten hieropglyphischen Text. Die Sphinx trägt einen und es gibt eine Fotografie, welche die Gestalt und Struktur sehr klar zeigt, in *Der Equinox,* Vol I, No. 1, Frontseite der Sonderbeilage. Du kannst Dir selbst sehr leicht einen aus Seide machen; breite schwarz-weiße Streifen ist ein gefälliges Muster. Vermeide "künstlerische" Komplexitäten.

Nun, das sollte genug sein, um Dich aus Deinen Nöten für eine kleine Weile herauszuhalten; doch fühle ich mich dazu bewegt, eine Zeile der Vorsicht und der Ermutigung hinzuzufügen.

Listen!
Faites attention!
Achtung!
Khabardar karo!

Genau dann, wenn Du ernsthaft damit beginnst, einen Platz für die magische Arbeit vorzubereiten, wird die Welt noch verrückter, als sie schon ist. Sei nicht überrascht, wenn Du entdeckst, daß sechs Wochen intensiver Einkäufe quer durch London nicht ausreichen, Dich mit einigen einfachen Requisiten zu versorgen, welche Du normalerweise in 10 Minuten kaufen könntest. Vielleicht weigern sich Deine Feuer einfach zu brennen, sogar wenn sie freizügig mit Petroleum und Phosphor versorgt werden, eine Handvoll Chlorat und Pottasche hineingeworfen, nur um zu zeigen, daß man ihnen nicht böse ist! Wenn Du Dich fast dazu entschieden hast, daß Du Dir besser Gedanken darüber machst, wie Du ohne etwas auskommst, was wirklich ziemlich unerreichbar scheint - sagen wir ein 60-Karat-Diamant, welcher auf dem Kopfschmuck so gut aussehen würde - kommt ein vollkommen Fremder vorbei und schenkt Dir einen. Oder, eine lange Serie von ziemlich unerklärlichen Widerständen oder verrückten Unfällen stören Deine Pläne: Oder, die schlimmste Schwierigkeit auf Deinem Weg wird unverständlicherweise durch irgendeinen außergewöhnlichen "Wink des Schicksals" beiseitegeräumt. Oder ...

Kurz, Du scheinst in eine Welt hineingeraten zu sein, wo - nun es würde vielleicht zu weit gehen zu sagen, daß das Gesetz von Ursache und Wirkung aufgehoben ist; doch zumindest scheint Dir das Gesetz der Wahrscheinlichkeit recht praktische Streiche zu spielen.

Das bedeutet, daß Deine Manöver irgendwie die Aufmerksamkeit der Astralebene erreicht haben: Deine neuen Nachbarn (Darf ich sie anrufen?) zeigen Interesse am jüngsten Anfänger, einige, um ihn willkommen zu heißen, um alles in ihrer Macht stehende zu tun, um Dir dabei zu helfen, Dich einzurichten, andere erstaunt oder indigniert über diese Störung ihres Alltags. Genau hier kommen Deine Bannungen und Invokationen zur Geltung. Natürlich beziehe ich mich hier nicht auf die Herangehensweise bei Heiligtümern[50], welche notwendig gut bewacht sind, sondern bloß auf die Anerkennung eines Newcomers in diesem Teil der Welt im allgemeinen.

Natürlich sind all diese Wunder recht unartig von Dir; sie bedeuten, daß Deine magischen Kräfte einige kleine Lecks haben; zumindest brodelt das Wasser zwischen einigen Planken, welche nicht so hermetisch versiegelt sind, wie sie es sein sollten. Doch oh, und das ist noch unartiger, ist es ein gesegneter, gesegneter Umstand, daß sie passieren. Was der Zufall, Koinzidenz, und der ganze Rest nicht einfach hinwegerklären werden, daß Deine neue Vision des Lebens nicht nur ein Traum, sondern Teil und Ausrüstung der Erfahrung für immer sind, genauso real, wie jede andere Manifestation der Realität durch Sinne, welche allen Menschen gemein sind.

Und dies bringt uns - es war ein langer Weg - vom Vorschlag Deines Besuchs zu der Frage (bis hierher unbeantwortet) in Deinem Brief.

---

[50] engl. "sanctuary", auch "Zuflucht", "sicherer Ort" [A.d.Ü]

Du erhebst eine so ungeheure und rasierklingenscharfe Frage, wenn Du von der angenommenen Antinomie der "Seele" und "Sinne" schreibst, daß es besser schien, den Kommentar bis zu diesem späteren Brief zurückzuhalten; viel Meditation war äußerst hilfreich, um die Antwort in vernünftigen Grenzen zu halten; sogar um ihr überhaupt Form zu geben, was keine einfache Aufgabe ist. Denn dies ist wahrscheinlich das Symptom der frühesten Regung des Geistes des Höhlenmenschen in Richtung Überlegung, dahin durch andere Symptome bewegt - denen des Morgen danach, welcher der Nacht vorher folgt. Es ist - haben wir uns nicht mit diesem Thema schon genug beschäftigt - das Anzeichen einer Krankheit, wenn ein Organ sich seiner eigenen Arten der Bewegung bewußt wird. Sicherlich bezeugt schon die bloße Tatsache, daß man das Leben hinterfragt, einige Unterbrechungen seines Flusses, ebenso wie ein Kräuseln auf einem glatten Strom von einem verborgenen Stein erzählt. Je schneller die Strömung und je größer das Hindernis, desto größer die Störung auf der Oberfläche - habe ich sie nicht auf dem Bralduh acht Fuß hoch gesehen?

Lethargische Leute mit keinem wilden Impuls des Willens mögen mit rindviehartiger Apathie durch das Leben kommen; wir können jedoch wohl bemerken, daß (in einem gewissen Sinne) die Wut der Wasser sich für unsere gestörte Vorstellungskraft noch zu steigern scheint und die Störungen vervielfältigt; es gibt einen kritischen Punkt, jenseits dessen die Kräusel einander bekämpfen!

Das ist, in Kürze, ein Bild von Dir!

Du hast die Nervosität der Fahrt über irgendeinen Baumstumpf selbst für einen Baumstumpf gehalten! Du schiebst die Verantwortung auf Deine eigenen, recht rationalen Versuche, die Schwierigkeiten zu überwinden. Das Geheimnis des Tricks, an den Felsen vorbeizukommen, ist Elastizität; doch ist es genau diese Eigenschaft, mit welcher Du Dich selbst zurückziehst!

Wir erreichen sogar im schlimmsten Falle das Stadium, dessen Fall der Buddhismus im Osten höchst kunstvoll darstellt: Wie es im Westen James Thompson (B.V.) in *"Die Stadt der furchtbaren Nacht"* zeigt; wir kommen dahin, uns "des gesegneten Nirvanas sündenlosen, fleckenlosen Frieden" zu wünschen - oder eher zu denken, daß wir ihn uns wünschen (oder ir- gendso einen Unsinn - gottseidank kann ich mich an Arnold's weichliche und unmännliche Phrase erinnern!) Und B.V.'s "Zeitlose Vergessenheit und göttliche Zurückhaltung." Ich bestehe auf dem "Denken, daß Du es wünschst", weil, wenn das wirkliche DU wirklich das wirkliche JENES wünschen würde, würdest Du niemals in die Existenz geraten sein! ("Aber ich existiere überhaupt nicht" - "Ich weiß - laß uns weitermachen!")

Beachte bitte, wie sophistisch unüberzeugend die buddhistischen Theorien darüber sind, wie wir jemals in diesen Schlamassel hineingekommen sind. Erster Grund: Unwissenheit. Der Weg heraus also, Wissen. O.K. das impliziert einen Wissenden, ein gewußtes Ding - und so weiter und so fort, durch all die drei Papierkörbe des Gesetzes; wenn man es analysiert, kommt heraus, daß es alles Unsinn ist, darauf getrimmt, wie Denken auszusehen . Und es gibt keine genaue Erklärung des Ursprungs des Willens zum Sein.

Wie verschieden, wie einfach, wie selbstverständlich ist die Doktrin in *Das Buch des Gesetzes*!

Es gibt jede Menge Passagen in meinen Schriften, welche sich mit dieser Sache beschäftigen: Laß uns diese vergessen und am Text bleiben!

I: 26

..meine Ekstase, das Bewußtsein der Kontinuität meiner Existenz, der Allgegenwart meines Körpers.

I: 30

Dies ist die Schöpfung der Welt, daß der Schmerz der Teilung wie nichts ist und die Freude der Auflösung alles. (Es gibt eine kabbalistische innere Bedeutung in diesem Text; "der Schmerz" **ΩΑΔΓΟΣ** z.B. mag als XVII x 22 gelesen werden "der Ausdruck der Sternenliebe" usw.: Alles viel zu kompliziert für diese Zeit und diesen Ort!)

I: 32

Dann werden die Freuden meiner Liebe (d.h. die Erfüllung aller möglichen Erfahrungen) *euch von allem Schmerz erlösen.*

I: 58

Ich gebe unvorstellbare Freuden auf Erden; Gewißheit nicht Glauben, während des Lebens und nach dem Tode; unsagbaren Frieden[51]*, Ruhe, Extase.*

II: 9

Denket alle daran, daß Existenz reine Freude ist, daß alle Sorgen nur geschaffen sind, sie vergehen und sind vorbei; doch da ist das, was bleibt.

(Die Fortsetzung ist belustigend! Die Verse 10 und 11 lesen sich:)

Oh Prophet, ungern nur lernst Du diese Schrift. Ich sehe Dich die Hand und die Feder hassen, aber ich bin stärker.

Zu dieser Zeit war ich ein überzeugter Buddhist, und verschickte eine Neujahrskarte "Ich wünsche euch eine schnelle Beendigung der Existenz!" und dies als junger Mann, mit der Welt zu meinen Füßen. Und dies zeigt nur...

II: 19, 20

Soll ein Gott in einem Hunde leben? Nein! Nur die Höchsten sind unser. Sie werden jubeln, unsere Erwählten, wer trauert, gehört nicht zu uns.

Dieses Kapitel kehrt wieder und wieder zu diesem Thema in der einen oder anderen Form zurück.

Was wirklich bezeichnender ist, ist die verborgene, die unausgesprochene Seele des Buches; die Art, in welcher es sich in wilden Stürmen der Rhapsodie über jede Entschuldigung oder keine Entschuldigung hinwegsetzt.

Das ist sicherlich überzeugender als irgendeine trockene These, welche hündisch herumkriecht mit dem "Beweis"(!), daß "Gott gut ist" jeder Satz mit euren Kreidestücken kreischend und quietschend mit den Nägeln eurer Zehen!

Doch nur weil ich die Doktrin der Freude in der Sprache der Freude proklamiere, sagen mir die Leute - dumpfe Kamele - daß ich nicht "ernstzunehmen" bin.

---

[51] "Frieden": Das Glühen der Befriedigung nach der Erlangung. Er ist nicht "ewig", eher weckt er den Appetit auf ein anderes Abenteuer. (Frieden, gleich 180 gleich 7x9x13 gleich die venusische plus die Mondform der Einheit)

Doch ich habe Freude daran gefunden, die geflügelten Pferde der Sonne in das Joch der Vernunft zu spannen, indem ich die Validität dieser Doktrin im Detail zeigte. Es befriedigt meinen Sinn für Rhythmus und Symmetrie zu erklären, daß jede Erfahrung, egal welche, notwendig einen Gewinn an Großartigkeit, an Festigkeit, an Verständnis und Freude sein muß; immer wachsend, während Komplexität und Simplizität einander in sublimer Systole und Diastole übertreffen. In Strophe und Antistrophe gegeneinander zu den Sternen der Nacht und des Morgens singen!

Natürlich ist es leicht, all dies durch "verrückte Logik" in Stücke zu schlagen, sagend: "Dann sind Zahnschmerzen ebenso erfreulich wie Erdbeerkuchen". Durch dieses wirst Du auf die "8 *Lesungen über Yoga*" hingewiesen. Keiner der Ausdrücke, die ich benutzte, sind oder können definiert werden. All meine Voraussetzungen kommen zu nicht mehr als einer Tautologie. A ist A. Du kannst sogar *Das Buch des Gesetzes* selbst zitieren: "Nun ein Fluch auf Weil und seine Sippe!... Genug von Weil! Es sei verdammt wie ein Hund!" (Al, II: 28-33). Diese Dinge stinken nach *Ignoratio Elenchi*, oder etwas ähnlich schmerzvollem: Wie eine Art Zahnrad, wie "die Ebenen verwirren", wie bewußt die Bedeutung eines Argumentes mißverstehen. (Nebenbei, alle Magier sollten solide in der formalen Logik begründet sein.)

Vergiß zumindest niemals, wie einfach es ist, die Höllenbrut eines Verrückten aus jeder Behauptung zu machen, egal wie verständlich sie für den allgemeinen Menschenverstand auch sein mag.

Das obige zusammengefaßt nun: - Der Buddhismus ist wiederlegt. Und doch ist er eine Möglichkeit und darum eine Facette der Wahrheit. "Ruhe" ist eine Idee: So ist Unbeweglichkeit einer der bewegten Zustände. Ein bestimmter Bewußtseinszustand ist (fast durch Definition) "ewig", doch beginnt und endet er mit höchster Sicherheit.

Und immer so weiter - ich fürchte, es würde kindisch, pleonastisch (und oh! einige andere liebliche andere Adjektive!) sein zu versuchen, Dich vor diesen hydraköpfigen und protealischen Kinderfallen zu bewahren; Du mußt sie selbst überwinden, wenn sie auftauchen, und mit ihnen umgehen, so gut Du kannst. Dich immer daran erinnern, daß Du oft so gut wie nie entscheiden kannst, was Du bist und was das Affenrätsel ist, oder wer gewonnen hat. ("Jeder hat gewonnen;

so muß jeder einen Preis bekommen" paßt gut.) Und nichts davon macht auch nur so viel aus, wie eine Reihe von *haricots verts sautes;* denn der Schluß muß immer Zweifel sein (siehe dieses biestige *Buch der Lügen* noch einmal - es gibt darin ein großartiges Kapitel über dieses Thema) und die praktische Moral ist diese: Diese Widersprüche tauchen nicht auf (oder machen nichts aus) in Neshamah.

Und falls die obige Bemerkung Dich dazu ermutigen sollte, auszurufen: "Vielleicht wird ein kleiner Drink mir keinen großen Schaden zufügen" werde ich mich fühlen, als hätte ich Großes für mein Land vollbracht!

Denn - siehe *Liber Aleph,* nach Rabelais - das Wort des letzten Orakels ist TRINC.

. . .

Diese Deine Klageschrift endet - und erhebt sich noch einmal, indem sie es tut - mit dem Zugeständnis der Ambition und Überlegungen darüber, was Du für Dein nächstes Leben übrig lassen mußt. Sehr richtig! Aber all das ist durch Dein allgemeines Programm abgedeckt. Es ist passend, diese Ideen mit der grundlegenden Struktur Deines Geistes zu assimilieren: "Vielleicht würde ich besser 'Das Leben und die Meinung von Battling Bill, dem Ballarat Bruiser' übriglassen, bis, sagen wir, sechs Inkarnationen weiter" - doch vielleicht hast Du das sowieso schon hinter dir.

Nein, besser noch, konzentriere Dich auf den nächsten Schritt! Letztlich ist es der einzige, den Du machen kannst, nicht wahr? Ohne Gier nach Ergebnis, bitte! Und ich werde alles andere für den nächsten Brief aufsparen.

Liebe ist das Gesetz, Liebe unter Willen.

Brüderlich,

666

P.S. "Der nächste Brief," ja, sie gehen einer in den anderen über und mehr als nur ein bißchen; es ist besser so, denn das Leben ist so. Und wir haben den strengen, bösen Redakteur, um sie auszusortieren.

24. Nekromantie und Spiritismus

Cara Soror,

Tu was Du willst, soll das Ganze des Gesetzes sein.

Wirklich, ich schäme mich für Dich! Mir einen so ignoranten Brief zu schreiben, Dich über Nekromantie aufzuklären, wenn Du den einen überlegenen Klassiker zur Hand hast - Levi's Kapitel XIII in *Dogme et Rituel*[52] Welch sublime Annäherung! Welch Klugheit der "Erwägungen"! Mit welch tödlich sicheren Schritten marschiert seine Vorbereitung! Mit welch superber Technik führt er seinen energetisierten Enthusiasmus aus, und letztlich, mit welch exakter Gerechtigkeit im Urteil faßt er die Resultate seiner großen Evokation des Apollonius von Tyana zusammen!

Vergleiche mit dieser ausgearbeiteten Sorgfalt, der Richtigkeit jedes Details, jener Ernsthaftigkeit und Zielgerichtetheit - vergleiche, sage ich, die moderne Spiritistin im stickigen Geruch ihrer stinkenden Seitenstraße in ihrem Vorstadtslum; der Raum feucht, nach verdorbenem Essen riechend, die schrecklichen Bilder, das billige und verbrauchte Mobiliar; jeden rufend, von Jesus Christus bis Königin Viktoria, alle für einen Groschen!

Pfui! Laß uns in saubere Luft zurückkehren und Levi's Experimente analysieren: Ich glaube, durch die Anwendung der Prinzipien, welche ich in meinen anderen Briefen über Tod und Reinkarnation vorgebracht habe, wird es einfach sein, den teilweisen Mißerfolg in der

[52] *Dogme et Rituel de la Haute Magie [Dogma und Ritual der Hohen Magie]* von Eliphas Levi.

Evokation des Apollonius zu erklären. Du solltest ihn besser noch einmal lesen, um die Angelegenheit klar und frisch in Deinem Kopf zu haben.

Nun denn, laß mich Deine Aufmerksamkeit auf die extreme Sorgfalt lenken, welche Levi anwendete, um ein korrektes magisches Bindeglied zwischen sich und dem Meister der Vergangenheit zu konstruieren. Wehe! Es war eher ein Fall des Baues mit Ziegelsteinen, welche ohne Stroh gefertigt wurden; er hatte kein frisches und lebendiges Objekt zur Hand, welches dem Apollonius intim zugehörig war. Eine "Reliquie" würde sehr hilfreich gewesen sein, speziell wenn sie, durch die Jahrhunderte, durch passende Anbetung geweiht und wieder geweiht worden wäre. Dies ist, nebenbei, der große Vorteil, den man oft hat, wenn man Götter anruft; ihre Bilder, ständig verehrt, genährt durch fortwährende Opfer, dienen als Sammelbecken für das Prana, welches von Tausenden oder Millionen Anbetern in sie hineingesendet wurde. Tatsächlich, solche Bilder sind oft schon geweihte Talismane, und ihr Besitz und täglicher Gebrauch gewinnt zumindest zwei Drittel der Schlacht.

Apollonius war in der Tat ein solch schwieriges Subjekt, wie Levi es wahrhaftig gewählt haben würde. Alle Karten standen gegen ihn.

Warum? Laß Dich an das sublime Genie des Mannes erinnern und die Ausdehnung seiner Erlangung. Apollonius muß mit Sicherheit die engsten Verbindungen seines seinem Ruach mit seiner obersten Triade geschlossen haben, und diese hätte sich anderswo eine neue Inkarnation gesucht. Aller übriger Ruach, welcher als Rest im Akasha herumschwebte, muß vergleichsweise wertloser Überrest gewesen sein, wahre Qliphoth, oder "Hüllen der Toten" - genau diejenigen Teile von ihm, in einem Wort, welche Apollonius bei seinem Tod mit Sicherheit selbst abgestoßen hätte.

Was für einen Nutzen könnten diese also für Levi gehabt haben? Sogar, wenn unter ihnen einige wenige Elemente gewesen wären, welche seinem Zweck gedient hätten, würden sie durch den bloßen Verlauf der Jahrhunderte geschwächt und zerfasert worden sein, seit sie die Verbindung mit der Realität des Weisen verloren hatten. Alternativ könnten sie von irgendeiner wandernden Entität gefangen und aufgenommen worden sein, recht wahrscheinlich irgendeinem böswilligen Dämon.

Qliphoth - Hüllen der Toten - Besessenheitsgeister! Hier sind wir zurück im Pestgestank von Walham Green und der schlampigen Atmosphäre des schlampigen "Mediums" und der schmierigen Seance. "Schau sie Dir an! Aber sprich nicht mit ihnen!" Wie Dante von Virgil gewarnt wurde.

Laß und also schauen.

Nein! Laß uns zuerst uns selbst gratulieren, daß dieses Thema der Nekromantie so bewundernswert dokumentiert ist. Für die wirkliche Kunst haben wir nicht nur Eliphas Levi, sondern die sublim einfache Berichterstattung des alten Testamentes über die Hexe von Endor, ihrer Beschwörung der Erscheinung von Samuel für König Saul. Ein dritter Klassiker darf nicht vergessen werden: Ich habe die Geschichte anderswo gehört oder gelesen - aber im Moment kann ich sie nicht einordnen. Doch wird sie so brillant erzählt in *Ich schreibe, wie ich will* von Walter Duranty, daß nichts passender sein könnte, als ihn verbatim zu zitieren.

Es war die Geschichte eines Bolschewiken, welcher mit einer Leiche redete. Er erzählte es mir selbst, und unzweifelhaft glaubte ich sie, obwohl er ein durchschnittlich überzeugter Bolschewik war, welcher natürlich nicht an Himmel und Hölle und an Leben nach dem Tode glaubte. Dieser Mann war damit beschäftigt, "Untergrund"-Revolutionsarbeiten in Sankt Petersburg zu machen, als der Krieg ausbrach. So wurde er von der Polizei gefangen und in ein Exil im hohen Norden Sibiriens geschickt. Im zweiten Winter des Krieges entkam er aus seinem Gefängnislager und erreichte ein Eskimodorf, wo man ihm Schutz bis zum Frühling gewährte. Sie lebten, sagte er, unter tierischen Bedingungen, und der einzige, mit dem er reden konnte, war der Schamane oder Medizinmann, welcher ein wenig Russisch konnte. Der Schamane behauptete einst, daß er die Zukunft vorhersagen könne, woraufhin ihn mein Bolschewistenfreund auslachte. Am nächsten Tag nahm ihn der Schamane mit zu einer Höhle in der Seite eines Berges, in welcher ein großer durchsichtiger Eisblock stand, welcher den nackten Körper eines Mannes einschloß - eines weißen Mannes, nicht eines Eingeborenen - augenscheinlich ungefähr dreißig Jahre alt, mit keinem Anzeichen einer Wunde. Der Kopf des Mannes war kahlgeschoren und lag außerhalb des Eisblockes;

die Augen waren geschlossen und die Züge europäisch. Der Schamane zündete ein Feuer an und verbrannte einige Blätter, warf Pulver darauf, indem er Anrufungen murmelte und es entstand ein schwerer, aromatischer Geruch. Er sagte auf Russisch zu dem Bolschewiken, "Frage, was Du wissen willst." Der Bolschewik sprach Deutsch; er war sicher, daß der Schamane kein Deutsch konnte, aber er war gleichermaßen sicher, daß er sich die Lippen bewegen sah und die Antwort hörte, klar, in Deutsch. Er fragte, was in Rußland passieren würde und was ihm passieren würde. Von den bewegten Lippen der Leiche kam die Antwort, daß Rußland im Krieg geschlagen würde und daß eine Revolution ausbrechen würde; der Zar würde von seinen Feinden gefangengenommen und am Abend der Rettung getötet; er, der Bolschewik, würde in der Revolution kämpfen, aber keinen Schaden leiden; später würde er verwundet, wenn er einen ausländischen Feind bekämpft, aber sich erholen und lange leben.

Der Bolschewik glaubte nicht wirklich, was er gesehen hatte, obwohl er sicher war, daß er es gesehen hatte, ich meine, er erklärte es durch Hypnose oder Autosuggestion oder irgendetwas von dieser Art; doch es war wahr, sagte er, daß er unverletzt durch die Revolution und den Bürgerkrieg hindurchkam, und im Polenkrieg verwundet wurde, als die Rote Armee Kiew zurückeroberte.

So sind wir, fast mehr, als man sich wünschen kann, ebenso glücklich über den Besitz einer Erzählung über Spiritismus in Robert Browning's *Mr. Sludge das Medium.* Du siehst, ich schreibe "Spiritismus", nicht "Spiritualismus". Das letzte Wort in diesem Kontext zu gebrauchen, ist vulgäre Ignoranz; es bezeichnet ein System der Philosophie, welches (mehr oder weniger) seine Blütezeit in dem Mittelalter hatte - lies Deinen Erdmann, wenn Du die genauen Details haben möchtest. Aber warum solltest Du?

Das Modell für Mr. Sludge war David Dunbar (Douglas) Home, welcher auf seine Art eine ziemlich distinguierte Person war, und erfolgreich einige bemerkenswert informierte und blaublütige Personen beschworen hatte. Persönlich glaube ich, daß er echt war, wirkliche Resultate erhalten hatte durch Pakte mit Elementalen, Dämonen oder was auch immer; denn als er in Paris war, wurden Vorbereitungen für ihn getroffen, Eliphas Levi zu treffen, doch "er verließ den ungleichen Vergleich, und floh in Schrecken vom verfluchten Ort."

Was Browning aufregte war, daß er seiner Sammlung von "Femora, welche ich beschwor," jene Anhänge von Elisabeth Barrett hinzugefügt hatte, und wo R.B. war, da war kein Raum für irgendjemand anderes - wie im Falle von Allah!

R.B. war daher so geringschätzig, wie er nur sein konnte, und das war nicht wenig. Es ist nicht fair, alle Medien über den Sludge-Kamm zu ziehen; es gibt viele, welche ziemlich ernsthaft einige der Betrügereien von Sludge erreichen konnten. Warum sollte ein Medium immun gegen Selbstbetrug durch den inneren Schweinehund sein? Während es Leute gibt, die draußen herumlaufen, und Mrs. Simpson und die Generäle de Gaulle, Franco, Allenby, Montgomery und wen noch in den "Centurien" des Nostradamus finden können, wären wir dumm, alles bewußtem Betrug zuzuschreiben.

Nein, auf keinen Fall immer Betrug. Doch bei keiner Seance treffen die "Überprüfer" irgendwelche magischen Vorsichtsmaßnahmen gegen - sagen wir die Inpersonisation von Iophiel durch Hismael, oder den Tauben der Venus durch die A'arab Zareg. Alles, was sie erreichen, speziell bei "Demonstrationen" und "Materialisationen" ist, sich mit großer Sorgfalt und (in der Regel) vollständiger Vergeblichkeit gegen die Betrügereien des Bühnenmagiers zu schützen. Sie erwarten keine wirkliche Manifestation der "Geisterwelt"; und diese Tatsache macht ihre wahre unterbewußte Einstellung klar.

Jene Medien, welche magische Fähigkeiten besitzen, sie kommen fast immer aus den ignorantesten Klassen - Kelten sind eine Ausnahme dieser Regel - und haben kein Wissen irgendeiner Art über die Technik der Angelegenheit. Schlimmer noch, sie sind gewöhnlich von dem Typus, der sich an geheimen schmutzigen Verbindungen erfreut, und so natürlich und frohen Mutes Entitäten der qliphotischen Welten zu ihren magischen Kreisen ziehen. Im besten Falle kommen von dort Trickster der niedrigsten Elementalklassen und beleben Überreste des Ruach von Leuten, die kürzlich verstorben sind und vollbringen erstaunliche Darstellungen. Die leeren Hüllen glühen mit höllischem Feuer. Natürlich saugen sie auch Lebenskraft von den Teilnehmern und vom Medium selbst.

Insgesamt, eine höchst vergiftende Vorführung. Und was haben sie davon? Sogar wenn die "Geister" wirkliche Geister sind, stopfen sie die Versammlung lediglich mit einem Haufen wertloser Lügen voll.

Bei dieser Zusammenfassung bestehen die Gesetze der Wahrscheinlichkeit darauf, daß es gelegentliche Ausnahmen geben muß.

Liebe ist das Gesetz, Liebe unter Willen.

Brüderlich,

666

25. Bezauberungen, Unsichtbarkeit, Levitation, Transmutationen, Unterbrechungen der Zeit.

Cara Soror,

Tu was Du willst, soll das Ganze des Gesetzes sein.

Meine Liebe! Meine Liebe! Die Welt muß in der Tat verrückt geworden sein, wenn Du *mich* nach den Geheimnissen der Bezauberung fragen mußt! Alles Tohuwabohu und das Temurah Thash Raq!

Soviel, um höfische Manieren der Alten Welt zu zeigen; alles Müll, denn Du magst sehr wohl bezaubernd sein, ohne zu wissen, wie Du es vollbracht hast. Tatsächlich, denke ich, daß dies bei 99 von 100 Malen der Fall ist.

Nebenbei, ich las Deinen Brief sorglos; ich übersah den Satz, in welchem Du erwähnst, daß Du das Wort benutzt, wie es Levi tat; das heißt nun, all jene Arten von Wunder zu bezeichnen, welche darauf beruhen, die Aufmerksamkeit vom Wundertäter abzuziehen oder ihn anderswie bestehen zu lassen - ich führte ein wirklich nützliches Wort ein, nicht?

So laß uns sehen, welcher Art diese Wunder sind.

Um zu beginnen, ich zweifle, ob wir es können. Viele solcher thaumaturgischen Phänomene enthalten Elemente der Illusion in größerem oder kleinerem Grade; wenn des Wundertäters Geist hundertprozentig verantwortlich ist, denke ich, daß das Geschäft ein bloßer Bühnentrick wird.

Mein Wörterbuch definiert das Verb *faszinieren:* verzaubern, mit Zauber belegen; mit unwiderstehlichem Einfluß auf etwas einwirken; gefangennehmen; entzücken und entrücken, unwiderstehlich oder machtvoll.

Bei dem Nomen *Faszination* geht es sogar noch tiefer in die technische Magie: "Die Handlung oder Kraft der Bezauberung oder Verzauberung, oft zu jemandes Schaden; ein mysteriöser, unwiderstehlicher, entrückender Einfluß."

(Persönlich habe ich es immer wesentlich weniger ernsthaft gebraucht, oder gehört: "Attraktiv", kaum mehr.) Skeat ist überraschenderweise fast inhaltsleer: partizip perfekt von "verzaubern" und "lat: *fascinum,* ein Zauberspruch."

Ja, überraschenderweise; denn das Wort ist eines der vielen, welche den Phallus bezeichnen. Die Implikation ist jene, daß es ein sexuelles Element in der entzückenden und entrückenden Qualität gibt, welche es insgesamt über bloßes "faszinieren" emporhebt.

Meiner Ansicht nach ist die Implikation, daß es da eine inhärente Qualität gibt, welche ebenfalls für diese völlig irrationale quasimagnetische Gewalt bezeichnend ist, welche nicht nur für unzählige persönliche Tragödien - und Komödien - verantwortlich war, sondern auch für den Fall von Dynastien und sogar für den Niedergang von Imperien.

Von "Christus" wird berichtet, daß er gesagt hat: "Wenn ich von der Erde erhoben bin, will ich alle Menschen zu mir nehmen." Interpretiere dies in dem Licht, daß das Kreuz ein phallisches Emblem ist und - was für eine Erkenntnis!

Vergleiche *AL*, 11:26:

"Ich bin die geheime Schlange, zusammengerollt zum Sprung. In meinem Winden ist Freude. Wenn ich mein Haupt erhebe, sind ich und meine Nuit

eins. Wenn ich mein Haupt niedersenke und Gift speie, dann ist Verzückung auf Erden, und ich und die Erde sind eins."

Dieser Vers ist tief, teuflisch tief; und er ist durchsetzt mit den Mysterien der Faszination. Grabe tief hinein, liebe Schwester! grabe mit Deiner kabbalistischen Schaufel; mach nicht mich verantwortlich, wenn Du nicht mit dem allerersten Stich eine Mandragora findest!

Aber mit größter Sicherheit werde ich hier nichts sagen. Ja, in der Tat, nichts war jemals ernsthafter verboten als Geschnatter über Themen wie dieses! Siehe! Es geht weiter: *"In mir ist große Gefahr, denn wer diese Runen nicht versteht, wird einen großen Fehler machen. 'Weil' heißt die Grube, in die er niederfallen wird, und dort wird er mit den Hunden der Vernunft umkommen."* (Vers 27) Die Grube ist natürlich der Abyss: Siehe »Die Vision und die Stimme,« Zehnter Aethyr. Ein sehr stickiges - oder, besser, loses! Ende; Vorsicht Falke!

Zum Geschäft! Faszination. Nein! Unsichtbarkeit ist ein ganz klarer Fall von SA. Dies ist bemerkenswerterweise eine Affäre des Unbewußten; es besiegt oftmals offene Ablehnung und Abneigung; es zielt niemals auf die Vernunft. Es zerstreut jeden Sinn für Werte. Ein Ursprung ist normalerweise obskur. Die mindeste irrationale Basis davon ist der Sinn des Geruches. Es war, wenn ich mich richtig erinnere, der Comte de St. Germain, der Louise de la Valliere anwies, ihr exquisit besticktes Tuch in solcher Weise zu benutzen, daß es sie vor dem Kontakt mit ihrem Sattel bewahrte, und dann, nach einem harten Morgengalopp, eine Entschuldigung zu finden, es dazu zu benutzen, die Brauen des schwitzenden Königs zu wischen. Er brauchte Jahre, um sich zu erholen! Die Geschichte ist wohlbekannt und der Plan allgemein mit bemerkenswert unverändertem Erfolg angewandt worden. Aber sei vorsichtig, nicht zu übertreiben; denn wenn die Quelle des Parfüms erkannt wird, übernimmt das Bewußtsein das Ruder und das Ergebnis ist Antipathie.

Vor vielen Jahren komponierte ich einen Geruch, der auf ähnlichen Prinzipien basierte, und mit dem ich vorhatte, ihn unter dem Titel "Abgefülltes Sex-Appeal" zu vermarkten. Wir versuchten ihn bei dem Assistenten eines gewissen vornehmen Marquis, dessen konsequente Mißgeschicke... - möge er aufhören zu lachen, wenn er dies liest!

Doch es gibt andere Sinne: *L'amour de l'oreille* mag sich nicht nur auf Othellos Art, Desdemona zu umgarnen beziehen, sondern auch auf subtile Abstufungen des Timbre in der Stimme...

Ja, ja, sagst Du ungeduldig, aber da ist überhaupt kein Wunder im gewöhnlichen Sinne des Wortes.

Wahr, aber warum zum Teufel möchtest Du eins, solange Du bekommst, was Du brauchst? Nur etwas kindisch, vermute ich! Nein? Bloß kannst Du Dir selbst solche Dinge gut genug erklären. Nun gut; weiter zu No. 2. Sollen wir schauen, ob sich bei der Levitation etwas ändert? Diese Kraft - wenn es eine ist - ist in der Tat höchst merkwürdig. Sie ist mit dem Magnetismus direkter verbunden, als fast jede andere. Das erste, woran wir denken, wenn jemand sagt "Magnet" ist, wie wir als Kinder Eisenfeilspäne aufgehoben haben.

Alter vor Ehrlichkeit! Laß Vater Poulain S.J. zuerst sprechen! Er muß das Phänomen zugeben, weil die Kirche es getan hat. Aber präzise gleiche Berichte über Levitation von Paganen oder Häretikern müssen, nach ihm, Lügen, oder Werke des Teufels sein. Um die Methode zu zeigen: "Gott benutzt die Engel, um den Seligen zu erheben, um so die Notwendigkeit zu vermeiden, selbst einschreiten zu müssen." Faules altes Gemeindemitglied!

Nun eine Dusche gesunden Menschenverstandes. Hatha-Yoga ist ziemlich klar und einfach, sogar logisch, bei diesem Tema. Die Methode ist einfach. Pranayama. Habe ich Dir nicht einmal von den 4 Stufen des Erfolges erzählt? Schweiß - von einer sehr speziellen Art. Sukshma- Khumbakam: automatische Starre. Man wird steif wie ein Hund in einer Käseglocke, wenn Du Kohlendioxyd hineinpumpst. (Nicht wahr?) Das Bhuchari-Siddhi, "Herumspringen wie ein Frosch". Man wird über den Boden geweht, ohne das Asana zu stören, fast wie Papierfetzen, oder trockene Blätter, in einer schmalen Rinne unter der Tür, wenn man ziemlich vollkommen balanciert ist, kann man sich nicht seitwärts bewegen; so erhebt man sich. Und da hast Du es!

Persönlich habe ich das Bhuchari-Siddhi recht oft erreicht; aber ich habe niemals No. 4 erreicht. Bei mehreren Gelegenheiten haben mich andere Leute levitieren sehen, doch niemals höher als ein Fuß oder so. Hier ist der beste Bericht von solch einem Ereignis, welcher mir momentan zur Verfügung steht.

Fast Mitternacht. In diesem Moment hörten wir auf zu diktieren und begannen, uns zu unterhalten. Dann sagte Fra. P.: "Oh, wenn ich nur ein Buch wie das Tao Teh King *diktieren könnte!" Dann schloß er seine Augen, als ob er meditierte. Kurz vorher hatte ich einen Wechsel in seinem Gesichtsausdruck bemerkt, höchst außergewöhnlich, als wenn er nicht länger die gleiche Person wäre; tatsächlich, in den 10 Minuten, die wir uns unterhielten, schien er eine ganze Anzahl verschiedener Leute darzustellen. Ich bemerkte besonders, daß die Pupillen seiner Augen so vergrößert waren, daß das gesamte Auge schwarz erschien. (Ich schaudere so und habe solch ein mulmiges Gefühl in mir, wenn ich einfach an die letzte Nacht denke, daß ich keine Briefe formulieren kann). Dann füllte sich der Raum recht langsam mit einem dicken gelben Licht, tief golden, aber nicht strahlend. Ich meine nicht funkelnd, sondern sanft. Fra. P. sah wie eine Person aus, die ich niemals gesehen hatte, doch sehr gut zu kennen schien - sein Gesicht, Kleider und alles waren von dem gleichen Gelb. Ich war so verstört, daß ich an die Decke schaute, um zu sehen, wodurch das Licht verursacht wird, aber ich konnte nur die Kerzen sehen. Dann schien der Stuhl, auf welchem ersaß, sich zu erheben. Es war wie ein Thron und er schien entweder tot oder schlafend zu sein; aber es sah mit Sicherheit nicht länger wie Fra. P. aus. Dies ängstigte mich und ich versuchte zu verstehen, indem ich im Raum hemmsah; als ich zurückschaute, war der Stuhl erhoben und er war immer noch derselbe. Ich bemerkte, daß ich allein war; und denkend, daß er tot oder gegangen - oder irgendein anderes schreckliches Ding - war, verlor ich das Bewußtsein.*

Dieser Diskurs ist unvollendet gelassen: Aber es ist notwendig, hinzuzufügen, daß die Kapazität solchen spirituellen Honig aus solch langweiligen Blüten zu ziehen, das Markenzeichen eines Adepten ist, welcher seinen magischen Kelch vervollkommnet hat. Diese Methode der kabbalistischen Exegese ist eine der besten Arten, die Vernunft zum höheren Bewußtsein zu erheben. Augenscheinlich begann es mit Fra. P. so, daß er in einem Moment vollständig konzentriert und in Trance war.

Bemerke, daß dies überhaupt nichts mit irgendeinem Pranayama zu tun hat. Es scheint eine Sache von ekstatischer Konzentration, welche diese Art des Ausdruckes wählte, anstatt Samadhi zu bringen - obwohl dieses in einigen dieser Fälle auch auftrat.

Nebenbei, hier ist ein recht vollständiger Bericht über die gesamte Angelegenheit; ich habe mich gerade daran erinnert - es ist in meiner Autohagiographie.

Pranayama produzierte zuerst eine besondere Art von Schweiß; zweitens eine automatische Starre der Muskeln; und drittens das äußerst seltsame Phänomen, den Körper dazu zu bewegen, während er immer noch absolut starr ist, kleine Hüpfer in verschiedene Richtungen zu unternehmen. Es scheint, als ob man irgendwie erhoben wäre, möglicherweise einen Inch vom Boden, und, eine kurze Strecke weg, sanft niedergesetzt wird.

Ich sah einen sehr bemerkenswerten Fall in Candy. Als Allan meditierte, war es meine Pflicht, sein Essen sehr leise (von Zeit zu Zeit) in das Zimmer zu bringen, welches an jenes sein Arbeitszimmer angrenzte. An einem Tag verpaßte er zwei aufeinanderfolgende Mahlzeiten, und ich dachte, ich sollte in seinen Raum hineinschauen, ob auch alles in Ordnung wäre. Ich muß dazu sagen, daß ich nur zwei europäische Frauen und drei europäische Männer gesehen habe, welche in der Stellung sitzen konnten, die man man Padmasana[53] *nennt, jene, welche man gewöhnlicherweise bei sitzenden Bildern des Buddha sieht. Von diesen Männern war Allan einer. Er konnte seine Beine so gut verknoten, daß er, indem er seine Hände auf den Boden setzte, seinen Körper zwischen ihnen hin- und herschwingen lassen konnte. Als ich in seinen Raum schaute, fand ich ihn nicht auf seiner Meditationsmatte sitzend, welche in der Mitte des Raumes am dem Fentser gegenüberliegenden Ende lag, sondern in einer anderen Ecke, 10 oder 12 Fuß entfernt und immer noch in seiner verknoteten Position, auf seinem Kopf und seiner rechten Schulter ruhend, genau wie ein umgekehrtes Bild. Ich setzte ihn richtig herum und er kam aus seiner Trance. Er war sich kaum bewußt darüber, daß irgendetwas ungewöhnliches geschehen war. Er war augenscheinlich durch geheimnisvolle Kräftze, wie sie das Pranayama hervorruft, dorthin geworfen worden.*

Es gibt keinerlei Zweifel über dieses Phänomen; es ist recht verbreitet. Doch die Yogis behaupten, daß die seitliche Bewegung von einem Mangel

[53] Voller Lotussitz, [A.d.Ü.]

an Balance herrührt und daß, wenn man in perfektem spirituellem Equilibrium verweilt, man sich direkt in die Luft erhebt. Ich habe niemals einen Fall von Levitation gesehen und ich zögere zu sagen, daß es mir passiert ist, obwohl ich von anderen bei mehreren Gelegenheiten gesehen worden bin, wie ich augenscheinlich in der Luft hing. Bei den ersten drei Gelegenheiten dieses Phänomens fand ich ohne Schwierigkeit einfache physiologische Erklärungen. Aber ich kann keine Theorie entwickeln, wie diese Übung der Kraft der Gravitation entgegenwirken kann und ich bin altmodisch genug, um gegen das Auftreten von Levitation skeptisch zu sein. Doch, nach allem, stehen die Sterne am Himmel. Es gibt keinen Apriori-Grund, warum die Kräfte, welche sie davor bewahren zusammenzuprallen, nicht auch in Hinsicht auf die Erde und den Körper wirken sollten.

Die Geschichte mit Allan ist der beste Beweis, über den ich verfüge. Er konnte dort, wo er war, nicht durch Hüpfen hingekommen sein, und er konnte auch nicht mit Absicht in diese Position gekommen sein. Er muß levitiert sein, die Balance verloren haben und umgekehrt heruntergefallen sein. Auf jeden Fall gibt es keine Spur von Faszination dabei, wie es im Falle von Soror Virakams Beobachtung gewesen sein mag. Über Unsichtbarkeit nun? Darin habe ich soviel Erfahrungen, daß der gröbste Umriß uns weit jenseits der Grenzen eines Briefes bringen könnte. In Mexiko D.F. arbeitete ich daran, diese Kraft durch das Mittel des Rituals zu erwerben. Ich arbeitete verzweifelt hart. Ich kam zu dem Punkt, an dem mein Bild in einem Spiegel flackerte, eben wie in den allerersten Filmen. Möglicherweise hätte mehr Arbeit, nachdem ich mehr Fähigkeiten erworben hätte, den gesamten Trick erledigt, aber ich fuhr nicht fort, als ich herausfand, wie man es durch Faszination erreichen konnte. (Hier sind wir zuletzt!)

Grob gesagt, wird es so gemacht: Wenn Du zu dem Punkt konzentriert bist, daß das, was Du denkst, die einzige Qualität im Universum ist, wenn Du jegliche Wahrnehmung davon, wer und wo Du bist und was Du tust, verlierst, scheint es, daß diese Unbewußtheit Dich gleichsam verbirgt. Die Leute um Dich herum können einfach niemanden sehen.

Einmal, in Sizilien, passierte dies fast jeden Tag. Unsere Gemeinschaft bewegte sich hinunter zu unserer Paradebucht - dem lieblichsten Platz dieser Art, den ich jemals gesehen habe - über einen Hügel, wo es kein Versteck für ein Kaninchen gab und verloren mich aus den Augen, schauten und fanden mich nicht, obwohl ich in ihrer Mitte lief. Zuerst, Staunen und Verwunderung, zuletzt war es normal geworden: "Er ist wieder unsichtbar."

An einen Vorfall erinnere ich mich in der Tat sehr lebendig; ein alter Freund und ich saßen uns vor einem großen Feuer in Lehnstühlen gegenüber, und rauchten unsere Pfeifen. Plötzlich verlor er mich aus den Augen und schrie vor Schreck auf. Ich sagte: "Was ist los?" Das brach den Zauber; da war ich, vollständig anwesend und korrekt. Hörte ich Dich murmeln "Transmutation? Werwölfe? Goldene Falken?" Wahr genug; es wird Zeit, daß wir uns diesem zuwenden.

Bei bestimmten Arten von Tieren scheint, wenn die Tradition irgendein Gewicht hat, eine sonderbare Qualität von - Sympathie? zu sein. Ich zweifle, ob das Wort paßt, doch ich kann mir im Moment kein besseres denken, welches sie in die Lage versetzt, zu Zeiten die menschliche Form anzunehmen. No.1 - und der Rest sind ebenso Erinnerungen - ist der Seehund. Es gibt eine ganze Menge Literatur darüber. Dann kommen Wölfe, Hyänen, große Hunde vom Jagdtypus; manchmal Leoparden. Geschichten von Katzen und Schlangen sind normalerweise anders herum; es ist der Mensch (fast immer weiblich), welcher diese Formen durch Hexenkraft annimmt. Doch im alten Ägypten wiesen sie wörtlich auf diesen Umstand hin. Die Papyri sind voll von Formeln, um solche Transmutationen zu vollbringen. Doch denke ich, daß dies vorwiegend getan wurde, um eine gewisse Entspannung für den Geist eines toten Menschen zu erlangen; er sprang aus seinem Sarkopharg und malte die Stadt in all den Farben des Regensbogens an, in der einen oder anderen Tierform.

Die einzige Erfahrung, die ich mit irgendetwas dieser Art habe, war, als ich in den pazifischen Wassern, vorwiegend in Honolulu oder Nippon war. Ich praktizierte Astralprojektion. Eine Schwester des Ordens, welche in Hongkong lebte, half mir. Meine Aufgabe war es, sie zu besuchen, und das Zeichen perfekten Erfolges sollte sein, daß ich eine Vase vom Kaminsims herunterwarf. Wir machten bestimmte Tage und Stunden aus, mit einiger Ungenauigkeit, da meine Zeitdistanz von ihr konstant abnahm - um meine Besuche zu beginnen. Wir erhielten einige bemerkenswerte Resultate; unsere Aufzeichnungen der Unterhaltungen stimmten mit überraschender Genauigkeit überein; doch die Vase blieb ganz!

Dies ist *keine* meiner notorischen Abschweifungen; und so kommt Transmutation hinein. Ich fand heraus, daß, indem ich zuerst die Gestalt eines goldenen Falken annahm, und meine eigene Form wiederherstellte, nachdem ich in ihrem "Tempel'[1] landete - einem Raum, welchen sie *ad hoc* ausgestattet hatte - die ganze Operation unvergleichlich leichter wurde. Ich werde mich nicht in Hypothesen darüber ergehen, warum dies der Fall gewesen sein sollte.

Ein wenig mehr als vier Jahre später - in der Zwischenzeit hatten wir uns getroffen und zusammen Magick betrieben - wiederholten wir diese Experimente in einer etwas unterschiedlichen Form. Der Erfolg war sehr viel größer; doch obwohl ich sie bewegen konnte, und sogar irgendein Objekt, welches sie berührte, konnte ich keinen Eindruck auf Objekte machen, welche von ihr entfernt standen. Das Verhalten ihrer Hunde und ihrer Katze war sehr sonderbar und interessant. Am fremdartigsten von allem, es erschienen jene "Lücken" in der Zeit, welche profane Wissenschaft soeben erst beginnt zu diskutieren. Beispiel: Bei einer Gelegenheit stimmten unsere Aufzeichnungen eines "Interviews" mit außerordentlicher Präzision überein; jedoch, als wir die Notizen verglichen, fanden wir heraus, daß aufgrund irgendeiner dummen Fehlberechnung meinerseits, dieses Experimet in Hongkong schon seit einigen Stunden beendet war, bevor ich in Honolulu überhaupt begonnen hatte! Noch einmal - frage mich nicht warum, oder wie, oder irgendetwas!

Wo wir von zeitlichen Verwerfungen reden, werde ich meine schon erwähnte bösartige Berühmtheit wahren - die Geschichte ist vollkommen losgelöst von jeglichen Bezauberungen - indem ich wiedergebe, was bei weitem die unerklärlichste Ansammlung von Fakten war, die mir je begegnet sind.

Im Sommer 1910 e.v. lebte ich in 125 Victoria-Street in einem Studio, welches ich durch einen Kreis in einen Tempel umgestaltet hatte, mit einem Kreis, einem Altar und dem ganzen Rest. Westlich des Altars war ein großer Kamin mit einem Gittereinsatz; die Ostmauer war mit Bücherregalen bedeckt. Es trat der späte Theodor Reuss ein, O.H.O. und Frater Superior des O.T.O. Er wollte, daß ich dem Orden beitrete.

Ich bat ihn, in höflicher Sprache, das Novocastrische Experiment zu wiederholen. Unbeirrt, bestand er darauf, "Aber Sie *müssen*."

(Nun gehen wir zurück oder vorwärts, ich weiß nicht was, zu einer Nacht, als ich mich selbst in London gestrandet fand. Ich bat eine Fremde um Gastfreundschaft; sie wurde sofort gewährt. Einige Stunden später fiel meine Gastgeberin in Schlaf; ich konnte nicht; etwas nagte an mir. Ich nahm plötzlich mein Notizbuch und schrieb eine bestimmte Passage in einem bestimmten Buch, welches später veröffentlicht wurde.)

"Muß, am Arsch!" Er bestand darauf: "Sie haben das Geheimnis des 9. Grades des O.T.O. veröffentlicht, und sie müssen die korrespondierenden Eide auf sich nehmen." - "Ich habe nichts derartiges getan. Ich kenne das Geheimnis nicht. Ich will es nicht kennen. Ich will nicht..." Er unterbrach mich; er schritt durch den Raum; er nahm ein Buch aus dem Regal; er öffnete es; er hielt es mir unter die Nase; er wies auf eine bestimmte Passage mit einem kleineren Index. Ich begann zu stammeln. "Ja, ich schrieb das. Ich weiß nicht, was das bedeutet; ich mag es nicht; ich nahm es nur herein, weil es unter ziemlich seltsamen Umständen geschrieben wurde, und ich war zu faul - oder vielleicht ein wenig ängstlich - es zurückzuweisen und zu schreiben, was ich wollte." Er hämmerte auf eine Stelle: *"Sie wissen nicht, was dies bedeutet?"* Ich wiederholte, daß ich es nicht wüßte; sogar jetzt, da er es als wichtig bezeichnete. Er erklärte es mir wie einem Kind. Ich war schlechthin überrascht; es klang nicht möglich. (Schwester, die ganze Zeit lüge ich Dich an wie ein Erzbischof; es *ist* mit Bezauberung verbunden; in der Tat, es hat wenig mit irgendetwas anderem zu tun!)

Zuletzt überzeugte er mich, ich ging hinunter zu seinem G.H.Q., nahm die Eide auf mich, wurde auf dem Thron des X° des O.T.O. als Nationaler Souveräner Großmeister General installiert und begann, den Orden als einen blühenden Konzern zu etablieren.

Nun, sagst Du, dies ist eine sehr einfache Geschichte, nichts besonders schwer zu Glaubendes:

Wahr, doch bedenke die Daten.

Diese Szene in Victoria-Street ist in allen Details ebenso klar und lebendig in meinem Geist, als ob sie gestern geschehen wäre. Dieses Geheimnis ist nur in dieser einen Passage jenes Buches publiziert. Und - das Buch wurde nicht eher als drei Jahre später veröffentlicht, und von einer Adresse, an welche ich 1910 nicht einmal gedacht hatte. Das Datum meines Eintritts in den O.T.O. (welches nebenbei jedes Prinzip umkrempelte, und jeden Plan, den ich jemals gemacht hatte) ist ebenso gesichert durch Daten nachfolgender publizierter Schriften.

Jetzt geh hin und erkläre das!

Nun, ich habe Dir einen groben Überblick über einige der prinzipiellen Bezauberungen gegeben; zum Rest, Behexungen, Verzauberungen, Behinderungen und das ganze Zeugs, ist es genug, wenn ich sage, daß sie den regulären Gesetzen der Magick folgen. In einigen spielt Bezauberung eine prominente Rolle; in anderen, ist es wenig mehr, als hinzugehen und zu sagen, "Mein Herr, der Wagen wartet!" Doch - sogar dies kann gut oder schlecht getan werden, und ein kleiner Fehler kann großen Schaden verursachen.

Liebe ist das Gesetz, Liebe unter Willen.

Brüderlich,

666

26. Mentale Prozesse Nur zwei sind möglich

Cara Soror,

Tu was Du willst, soll das Ganze des Gesetzes sein.

"Okkulte" Wissenschaft ist die schwierigste von allen. Zum einen enthält ihr Gegenstand die gesamte Philosophie, Ontologie und Metaphysik, bis hin zur Naturgeschichte. Darüberhinaus haben die seltensten und am schwersten zu findenden von diesen eine direkte Wirkung auf den Fluß des Lebens in seinen materiellsten Details, und das einfachste Studium solch augenscheinlich erdgebundener Angelegenheiten wie Botanik und Mineralogie führt zu den abstrusesten Berechnungen des Unermeßlichen.

Mit welchen Waffen sollen wir dann eine solch schreckliche Festung angreifen?

Das erste Essential ist klares Denken.

In einem vorhergehenden Brief habe ich mich in epischer Breite mit diesem Thema beschäftigt; doch es ist so wichtig, daß Du mir vergeben mußt, wenn ich dahin zurückkehre, und dies wiederhole, in voller Länge, von Anfang an und im Detail.

Laß uns anfangen, indem wir unsere Köpfe frei von allen Unklarheiten machen, zum Zwecke dieser Argumentation alle metaphysischen Subtilitäten ignorierend.[54] Ich möchte es auf das Aussehen des "Normalmenschen" beziehen.

[54] Ich meine, solche Kritik wie "Definition ist unmöglich"; "alle Argumente sind zirkulär"; "alle Behauptungen sind tautologisch." Diese sind wahr, doch man ist gezwungen, sie in allen praktischen Diskussionen zu ignorieren.

Was tun wir, wenn wir "denken"?

Es gibt zwei Operationen, und nur zwei, welche den Gedanken möglich sind. Wie komplex auch immer eine Behauptung erscheinen mag, sie kann immer auf eine Serie des einen oder anderen dieser beiden reduziert werden. Wenn nicht, ist es eine schwachsinnige Behauptung; Unsinn, welcher sich im Mantel der Beredtheit und der Ausschweifung als Sinn maskiert.

Analyse und Synthese; oder, Subtraktion und Addition.

1. Du kannst A untersuchen und finden, daß es aus B und C zusammengesetzt ist. $A = B + C$.
2. Du kannst herausfinden, was mit B passiert, wenn Du C hinzufügst. $B + C = A$.

Wie Du bemerkst, sind die zwei letztlich identisch; doch der Prozeß ist unterschiedlich.

Beispiel: Erhitze Kupferoxyd auf eine sehr hohe Temperatur; Du erhältst metallisches Kupfer und Sauerstoffgas. Erhitze Kupfer in einem Sauerstoffstrom; Du erhältst Kupferoxyd.

Du kannst solche Experimente unendlich komplizieren, als wenn jemand Steinkohleteer analysiert oder komplexe Produkte wie Chinin aus ihren Elementen synthetisiert; doch man kann in jedem Falle das, was passiert, als eine Serie einfacher Operationen, entweder der analytischen oder der synthetischen Art, beschreiben.

Ich meine, solche Kritik wie "Definition ist unmöglich"; "alle Argumente sind zirkulär"; "alle Behauptungen sind tautologisch." Diese sind wahr, doch man ist gezwungen, sie in allen praktischen Diskussionen zu ignorieren.

(Ich frage mich, ob Du Dich an eine erfreuliche Passage in Anatole France erinnerst, wo er eine "exaltierte" mystische Behauptung interpretiert, indem er zuerst den Worten ihre Bedeutung als konkrete Bilder gibt, wenn er eine wunderbare Hymne, wie etwa eine Passage der Rig-Veda, erhält; zweitens, indem er bis zur ursprünglichen Bedeutung hinuntergräbt, mit einem komischen Effekt und sogar ein wenig Bösartigkeit. Ich fürchte, ich habe keine Ahnung, wo es zu finden ist;

in einer dieser "Reste"-Zusammenstellungen höchstwahrscheinlich. So bitte, schau nach; Du wirst Deine Zeit nicht verschwenden!)

Dies ist in einer Art Text verarbeitet worden, denn der erste Stolperstein des Studiums ist, daß man niemals irgendeine Sicherheit darüber hat, was der Autor meint, oder denkt, was er meint oder versucht, jemanden davon zu überzeugen, was er meint.

Versuche etwas einfaches: "Die Seele ist ein Teil Gottes." Nun denn, wenn er "Seele" schreibt, meint er Atma oder Buddhi oder die Höheren Manas oder Purusha oder Yechidah oder Neshamah oder Nephesch oder Nous oder Psyche oder Phren oder Ba oder Khu oder Ka oder Animus oder Anima oder Soul oder was?

Doch da war dieses einfache Wort "Teil". Will er eine quantitative Bestimmung implizieren, als wenn jemand sagt, daß sechs Pfennige Teil einer Mark sind oder einen unverzichtbaren Faktor, als wenn jemand sagt "ein Rad ist Teil eines Autos", oder ...

Tatsache ist, daß sehr wenige von uns wissen, was das Wort bedeutet; weniger noch nehmen den Ärger einer Untersuchung auf sich. Wir nehmen ruhig, wir nehmen sorglos an, daß unsere Geister identisch mit denen des Schreibers sind, zumindest in diesem Punkt; und dann wundern wir uns, daß es Mißverständnisse gibt.

Die Tatsache ist (wieder!), daß wir es normalerweise gar nicht wirklich wissen wollen; es ist sogar viel leichter, den Fluß des Diskurses hinunterzudriften; "faul, faul, schläfrig, schläfrig, in der Mittagssonne."

Warum ist dies so befriedigend? Weil, obwohl wir es nicht wissen mögen, was ein Wort bedeutet, die meisten Worte eine angenehme oder unangenehme Konnotation haben, jedes für sich, entweder aufgrund der Ideen oder Bilder, die damit verbunden sind, und Hoffnungen oder Erinnerungen, welche aufgerührt wurden, oder bloß wegen des Klanges des Wortes selbst. (Ich bin einmal für einen Monat von meinem Weg abgewichen, um eine Stadt zu besuchen, nur weil ich den Klang ihres Namens mochte!)

Dann gibt es Mittel: Das Ziel - Rhythmus, Kadenz, Reim, Ornamentationen tausender Arten. Ich denke, man kann annehmen, daß der gute Schreiber diese Kunst gebraucht, um seine Bedeutung klarzumachen; der schlechte Schreiber, um sie zu verschleiern oder die Tatsache zu verbergen, daß wir keine haben.

Ich hatte eine wundervolle Lehrstunde vor einigen Jahren. Ich habe ein bestimmtes Initiationsritual heruntergekürzt auf das, was ich für die bloßen Knochen hielt, hauptsächlich um es dem Gedächtnis leichter zu machen. Dann kam ein Kandidat, welcher taub war - nicht bloß "ein wenig schwerhörig"; seine Trommelfelle waren zerstört - und die Frage war WIE?

Das meiste war in Ordnung; man konnte ihm die Worte zeigen, auf Papierstreifen geschrieben. Doch während eines Teils der Zeremonie hatte er die Augen verbunden; man war auf das Taubstummenalphabet, welches für solche Gelegenheiten entwickelt wurde, beschränkt. Ich bin ebenso ungeschickt und dumm dabei, wie bei den meisten Dingen, und faul, höllisch faul, zuallererst. Nun, als ich an diesen Punkt kam, wurde die Kommunikation unendlich, untragbar, ermüdend. Und dann! Dann fand ich heraus, daß zwei Drittel meines "absolut essentiellen Rituales" in keinster Weise notwendig waren.

Liebe ist das Gesetz, Liebe unter Willen.

Brüderlich,

666

27. Die Struktur des Geistes Basierend auf jener des Körpers

Cara Soror,

Tu was Du willst, soll das Ganze des Gesetzes sein.

War der plötzliche Wolkenbruch am Ende meines letzten Briefes eine Art Überraschung, und mehr als ein kleiner Schock? Freu Dich! Das Schlimmste kommt noch.

Es ist mit Sicherheit die weise Art, die harten Tatsachen zu akzeptieren; zu versuchen, sie hinwegzuerklären oder sie zu entschuldigen, führt mit Sicherheit dahin, sich in einen Mahlstrom des Sophismus zu begeben; und wenn, trotz dieser lobenswerten Anstrengungen, die Tatsachen aufspringen und einen kurzen Haken auf den Punkt setzen, ist man nur noch schlechter dran als vorher.

Dies muß gesagt werden, weil Sammasati sicherlich eine der nützlichsten, wie auch eine der vertrauenswürdigsten und handhabbarsten Waffen in der Rüstkammer des Aspiranten ist.

Du bremst mich, offensichtlich mit einem Verlangen nach einer persönlichen Erklärung. "Wie kommt es," schreibst Du, "daß Du mit solch brennendem Zorn den Grundstein des Buddhismus zurückweist, und doch Schüler voller Enthusiasmus auf die Techniken einiger seiner subtilsten Metastrukturen verweist?"

Ich bin erheitert.

Es ist die alte, alte Geschichte. Als der Buddha Experimente machte, die Resultate aufzeichnete, befand er sich auf sicherem Grund: Als er begann zu theoretisieren und versehentlich unzählige logische Verbrechen in dem Prozeß beging, ist er kein besserer Rätselrater als der Arahat nebenan, oder, um genau zu sein, die Putzfrau des Arahat.

Es mag nicht mehr als eine persönliche Vorliebe sein, doch ich denke, Allan Bennetts Übersetzung des Ausdruckes, "Recollection[55]", ist so nahe dran, wie jemand in Englisch kommen kann. Man kann die Bedeutung leicht verändern, um Recollection einzuschließen, um die Reichweite der eigenen Fakten zu implizieren, und ihr Passen in eine organisierte Struktur. Der Ausdruck "Sati" beinhaltet eine Identifikation des Wesens mit dem Wissen - siehe *der Soldat und der Bucklige! (Der Equinox, Vol. I, No. 1).* Soweit es sich auf das magische Gedächtnis bezieht, legt es die Betonung auf ein Verfahren, fast ebenso, wie es erklärt ist in *Liber Thisharb (Magick, Bd. II).*

Dies ist ein Fall, wo "sauberes Denken" absolut hilfreich ist. Die Wahrheit ist ein exquisites Gewebe; es erleuchtet das Wappenschild der Einheit in der Natur in solch delikaten und doch kraftvollen Farben, daß der Postulant dadurch sehr gut bis zur Öffnung der Trance des Wunders kommen mag; doch religiöse Theorien und persönliche Starrköpfigkeit haben gegen ihre Unvermeidlichkeit die kräftigsten ihrer Palisaden der Vorurteile errichtet.

Wer soll uns hier helfen? Nicht die sonoren *Veden,* nicht die *Upanishaden,* nicht *Appolonius, Plotinos, Ruysbroeck, Molinos;* nicht irgendein Glanzlicht im Feld des *apriori;* nein, ein bloßer Anhänger der Naturgeschichte und Biologie: Ernst Haeckel.

Enorm, elephantös, die Umfassendheit seines Werkes ist fast unglaublich; für uns ist seine eine revolutionäre Entdeckung wichtig für diese Angelegenheit des Sammasati und die Offenbarung der eigenen innersten subtilen Strukturen.

Er entdeckte und er demonstrierte, daß die Geschichte jedes Tieres im Verlauf der Evolution in den Stufen des Individuums wiederholt

[55] engl.: Erinnerung, wieder ins Gedächtnis rufen[A.d.Ü]

wird. Um es roh auszudrücken, das Wachsen eines Kindes vom befruchteten Ei zum Erwachsenen wiederholt die Abenteuer der Art.

Diese Doktrin ist außerordentlich wichtig, und ich habe das Gefühl, daß ich nicht weiß, wie ich sie so betonen soll, wie sie es verdient. Ich möchte außerordentlich genau sein; doch der Gebrauch dieser ungewöhnlichen wissenschaftlichen Ausdrücke mit einer Waffenkammer von Zitaten, würde fast sicher darin resultieren, daß Du den Punkt verfehlst. "Unfähig, den Wald vor lauter Bäumen zu sehen."

Laß es mich so ausdrücken, daß der Körper geformt wird von einer Anzahl von Lagen, von denen jede eine Stufe in der Geschichte der Evolution der Art repräsentiert. Der Fötus zeigt essentielle Charakteristiken von Insekten, Reptilien, Säugetieren (oder was immer sie sind) in der Ordnung, in welcher diese Klassen von Lebewesen in der Weltgeschichte erschienen.

Nun möchte ich eine These formulieren - und soweit ich weiß, ist es meine persönliche, basierend auf meiner Arbeit in Cefalu - mit der Aussage, daß der Geist auf genau den gleichen Linien gebildet wird.

Du wirst Dich erinnern an meine Note über "Unterbrechungen" in der Meditation, wobei jeder eigene graduelle Fortschritt in der Praxis darin resultiert, bestimmte Klassen von Ideen *durch andere Klassen* auszuschließen. Die nahe bei der Hand liegenden, kaum verflüchtigten Gedanken kommen zuerst, und zuerst gehen sie. Dann die Ereignisse des letzten Tages und die Vorhaben des Geistes für diese Periode.

Als nächstes kommt man an die Lage von Erinnerungen und allen Formen von Wunschphantasien; dann beschäftigt sich das Gedächtnis mit Ereignissen der Kindheit und ähnlichem; zuletzt dringt jene Klasse von "atmosphärischen Störungen" ein, von denen man die Quelle der Unterbrechung nicht herausfinden kann. All dies sind Angelegenheiten des bewußten und rationalen Geistes.

Die Struktur des Geistes enthüllt ihre Geschichte wie die Struktur des Körpers.

"Großbuchstaben bitte, oder ich schlage Deinen Kopf gegen irgendetwas; das muß einsinken.)

Ebenso, wie Dein Körper auf einer Stufe der Körper eines Affen war, eines Fisches, eines Frosches (und dem ganzen Rest), so besaß das Tier zu dieser Zeit einen damit korrelierenden Geist. Nun denn! Im Verlauf dieser Art von Initiation, welche durch Sammasati vorgetragen wird, werden die Lagen fast ebenso fortgezogen, wie es mit elementarer Meditation (Dharana) im bewußten Geist passiert.

(Es gibt eine Methode, an eine ganze Menge fremdartigen und unerwarteten Wissens über diese Angelegenheiten durch den Gebrauch von schwefligem Äther zu gelangen $(C_2H_5)_2O$, mit einer speziellen Technik. Ich schrieb einmal ein Papier darüber, 16 pp. 4to, und fürchtend, daß es verloren gehen könnte, machte ich viele Kopien und verteilte sie. Wo ist es? Ich müßte einmal einen Brief darüber schreiben.)

Dazugehörig findet man sich selbst die Gedanken, die Gefühle, die Wünsche, eines Gorillas, eines Krokodiles, einer Ratte, eines Teufelsfisches, oder was immer Du willst, erfahren! Man ist nicht länger menschlicher Gedanken im gewöhnlichen Sinne des Wortes fähig; solche würden vollständig unverständlich werden.

Ich überlasse Dir die Geister der Imagination; hört es sich nicht fast an wie der Bericht in "Der Lauerer auf der Schwelle[56]"?

Liebe ist das Gesetz, Liebe unter Willen.

Brüderlich,

666

[56] Eine Geschichtensammlung von H.P. Lovecraft [A.d.Ü]

28. Die Notwendigkeit, "Gott" und "Selbst" zu definieren

Cara Soror,

Tu was Du willst, soll das Ganze des Gesetzes sein.

Kunstlose Bemerkung![57] Oh Du!

Nun, ich vermute, es ist eine Gabe - die Hölle zu ihrem abgründigsten Schrecken aufzurühren mit einer kleinen Bemerkung, welche am Ende hineinrutschte. Skorpion! "Höheres Selbst" - "Gott in uns".

Liebe Lady, Du würdest niemals fünf Worte Irokesisch, Bantu, Basuto oder aus dem Jargon Meister Francois Villon's oder dem Piktischen wählen können, welche einzeln und zusammen mir weniger vermitteln.

Nein, nein, nicht *weniger:* Ich meinte *mehr,* soviel mehr, daß es sich zu überhaupt nichts addiert. Spencer Montmorency Bourbon Hohenstaufen klingt sehr exklusiv und aristokratisch und sogar hochnäsig und snobistisch; doch wenn Du diese Namen jedem männlichen Kind gibst, tendiert der Effekt dahin, zu verschwinden.

Wirf den Spaten rüber, ich muß mal wieder graben.

1. "Höher". Hier fallen wir direkt in die Arme von Freud. Warum "höher"? Weil es in einem Kampf leichter ist, ihn zu erwürgen, wenn

[57] Bezieht sich auf eine gläubige Frage am Ende ihres Briefes.

Du oben bist. Wenn sehr junge Kinder ihre Eltern in *actu coitus* beobachten, ein Umstand, welcher, fast überall außerhalb von England, außerordentlich gewöhnlich ist, und sogar hier, wenn der Wohnraum beschränkt ist, nimmt das Kind an, daß seine Mutter, von welcher es in bezug auf Nahrung vollständig abhängig ist, von dem eindringenden Fremden angegriffen wird, von dem sie wollen, daß es ihn als "Vati" anspricht. Aus diesem Samen entspringt ein "oben-unten-Komplex", welcher später, in bestimmten Fällen, ganzen Legionen von Neurosen als Grundlage dient.

Nun denn, mach es ein bißchen klarer, bitte, was Du genau mit "höher" meinst.

Skeat scheint es mit Hügeln, Schwellungen, Gebäuden, der mütterlichen Brust zu verbinden; das ist Grund genug für uns, es mit der Idee von Vorteil, oder - "Superiorität[58]", übersetze es bloß ins Latein - wert, oder - nein, es ist wirklich nicht so schwierig. Natürlich, manchmal hat es eine "böse" Bedeutung, wie Temperatur bei Fieber; doch fast immer impliziert es eine Bedingung, welche "niedrig" vorgezogen wird.

Angewendet auf das "Selbst" wird es eine Art Handelsbezeichnung; niemand sagt mir, ob er Khu oder Ba oder Khabs oder Ut der *Upanishaden* oder Augoeides der Neoplatonisten oder Adonai von Bulwer-Lytton oder — hier stehen wir mit all diesen dreimal verfluchten Alternativen. Es gibt keine, kann keine spezifische Bedeutung geben, bevor wir nicht mit einem gesunden Skelett ontogenetischer Theorie beginnen, eine wohlaufgestellte Hierarchie des Kosmos und den Begriff neu definieren.

Wozu ihn dann benutzen? Das zu tun, kann nur Verwirrung erzeugen, wobei der Kontext uns hilft, das Bild zu klären. Und es ist sicherlich eher eine defätistische Einstellung, nicht wahr?

Als ich zuerst daran ging, meiner "Mission" einen Namen zu geben - die Kontemplation trug mich halbwegs durch Süd-West-China - bedachte ich diese Alternativen. Ich dachte daran, den gordischen

[58] Lat: Überlegenheit [A.d.Ü.]

Knoten zu zerschlagen und es mit Abramelin's Titulierung, den "Heiligen Schutzengel" zu nennen, weil, nahm ich an, dies dem Dorfbewohner von Pu Peng ebenso verständlich sein wird, wie den gebildetsten Pundits; darüber hinaus war die implizierte Theorie so roh, daß niemand dadurch gebunden werden mußte.

2. "Innen". Wenn es Dir nichts ausmacht, werden wir dies nun anrei- ßen, während "höher" frisch in unseren Köpfen ist; ist ebenso eine Voraannahme. Zuerst willst Du nach *oben* gehen; dann willst Du nach *innen* gehen. Warum?

Wie "höher" die Idee der Aggression vermittelt, der Eroberung, impliziert "innen" normalerweise Sicherheit. Immer kommen wir zurück zu jener Stufe der Geschichte, als die soziale Einheit, basierend auf der Familie, kaum weniger als Bedingung Nr. 1 des Überlebens war. Das Haus, das Schloß, das befestigte Lager, die Stadtmauer; die "Sippen", der Clan, der Stamm, das *patrie,* außerhalb zu sein bedeutet Gefahr von Kälte, Hunger und Durst, Räuberbanden, Wegelagerern, Bären, Wölfen und Tigern. Hinauszugehen bedeutete, ein Risiko auf sich zu nehmen; und, da Deine Arbeit und Dein Mut lebenswichtig für Deine Mitmenschen waren, warst Du für sie nur ein schlechter Mensch; tatsächlich, ein "Grenzfall" oder "Outsider". *Ausschweifung* bedeutet einfach "aus der Tür gehen"! Der heilige Johannes sagt: "Draußen sind Hunde und Zauberer und Hurenhalter und Ehebrecher und Götzenanbeter und..." - so weiter.

Wir von Thelema fordern all dies direkt heraus. "Das Wort der Sünde ist Beschränkung" (AL, I: 41). Unsere Formel, grob gesprochen, ist hinauszugehen und zu greifen, was wir wollen. Wir tun dies so gründlich, daß wir daran wachsen, unsere Konzeption von "Ich" wird dadurch erweitert, daß wir jede neue Erwerbung einschließen, anstatt ein eng beschränktes Selbst zu bleiben, stolz darauf, andere Dinge zu besitzen, wie es die schwarzen Brüder tun.

Wir sind mit ganzem Herzen extrovertiert; die Strafe dafür, sich *selbst* zu beschränken, ist alles von Neurose bis zu richtiggehendem Wahnsinn; im besonderen Melancholie.

Du fragst, ob diese Bemerkung nicht im Konflikt mit meiner wiederholten Definition der Initiation als dem Weg nach Innen steht.

Überhaupt nicht; das Innerste ist identisch mit dem All. Da Du nach innen reist, wirst Du fähig, all die Lagen zu durchschauen, welche das Selbst von innen umschließen, und so die Reichweite Deiner Mission vom Universum zu erweitern. Es ist, als ob Du Dich von einer Aufklärungspatrouille zum G.H.Q. bewegst; und der Zweck, dies zu tun, ist offensichtlich, steigende Kontrolle über die ganze Armee zu behalten. Jeder Schritt aufwärts im Rang befähigt Dich, mehr zu sehen und mehr zu tun; doch die eigene Aufmerksamkeit ist unvermeidlich nach Außen gerichtet.

Wenn das gesamte System des Universums von Deinem Verständnis erfaßt wird, werden "innen" und "außen" identisch.

Aber es reicht überhaupt nicht, irgendetwas innen zu suchen, außer einem Standpunkt, aus dem einfachen Grunde, daß nichts anderes sich dort befindet!

Es ist ebenso mit all diesen Symbolen in *Das Buch Thoth* - sobald Du zum "Ende" von etwas kommst, findest Du plötzlich heraus, daß es der "Anfang" ist.

Um überhaupt die Idee eines "Selbst" zu formulieren, mußt Du Grenzen setzen; alles, was unterscheidbar ist, ist eine bloß zeitweise (unvollständige) Auswahl des Endlichen vom Unendlichen; was immer Du wählst zu denken, es wechselt, es wächst, es verschwindet.

Du mußt Deinen Geist trainieren, durch diese laubbedeckten Straßen der Gedanken zu traben, auf dem guten grünen Rasen der Indifferenz; wenn Du dies ohne bewußte Anstrengung tun kannst, so daß oben-unten, innen-außen, weit-nah, schwarz-weiß (usw. für alles) ziemlich automatisch erscheinen, bist Du schon so nahe daran, ein Initiierter zu sein, daß es keinen Unterschied mehr macht.

3. "Selbst". Meine volle Diskussion davon, siehe Brief 42.

4. "Gott". Es ist wirklich zu schlecht von Dir!

Von all den hoffnungslos verwickelten Worten der Sprache wählst Du mit niemals fehlgehendem Sadismus die am brutalsten Zerfleischten aus.

Crippen[59] war ein Amateur.

Skeat hilft uns kaum, außer, indem er uns warnt, daß "gut" nichts, was auch immer, damit zu tun hat. *Dieu* kommt von Deus, mit all seinen Sol- Jupiter-Beziehungen, und Deos, von welchem Plato dachte, daß es einen Läufer meint; daher Sonne, Mond, Planeten.

Das Beste, was ich für Dich tun kann, ehrliche Rothaut! ist das russische Wort für Gott, *Bog;* welches wahrscheinlich durch das Litauische mit dem walisischen *Bwg,* einem Spuk oder Gnom verbunden ist. *Bugge,* ebenfalls. Nicht sehr inspirierend, den "Alten Hundertsten"[60] durch "Hush, Hush, Hush, Here Comes the Bogeyman"[61] zu ersetzen, oder vielleicht doch?

Genug von dieser Narretei! Heraus, mein altes Rapier, und hinein in das steinerne Herz der frechen Frau, welche schrieb, "Gott in uns".

Ich weiß, daß Du dachtest, daß Du mehr oder weniger wüßtest, was Du meintest, als Du es schriebst; doch das war sicherlich ein bloßer Ausrutscher. Ein Moment des Nachdenkens hätte Dich gewarnt, daß das Wort nicht einmal der oberflächlichsten Analyse standgehalten hätte.

Du meintest "etwas, welches mir als das perfekteste Symbol von allem, was ich liebe, verehre, bewundere, zu sein scheint!" - Die ganze Klasse von Verben.

Doch niemand sonst wird das gleiche Set von Qualitäten in seinem Privatmuseum haben; Du hast, wie es jeder immer tat, einen anderen Gott nach Deinem eigenen Bilde erschaffen.

Die Vedantisten haben Gott definiert als "weder Qualität noch Quantität habend"; einige Yogis haben eine Praxis, Bilder aufzubauen und sie sofort zu zerstören mit "Nicht das! Nicht das!"

---

[59] Crippen war ein berühmter englischer Giftmörder, welcher gefaßt und gehängt wurde.

[60] Bezieht sich auf eine Melodie aus dem 16. Jhdt., auf die Psalm 100 gesungen wurde. [A.d.Ü]

[61] Bezieht sich auf einen englischen Schlager aus den 1930ern. [A.d.Ü]

Und die Buddhisten würden überhaupt niemals einen Gott zugeben, in irgendeinem Sinne, in welchem Du das Wort benutzt[62].

Schlimmer noch, was immer Du mit dem Wort Gott meinst, vermittelt mir überhaupt keine Idee: Ich kann lediglich raten, im Lichte meines außerordentlich kleinen Wissens von Dir und Deinen allgemeinen Gewohnheiten, zu denken. Was für einen Sinn hat es dann, es mir an den Kopf zu werfen? Ein halber Ziegelstein hätte Dir besser gedient.

Du denkst, Du könntest es mir vielleicht *viva voce* erklären? Wage nicht, es zu versuchen! Was immer Du sagst, würde ich als Unsinn beweisen, philosophisch und auf andere Arten. Und die Landambulanz würde Dich als verwirrte und zerschlagene Trümmer[63] Deiner selbst in die Klapsmühle[64] bringen, wie etymologisch so wundervoll angedeutet wird.

Sieh es einfach; das Wort muß auf jeden Fall Ideen des Neshamah konnotieren, nicht des Ruach.

"Doch Du gebrauchst das Wort die ganze Zeit." Ja, tue ich, und verlasse mich auf den Kontext, um diesen am meisten flüssigen - oder gasförmigen - aller Ausdrücke zu kristallisieren.

"Uns". Wieso "uns"?

Ist es eine Beziehung auf die alte Schuluniform, oder diese Abschlußklasse in Brüssel und das Ticket zur königlichen Loge in Ascot? Ich nehme nicht für einen Moment an, daß Du es wirklich auf diese Art und Weise meintest. Doch es ist da. Und so -

Eine Anekdote von Lao-Tse.

Der Alte war, wie gewöhnlich, von einer Galaxie bewundernder Schüler umgeben, und sie versuchten, ihn dazu zu bringen, ihnen zu zeigen, wo das Tao gefunden werden könnte.

---

[62] Eine der amüsantesten ironischen Passagen kann in *Die Fragen des Königs Melinda,* gefunden werden wo Aharat Nagasena den Maha Brahma besiegt.
[63] Im Original "débris", "Trümmer, Müll, Unrat" [A.d.Ü.]
[64] Im Original "Bug-house", wörtlich "Ungezieferheim" [A.d.Ü.]

Es sei in der Sonne und dem Mond, gab er zu; es sei im Sohn des Himmels und im Übermenschen. (Nicht jedoch George Nathaniel Cur- zon) Es sei in den Blüten des Frühlings und in den kalten Winden, welche aus Sibirien wehen und in den Wildgänsen, welche ihn südwärts tragen, wenn ihr Instinkt sie dazu treibt. In Kürze, die Aufzählung begann auszusehen, als ob sie sich unendlich ausdehnen würde, und ein ungeduldiger Schüler, indem er auf bestimmte Hinterlassenschaften zeigte, welche ein Muli beim Vorübergehen zurückgelassen hatte, fragte: Und ist das Tao auch darin? Und der Meister nickte und antwortete: Auch darin.

Was wird dann aus diesem privilegierten 'uns'? Wir sind gezwungen, es auszudehnen, um alles einzuschließen. Denn wie wir gerade gesehen haben, ist "Gott" ebenso unbeleckt durch Definition.

Nettoergebnis: "Gott in uns" bedeutet präzise überhaupt nichts.

Und ebenso mit Brahman!

"Bindet nichts! Laßt da keinen Unterschied gemacht werden unter Euch zwischen irgendeinem Ding und irgendeinem anderen Ding; denn daher kommet Schmerz. Doch wer immer darin Erfolg hat, laßt ihn den Führer von allen sein!" (AL, 1:22-23)

Ich werde Dich nicht an den Punkt bringen, daß, wenn dies der Fall ist, Worte wie "Verletzung" und "Führer" nicht wirklich etwas bedeuten könnten. Die Tatsache ist, daß wenn wir friedlich in diesem Club weitermachen wollen, wir wissen müssen, wann wir irgendeinen gegebenen Ausdruck einfach im normalen Sinne annehmen müssen.

Im Ruach gelten alle Gesetze der Logik: Nicht in Neschamah.

Die wirkliche Bedeutung der Stelle ist einfach genug, wenn Du verstehst, daß sie sich auf ein spezifisches *Ergebnis der Initiation* bezieht. Du mußt fähig sein, das Universum zu betrachten, als Ganzes und in jedem Teil; und all seine falschen oder teilweisen Realitäten loszuwerden, indem Du alles hinausschmeißt, außer der einen Realität, welche die einzige Wahrheit in und von der Illusion ist.

Es gibt ein Set von Gleichungen, welches die Beziehung des Wahrnehmenden und des Wahrgenommenen, berichtigt in bezug auf die besonderen Begrenzungen beider Seiten ausdrückt; ein anderes grenzt alle endlichen Therme aus, und läßt uns mit einem Ultimaten $x = o = 0^\circ$ zurück.

Siehst Du?

Ich weiß, ich bin eine entmutigende Art eines Blödmannes, und es scheint so unfreundlich, einer Freundin jede Minute an die Kehle zu springen, wenn sie versucht, es immer so hübsch auszudrücken, und es ist so leicht - nicht wahr - das Spiel hochtrabenden Geredes zu spielen, und sicherlich ist das, was gesagt wurde, vollkommen harmlos, und...

Nein, N.E.I.N., Nein: Überhaupt nicht harmlos. Meine gesamte Absicht besteht darin, Dich zu lehren, jede Art hypothetischer Spekulation zu beenden, und ebenso Formeln, welche ebenso resonant, wie befriedigend sind. Ich will, daß Du sie

verabscheust,
vor ihnen zurückschreckst,
verachtest,
Dich vor ihnen ekelst,
hinauswirfst,
haßt,
schneidest,
und *da capo.*

Und mit Deiner *Praxis* fortfährst. Dann, wenn Du die Resultate erhältst, kannst Du versuchen, wahrscheinlich nutzlos, Deine eigenen Worte auf die Tatsachen anzuwenden, falls Du aus irgendeinem guten Grund wünschen solltest, Deine Erfahrung anderen Leuten mitzuteilen.

Dann, wenn Du an Deiner Unfähigkeit verzweifelst, wie froh wirst Du sein, daß Du trainiert wurdest, Dich von niemandem mit Phrasen foppen zu lassen.

Liebe ist das Gesetz, Liebe unter Willen.

Brüderlich,

666

29. Was ist Sicherheit?

Cara Soror,

Tu was Du willst, soll das Ganze des Gesetzes sein.

Die Chinesen können nicht anders denken, als daß die Oktave 5 Noten hat.
Je notwendiger irgendetwas dem Geiste erscheint, desto sicherer ist es, daß ich nur eine Begrenzung bestätige.
Ich schlief mit dem Glauben und fand beim Erwachen eine Leiche in meinem Arm.
Ich trank und tanzte die ganze Nacht mit dem Zweifel und fand sie eine Jungfrau am Morgen.

(Das Buch der Lügen)

Wenn ich Du wäre, würde ich nicht damit beginnen, mit den Chinesen zu streiten; sie könnten Dich daran erinnern, daß Du den Geruch, der für Leichen typisch ist, ausströmst. Wieder diese andere "Hymne an St. Thomas", wie ich sie vielleicht hätte nennen sollen.

Zweifle.
Bezweifle Dich selbst.
Bezweifle sogar, ob Du Dich selbst bezweifelst.
Bezweifle alles.
Bezweifle sogar, ob Du alles bezweifelst.
Es scheint manchmal, als ob unter allem bewußten Zweifel eine tiefste Sicherheit liegt. Oh töte sie! Töte die Schlange!
Das Horn der Zweifel-Ziege sei erhoben! Tauche tiefer, immer tiefer, in den Abyss des Geistes, bis Du den Fuchs JENES der Erde entlockst. Auf, Hunde!

Yoicks! Tally-ho! Bringt JENES zur Strecke!
Dann, blast das Halali!

Noch einmal - was für ein Buch ist das: Ich habe es niemals verstanden - bis jetzt! sage ich - siehe diese Doppelseite am Anfang, eine mit einem "?" und die andere mit einem "!" allein auf der leeren Seite. Darüber hinaus solltest Du den langen Essay "Der Soldat und der Bucklige" : ! und ? lesen.

Doch jedes von diesen - ziemlich bezeichnend, *nicht wahr* - schlittert in eine Rhapsodie der Erhöhung, einen Dithyrambus, einen Paean[65]. Dies nützt hier nichts. Was Du möchtest, ist eine kinderleichte, pedantisch prosaische Wahrscheinlichkeitsprozentrechnung. Du möchtest wissen, wie die Chancen stehen, wenn ich sage "sicher".

Ein Fall für Kasuismus, zumindest für Klassifikation. Es hängt sehr von der Betonung Deiner Stimme ab? Ja, natürlich und um zur Klassifikation zu kommen, los gehts zum göttlichen Pymander, welcher, mit seiner gewohnten Klarheit, die Hauptsache unserer Fragestellung

---

[65] Es erscheint mir natürlich - apodeiktisch fast - den Zweifel positiv, also aggressiv zu behandeln. Da ist nichts von diesem schwankenden, zitternden, Wehe-Mir-Klagen der müden und verwunderten Lohnsklaven; es ist eine triumphierende Herausforderung, Nichtzustimmung um ihrer selbst willen. Irisch!

Browning hat ein recht vollkommenes Bild meines Zweifels gezeichnet.

Up jumped Tokay on our table,
Like a pigmy castle-warder,
Dwarfish to see but stout and able,
Arms and accoutrement all in order;
And fierce he looked North, then wheeling South
Blew with his bugle a challenge to Drouth,
Cocked his flap-hat with the tosspot feather,
Twisted his thumb in his red moustache,
Jingled his huge brass spurs together,
Tightened his waist with its Buda Sash,
And then, with an impudence nought could abash
Shrugged his hump-shoulder, to tell the beholder,
For twenty such knaves he should laugh but the bolder;
And so, with his sword-hilt gallantly jutting,
And dexter hand on his haunch abutting,
Went the little man, Sir Ausbruch, strutting!

Eigentlich ist das keine Beschreibung eines Tokajers; eher ein Nachbar von Stierblut oder irgendein anderer rauher, kräftiger Rotwein wie Rioja. Amüsant jedoch, daß er ihn zu einem buckligen Zwerg macht; das muss eine tiefe Bedeutung haben. Ich frage mich, welche! (Frag Jung,)

sah und aussprach. Er trennt 3 Grade der Wahrheit; und er unterscheidet:

1. Wahr
2. Ohne Zweifel sicher
3. Vollständige Wahrheit

Der Unterschied zwischen 1 und 2 ist klar genug: Frag mich nach der Zeit, ich sage halb Zwei, und das ist wahr genug. Doch der königliche Astronom ist auf gar keinen Fall mit irgendeiner Annäherung dieser Art zufrieden. Er will es akkurat. Er muß die Längengrade auf die Sekunde genau wissen; er muß entschieden haben, welche Methode der Zeitmessung benutzt werden soll; er muß Korrekturen für dies und das machen; und er muß eine (eigennützige) Interpretation auf dieses System angewendet haben; die gesamte Frage der Relativität kommt hoch, und, sogar so, wird er, bei jedem einzelnen Knoten in den Gespinsten des Altweibersommers seiner Berechnungen, ein Caveat betreten. Nun denn, all diese feinen Differentiale und Integrale und Verifikation und Gott weiß was alles, führt zuletzt zu einer Aussage, welche "Ohne Zweifel sicher" benannt werden könnte.

Doch Hermes Trismegistos ist mit keinen deratigen Fugen, wie ein Astronom, zufrieden, wie geschickt und kolossal seine Orgel[66] auch sein mag; sein dritter Grad verlangt sehr viel mehr als das. Die Schätzung des Astronomen hat jede kleinste Ritze verdeckt, er gesteht das zu, doch dann wischt er alles brüsk hinfort: Die ganze Zeit über stand die Tür weit offen!

Die ausgezeichnet geschneiderte Berechnung des Astronomen steht in verschämter Isolation, wie ein schüchterner junger Mann bei seinem ersten Ball; er fühlt, daß er nicht dorthin gehört. Denn dieses D.S.T. oder Greenwich, oder was auch immer, wie exakt auch immer in sich selbst es sein mag, ist nur in Beziehung zu irgendeinem anderen Satz von Messungen, welche sich schon als selbstzüglich herausgestellt haben, richtig; es ist nicht von ultimater Wichtigkeit; niemand kann es diskutieren, aber sie haben auch für niemanden

[66] Ein Wortspiel mit "Fuge". Sowohl eine Ritze, als auch ein Orgelstück. [A.d.Ü]

irgendeine Wichtigkeit, außer in besonderen Fällen. Es ist nicht "Von aller Wahrheit".

Es wird gut sein, zu untersuchen, was Hermes damit meint.

Sollen wir es "eine Wahrheit der Religion" nennen? (Sei nicht schockiert! Das Originalwort impliziert ein Wiederverbinden mit, wie in einem "Gewebe von Doktrinen" vergleiche das Wort *Ligature.* Es kam erst später, durch Korruption, daß in das Wort "Glaube" impliziert wurde; re-ligens, Gehorsam [den Göttern gegenüber] als Gegensatz zu neg-ligens, ablehnend.)

Ich denke, daß Hermes über einen Ruach nachdachte, eng verbunden und durch fortgesetztes Streben in der obersten Triade verankert; eben solch einer, in Kürze, wie er in jenen Bemerkungen über das magische Gedächtnis erscheint, ein Gottmensch, bereit, sein ausgedientes Instrument für ein neues abzulegen, welches mit all den neuesten Verbesserungen (der Bewegung des Zeitgeistes, im besonderen während der letzten Inkarnation) geschaffen wurde, wohlbereitet und fertig für den Gebrauch.

Da dies so ist, sollte eine Wahrheit, welche "von aller Wahrheit" ist, jede Voraussetzung bedeuten, welche einen essentiellen Teil dieses Khu - dieser "magischen Identität" eines Menschen bildet.

Wie seltsam muß es auf den ersten Blick erscheinen, zu bemerken, daß die Wahrheiten dieser Ordnung sich als das herausstellen, was als Axiome - oder sogar Platitüden - bezeichnet wird.

"Je sicherer ich mir einer Sache bin, desto sicherer ist es, daß ich nur eine Begrenzung meines eigenen Geistes bestätige."

Sehr gut, aber was soll ich tun? Zumindest einige solcher Gewißheiten müssen sicherlich "von aller Wahrheit" sein. Der Test der Zulassungen dieser Klasse sollte sein, daß, wenn einer das Gegenteil dieses Satzes akzeptieren müßte, die gesamte Struktur des Geistes in Stücke geschlagen würde, wie es auf keinen Fall im Falle der astronomischen Berechnung ist, welche sich aus einem Dutzend Gründen als falsch heraussteilen mag, ohne daß irgendjemand ernsthaft in seinen innersten Gefühlen verwundet wird.

Der Staatsmann weiß instinktiv, oder, im schlimmsten Fall, durch sein Training und seine Erfahrung, welche Art von Annahme, harmlos genug an der Oberfläche, "gefährliches Denken" sein könnte, ein Todesstreich für seine eigene Idee davon, was "von aller Wahrheit" ist und er schlägt in einer wilden Panik zu, welche von seinem eigenen Standpunkt aus vollständig berechtigt ist. Beispiel Nr. 1: Galileo und dieser Haufen. Was könnte es dieser Gospelgeschichte, daß die Leute denken sollen, daß die Erde sich um die Sonne dreht, ausmachen? (Riemann und oh! solch eine Menge von Dingen haben gezeigt, daß sie es nicht tat und nicht tut! Diese Art von "Wahrheit" ist nur ein Set von Konventionen.)

"Oh, mach Dich *nicht so* davon! Ich möchte wissen, was ich daran tun muß. Muß ich diesen jaulenden Krach akzeptieren, meinen Geist vergrößern und es eine Initiation nennen? Oder soll ich meine eigene von -aller- Wahrheit Flagge an den Mast nageln und ohne meine Farben hinunter in den Maelstrom des Wahnsinns gehen?" Brauchst Du wirklich Big-Bands, um Babys in den Schlaf zu wiegen?

Der Meister des Tempels geht sehr einfach und effizient mit Problemen dieser Art um. "Der Geist" (sagt er) dieser Partei des ersten Teils, von nun an als Frater N. (oder was immer sein 8° = 3□- Motto sein mag) genannt, ist so konstruiert, daß das Intervall von c bis c höchst harmonisch in n Noten aufgeteilt ist; jenes der Partei des zweiten Teils, von nun an bezeichnet als - nicht-Häretiker, Atheist, Bolschewik, Lebenssüchtiger, Schismatiker, Anarchist, Schwarzmagier, Freund von Aleister Crowley, oder was auch immer der momentan mißbrauchte Begriff sein mag - Mr. A, Lord B., Duke von C., Mrs. X., oder wie auch immer er oder sie zufällig genannt werden mögen - in 5. Die Struktur, genannt, von-aller-Wahrheit in keinem von uns wird dadurch mehr berührt, als beim Lesen des Thermometers mit Fahrenheit auf der einen und Grad Celsius auf der anderen Seite.

Du behauptest natürlich, daß diese Antwort kaum besser als eine Flucht ist, daß sie automatisch die Frage nach der Summe der Möglichkeiten aus dem verzauberten von-aller-Wahrheit-Kreis hinausstößt.

Nein, nicht wirklich; denn wenn Du fähig wärest, eine Projektion dieser beiden Geister zu erstellen, so würde da, erstens, eine Art

Kompensation anderswo als in der musikalischen Abteilung sein; und zweitens, eine Wahrheit von einer noch höheren Ordnung, welche beiden gemeinsam ist.

Es ist mir bewußt, daß diese Konzeptionen zuerst außerordentlich schwer klar zu formulieren sind. Ich würde nicht soweit gehen, zu sagen, daß man ein Meister des Tempels sein muß, um sie zu verstehen; aber es ist wirklich äußerst notwendig, die Doktrin fest im Griff zu haben, daß "ein Ding nur wahr ist, insofern es seinen Widerspruch in sich selbst enthält". (Ein guter Weg, dies zu verstehen ist, einen fröhlichen Tanz der Paradoxien aufrechtzuerhalten, solche wie selbstbezügliche Logik und Mathematik. Das wiederholte Stoßen des Kopfes vor eine Ziegelmauer wird auf lange Sicht die kleinen grauen Zellen aufrütteln [wie Poirot sagen würde] und Dir beibringen, jeder Kette von Argumenten zu mißtrauen, wie offensichtlich unangreifbar diese Logismen auch sein mögen, und immer eifriger die Dämmerung jener Neshamaischen Bewußtheit zu suchen, wo all diese Dinge klar verstanden werden, obwohl es unmöglich ist, sie in rationaler Sprache auszudrücken).

Die primäre Funktion des Intellektes ist Unterscheidung; er beschäftigt sich mit Markierungen, mit Grenzen, mit Relationen zwischen nichtidentischen Dingen; in Neshamah ist all diese Arbeit so perfekt vollbracht, daß diese "groben Arbeiten" völlig aus dem Geist verschwunden sind; ebenso, sagst Du, "Ich" als wäre es eine unteilbare Einheit, die sich nicht dieser unerkennbaren genauen Maschinerie bewußt ist, deren anatomische, physiologische und psychologische Konstruktion, in dieser Idee von "Ich" resultiert.

Wir mögen also mit einigem Vertrauen wiederholen, daß unsere Sicherheiten unsere Begrenzungen bestätigen, doch diese Art von Begrenzung ist nicht notwendigerweise schädlich, vorausgesetzt, daß wir die Situation in ihrer passenden Perspektive überblicken, daß wir, verstehen, daß Mitgliedschaft dieser von-aller-Wahrheit-Klasse nicht (wie jemand auf den ersten Blick denken will) jene Meere überwindet, welche Geist von Geist trennen; uns jedoch auf der anderen Seite in eine Position bringen, sie zu ignorieren. Unsere Handlungen von "Liebe unter Willen", welche unsere Hingabe an Nuit ausdrücken, welche die Erfüllung unserer Möglichkeiten multiplizieren, werden kontinuierlich wirksamer und enger mit unserer Formel der Initiation verbunden; und wir werden, progressiv, uns tieferen und umfassenderen Bildern der von-aller-Wahrheit-Klasse bewußt, welche, indem sie sie in sich selbst enthalten, alle sichtbaren Antinomien aufheben.

Es ist ohne Zweifel sicher, daß ich zu Bett gehen sollte.

Liebe ist das Gesetz, Liebe unter Willen.

Brüderlich,

666

30. Glaubst Du an Gott?

Cara Soror,

Tu was Du willst, soll das Ganze des Gesetzes sein.

Du liegst richtig, wie gewöhnlich. Wahr, wir haben eine ganze Menge des Grundes in verschiedenen gelehrten Abhandlungen über Götter, Engel, Elfen, *et hoc genus omne* behandelt.

Doch Gott, mit einem großen G, im Singular, ist ein vollständig anderes Paar Schuhe - *nicht wahr*?

Laß mich für einen kurzen Moment zurückgehen zu der Bedeutung von *Glaube*. Wir stimmten darin überein, daß das Wort sinnlos sei, außer, wenn es eine Meinung impliziert, einen Instinkt, eine Überzeugung - was Du möchtest!, so fest in unseren Naturen verankert, daß wir automatisch handeln, als ob es "wahr" und "Ohne Fehler sicher" wäre, vielleicht sogar von "der Essenz der Wahrheit". (Browning diskutiert dies in *Mr. Sludge das Medium*.) Gut: Das Feld ist klar für eine Untersuchung dieses Wortes "Gott".

Wir finden uns von Beginn an in Schwierigkeiten.

Wir müssen definieren und "definieren" heißt "begrenzen"; Begrenzen heißt "Gott" zu *"einem Gott"* oder, im besten Falle, *"dem Gott"* zu reduzieren.

Er muß allwissend (Quecksilber)[67], allmächtig (Schwefel) und allgegenwärtig (Salz) sein; doch solch einem Wesen würde keine *Absicht* möglich sein, so daß alle Apologien für die Existenz eines "Bösen" zusammenbrechen. Wenn da Gegensätze irgendeiner Art sind, kann

[67] Im Engl. "mercury", also auch mit dem Merkur assoziiert. [A.d.Ü]

keine Konsistenz bestehen. Er kann nicht Zwei sein, er muß Eins sein; doch, wie offensichtlich, er ist es nicht.

Wie versuchen die Hindu-Philosophen, aus dieser Klemme zu entkommen? "Böses" ist "Illusion"; hat keine "reale" Existenz. Was ist der Punkt daran? Sie sagen "Nicht das! Nicht das!", ihm alle Attribute absprechend; er, Gott, ist "Das, was ohne Quantität oder Qualität existiert." Sie widersprechen sich in jedem Satz selbst; indem sie versuchen, Grenzen zu entfernen, entfernen sie auch Definitionen. Ihre einzige Zuflucht liegt in der "überlegenen Bewußtheit". Glänzend! Doch nun ist der "Glaube" für immer verschwunden; denn das Wort hat keinen Sinn, wenn es nicht den Gesetzen normaler Gedanken unterworfen ist... Schwachsinn! Du mußt es selbst fühlen; je weiter man geht, je dunkler der Pfad. Alles, was ich geschrieben habe, ist irgendwie vermischt und obskur, schwach ist mein verzweifelter Kampf um Klarheit, Einfachheit...

Ist dies die Schuld meiner eigenen Sophisterei? Das frage ich mich selbst. Ich sage Dir was! Ich werde zu meiner Masseuse gehen und sie fragen. Sie ist eine einfache, ländliche Seele, nicht übermäßig gebildet, doch intelligent; fähig, die Prinzipien ihrer Arbeit fest im Griff zu halten; eine unbeirrte Kirchgängerin, was sie nicht als Zeitverschwendung ansieht; sie mag den Bürgermeister nicht, doch lobt seine Politik, Streit zu begrenzen. Sie hat eine ganze Menge für sich selbst gedacht; mißtraut und verachtet Presse und Radio, hat keinen Gebrauch für fertige Meinungen. Sie teilt mit der Menge ihre normalen Vorurteile und Phobien, doch ist nicht bigott darin, und folgt schnell genug einer Linie von einfach ausgedrückter destruktiver Kritik, wenn sie gefragt wird. Dies ist jedoch nur eine zeitweilige Reaktion; einen Tag später wiederholt sie die vorhergehenden Ungenauigkeiten, als wenn sie niemals zerstört worden wären. In den späten Fünfzigern, schätze ich. Ich stellte ihr Deine Frage[68] aus dem Blauen heraus ä la "doodle-bug"; lediglich vorausschickend, daß ich diese Frage gestellt bekam und verwirrt darüber sei, wie ich sie beantworten solle. Ihre Antwort war sonderbar und überraschend: Ohne einen Moment zu zögern und mit großem Enthusiasmus: "Natürlich, ja!" Die spontane Antwort fand ich außerordentlich interessant. Ich sagte: "Natürlich,

[68] Glaubst Du an Gott?

doch denken Sie ein wenig darüber nach - und darüber hinaus - was soll ich da verstehen?" Sie begann einfach mit "Er ist ein großer, riesiger -" und brach ab, närrisch aussehend. Denn, obwohl allmächtig, brauche er unsere Hilfe - wir seien alle ebenso mächtig wie er, denn wir wären Teile jedes anderen - doch wie genau, oder was daraus resultieren sollte, machte sie nicht klar. Ein Ausruf: "Da gibt es noch den Teufel!" Sie fuhr fort, ohne daß ich für eine lange Zeit ein Wort sagte, indem sie sich selbst mit jeder Stufe in neuen Knoten verfing. Sie wurde ungläubig, dann regelrecht blasphemisch; hielt an und begann, über sich selbst zu lachen. Und so weiter - doch, was mir sonderbar und signifikant erschien: hauptsächlich folgte ihre Argumentation ziemlich eng den Linien, welche mir am Beginn dieses Briefes von selbst kamen!

Am Ende, "sonderbarer und sonderbarer" kam sie zu einer praktisch identischen Schlußfolgerung: Sie glaubte, doch an was sie glaubte, war nichts!

Zu unserem alten Kriterium, was wir praktisch implizieren, wenn wir sagen, daß wir glauben, begann sie, indem sie sagte, daß wenn wir Gott bei seinem geheimnisvollen Plan "helfen", er in der einen oder anderen Art über uns wachen würde. Doch in diesem Punkt war sie sogar noch vager, als im Falle intellektueller Überzeugung; "Gott helfen" bedeutet, sich gesittet zu verhalten, dem eigenen Instinkt darüber folgend, was "gesittet" heißt.

Es ist sehr ermutigend, daß sie gesehen hat, ohne daß ich sie dazu gedrängt hätte, zu was für einem Kuddelmuddel die Frage notwendig führt und sehr hübsch für mich, da es mich entläßt, cara soror!

Liebe ist das Gesetz, Liebe unter Willen.

Brüderlich,

666

P.S. Ich dachte, es sei ein guter Plan, meine fundamentale Position in einem Postscriptum allein darzulegen; um es in den richtigen Rahmen zu setzen. Meine Beobachtung des Universums überzeugt mich davon, daß es Wesen einer Intelligenz und Macht von weit höherer

Qualität gibt, als alles, was wir als menschlich erkennen können; daß sie nicht notwendigerweise auf die zerebralen und nervösen Strukturen angewiesen sind, welche wir kennen; und daß die eine und einzige Chance für die Menschheit, sich als Ganzes zu entwickeln darin besteht, daß Individuen Kontakt mit solchen Wesen suchen.

31. Religion Ist Thelema eine "Neue Religion"?

Cara Soror,

Tu was Du willst, soll das Ganze des Gesetzes sein.

"Würdest Du Dein System als eine neue Religion beschreiben?" Eine geschickte Frage, wie Du zweifellos vermutest; ob es sein kann, daß sie irgendetwas bedeutet, ist - ist - ist - nun ist, was wir versuchen müssen, herauszufinden.

Wahr, es ist ein Slogan der A∴A∴: "Die Methode der Wissenschaft - das Ziel der Religion". Hier helfen das Wort "Ziel" und der Kontext bei der Definition; es muß die Erlangung von Wissen und Kraft in spirituellen Angelegenheiten bedeuten - oder Wörter, die Ähnliches bedeuten: Sobald man eine Phrase auswählt, beginnt man damit, Löcher hineinzutreten! Doch wissen wir beide die ganze Zeit sehr gut, was wir meinen.

Doch das ist mit Sicherheit nicht der Sinn des Wortes in Deiner Frage. Es mag unsere Köpfe klären, wie so oft, wenn wir es durch die Linse des guten alten Skeat betrachten.

Religion, sagt er, Lateinisch: religio, Gläubigkeit. Aufmerksamkeit auf sich ziehen oder auf etwas richten: *religens* als Gegensatz zu *negligens,* Verneinen; die Einstellung von Gallio. Doch ebenso impliziert es eine Verbindung, das heißt, von Ideen; tatsächlich, eines "Doktrinen-Geflechts". Kein schlechter Ausdruck. Eine Religion ist dann ein mehr oder weniger kohärentes und konsistentes Set von Glaubenssätzen, mit Vorschriften und Geboten, welche daraus ableitbar sind. Doch dann gibt es den Sinn, in welchem Frazer (und ich) das Wort oft benutzen: Als Gegenteil zu "Wissenschaft" oder "Magie".

Hier ist der Punkt, daß religiöse Leute Phänomene dem Willen irgendeines postulierten Wesens oder Wesenheiten attribuieren, ansprechbar und lenkbar durch Opfer, Anbetung oder Schöntun. Im Gegensatz dazu glaubt der wissenschaftliche oder magische Geist an die Gesetze der Natur, versichert "wenn a, dann b" - wenn Du das und das tust, wird das Resultat das uns das sein, unabhängig von Einmischung von oben. Josua, so wird berichtet, brachte die Sonne durch Anbetung zum Stillstand, und Hesekiel bewegte sie auf die gleiche Weise dazu, "zurück auf den Verlauf des Ahaz zu gehen"; Willet tat es, indem er die Uhr zurückstellte und die Zustimmung des Parlamentes für seine Verrücktheit einholte. Petruchio ebenfalls, "Es soll soviel Uhr sein, wie ich sage, daß es ist!" Die beiden letzten kamen der magischen Methode sehr nahe, zumindest, zu jenem Zweig davon, welcher daraus besteht, "alle Leute die ganze Zeit zu täuschen". Doch solch eine Operation, wenn wahre Magick verwandt worden wäre, würde weit über die Macht irgendeines Magiers meiner Bekanntschaft gehen; denn sie würde das gesamte Sonnensystem vollständig aufmischen. (Du erinnerst Dich, wie es passierte, und was daraus resultierte, in einer ziemlich klugen Kurzgeschichte von H.G. Wells.) Denn wahre Magick bedeutet, "ein Set Naturgewalten als mechanisches Mittel gegen ein anderes Set zu verwenden." - ich zitiere, soweit es das Gedächtnis erlaubt, Thomas Henry Huxley, wenn er erklärt, daß wenn er seinen Wasserbecher hebt - oder seinen Ellenbogen - er nicht "das Gesetz der Gravitation verletzt". Im Gegenteil, er benutzt dieses Gesetz; seine Gleichungen formen einen Teil des Systems, durch welches er den Becher hebt, ohne Wasser zu vergießen. Um das Ganze zu summieren: unser System ist eine Religion insofern, als eine Religion ein enthusiastisches Zusammenfügen einer Serie von Doktrinen bedeutet, von welcher keine in irgendeiner Art und Weise mit den Gesetzen der Wissenschaft oder Magick kollidieren muß.

Nenn es eine neue Religion, wenn Du so willst, verehrte Majestät; aber ich bezeuge, daß ich nicht sehen kann, was Du damit gewinnen kannst, und ich fühle mich verpflichtet, hinzuzufügen, daß Du leicht eine große Menge Mißverständnisse erzeugen, und eine ziemlich blöde Art Unheil anrichten kannst.

Dieses Wort[69] erscheint nicht in *Das Buch des Gesetzes.*

Liebe ist das Gesetz, Liebe unter Willen.

Brüderlich,

666

[69] "Religion" [A.d.Ü.]

32. Wie kann ein Yogi jemals besorgt sein?

Cara Soror,

Tu was Du willst, soll das Ganze des Gesetzes sein.

Diese Frage erwarte ich schon seit langem! Und was *Du* erwartest, ist, zu sehen, wie mein Schlag durch die Mitte die Nase des Wicket-Keepers bricht und der Ball elegant vom Third Man und Short Leg zurückgespielt wird[70]!

Ich gebe zu, daß das aussieht wie ein schwieriger Fall. Hier (Du drückst es in eleganterer Prosa aus) haben wir einen Yogi, nein mehr, einen Paramahamsa, einen Bodhisattva von den besten; ja, mehr noch, wir haben einen Meister des Tempels - und ist sein Motto nicht *Vi Veri Vniversum Vivus Vici!* Und doch sehen wir ihn, wie er wie eine alte Henne über die trivialsten Sorgen gackert; ich finde ihn, eingehüllt in den Kloakengestank von Avernus, wie er sich selbst in ein Fieber hineinsteigert, über vorgestellte Unglücke, bei welchem keine normale Person mehr tun würde, als einen abschätzigen Blick darauf zu werfen und mit der Arbeit weiterzumachen.

Ja, obwohl Du kaum der Bestrafung dafür entgehen kannst, daß Du unnotwendigerweise die Sprache der Übertreibungen benutzt, sehe ich, was Du meinst. Doch die Antwort ist adäquat; die bloßen Ausdrücke seines Handels mit dem Schicksal erlauben nicht nur, sondern implizieren einige solcher Reaktionen von Seiten des Meisters gegenüber Schicksalsschlägen. (W.E. Henley[71])

[70] Dieser Satz bezieht sich auf den arkanen Sport "Cricket", der Nicht-Briten kaum zu erklären ist. A.C. meint hier wohl, dass sie eine klare und direkte Antwort von ihm erwartet. [A.d.Ü]

[71] Ein englischer Poet.

Es gibt zwei Arten, das Problem zu sehen. Die eine ist, was ich mathematisch nennen würde. Ich habe 10 und 6 Pence in der Welt und kaufe eine Zigarre für eine halbe Guinea, ich habe kein Geld übrig, um mir eine Schachtel Streichhölzer zu kaufen. Um "auszurasten" und meine normale Ernsthaftigkeit zurückzugewinnen, brauche ich nur die Anstrengung einer Minute, und meine gesamte magische Energie für das Große Werk ist verschwendet. Ich habe nichts übrig, um diese Anstrengung zu unternehmen. Natürlich, wenn der Ärger groß genug ist, um mit dem Werk in Konflikt zu geraten, muß ich alles aufbieten, um das Ärgernis zu beenden.

Die andere Art mag der taoistische Aspekt genannt werden. Zuerst jedoch, laß mich den Standpunkt eines Meisters des Tempels erklären, der so ähnlich ist. Du solltest Dich anhand Deiner Lektüre erinnern, was in diesem Grad passiert. Der neue Meister ist "hinausgeworfen" in die Sphäre, welche zur Natur eines eigenen besonderen Großen Werkes gehört. Und es ist passend für ihn, in wahrer Übereinstimmung mit der Natur des Menschen zu handeln, wie er war, als er durch diese Sphäre (oder Grad) auf seiner Reise nach oben hindurchging. Daher, wenn er hinausgeworfen wird nach 3° = 8□, ist es kein Teil seiner Arbeit, die Tugenden eines 4°=7□zu erstreben; dies ist lange vorher getan worden. Es ist nicht seine Angelegenheit, sich seinen Kopf über irgendetwas außer seinem Werk zu zerbrechen; so muß er auf Geschehnisse in der Weise reagieren, die für ihn natürlich ist, um zu versuchen, "sich selbst zu entwickeln". (Dies paßt natürlich nicht nur auf Ärgernisse, sondern auf all seine lustigen kleinen Eskapaden.)

Die taoistische Position unterscheidet sich wenig, doch sie ist unabhängig von allen Erwägungen der Erlangung des Mannes; sie ist eine universale Regel, basierend auf einer besonderen Theorie über die Dinge im allgemeinen. Daher sind "Großzügigkeit und Gerechtigkeit" keine "Tugenden", sie sind lediglich Symptome der Weltkrankheit, in welcher sie benötigt werden. Das gleiche paßt auf alle Bedingungen und auf alle Arten zu versuchen, sie zu verändern. Es gibt nur eine passende Reaktion auf Ereignisse; sie besteht darin, sich mit perfekter Elastizität an alles anzupassen, was passiert.

Dieser Tiger am anderen Ende des Feldes sieht hungrig aus. Es gibt verschiedene Arten, mit der Situation umzugehen. Man kann fortrennen oder einen Baum erklimmen, oder ihn erschießen, oder (in *Deinem* Falle) ihn durch die Macht des menschlichen Auges binden; doch der Weg des Tao ist, keine besondere Notiz zu nehmen. (Dies ist zufälligerweise keine solch schlechte Magick; die Abschweifung Deiner Aufmerksamkeit kann sehr gut dazu führen, daß Du unsichtbar wirst, wie ich in einem vorhergehenden Brief erklärt habe.) Die Theorie scheint dahin zu gehen, daß obwohl Deine Anstrengung, Dich selbst zu retten, erfolgreich ist, sie verdammt ist, anderswo eine grobe Störung des Gleichgewichtes zu verursachen, mit ebenso schädlichen Ergebnissen. Sogar mehr noch; es könnte sein, daß von einem Tiger gefressen zu werden, genau das ist, was Du an diesem Punkt Deiner Reise durch die Inkarnationen brauchtest; in diesem Moment mag es irgendwo eine freie Stelle geben, genau dort, wo es das Meiste für Dein Großes Werk bringt. Wenn Du auf einen Punkt drückst, machst Du eine korrespondierende Beule auf einem anderen, so wie wir oft eine hübsche Lady sehen, welche, unglücklich über ihre Taille, drastische Maße annimmt, und sich selbst in das Ebenbild eines Sofakissens verwandelt!

In der Theorie bin ich besonders erfreut über diese Methode, denn sie funktioniert für jeden, erfordert kein Wissen, kein technisches Training, "kein Nix". Trotzdem, sie funktioniert nicht für mich, außer in einer sehr modifizierten Form und in sehr speziellen Fällen; weil kein Handlungsverlauf (oder Nicht-Handlung) erkennbar ist, welcher meiner Natur große Gewalt antun würde.

Laß mich Dir daher sagen, bitte, mit der Betonung auf "daher"; ich werde es grinsend ertragen, oder, wenn es so schlimm wird, daß ich mein Werk nicht erfüllen kann, werde ich die notwendige Anstrengung unternehmen, um das Ärgernis zu beenden, immer höchst vorsichtig, so wenig Schaden wie möglich dem Hauptfluß meiner totalen Energie zuzufügen.

Liebe ist das Gesetz, Liebe unter Willen.

Brüderlich,

666

33. Der goldene Mittelweg

Cara Soror,

Tu was Du willst, soll das Ganze des Gesetzes sein.

Du würdest denken, daß einer, der, wie ich selbst, die Sonne, Herrscher seines Horoskopes, in Libra hat, mit Venus, welche dieses Zeichen regiert in enger Konjunktion, Saturn im Trigon, Uranus Sextil, Mars im Quadrat und Luna im Quincunx, den goldenen Mittelweg als Brustpanzer tragen würde, ihn auf mein Banner sticken, ihn auf mein Wappenschild malen und es in die zweischneidige Klinge meines dreimal vertrauenswürdigen Schwertes gravieren!

Ebenso Objekte, welche selbst Bedeutung tragen! "Wärest Du einige Stunden eher geboren, mit Aries im Aszendenten, sein Herrscher Mars im Konflikt durch das Quadrat zu Sonne und Venus, würdest Du in der Tat ein wilder Mann der Wälder geworden sein, arrogant, bigott, dominant, unfähig die zweite Seite irgendeiner Frage zu sehen, starrköpfig, laut, ein brodelnder Höllenpfuhl des Hasses; und diese Tatsachen vernichten Dein Urteil."

Alles wahr. Meine ausgeglichene Natur ist außerordentlich feindlich gegenüber extremen Punkten, außer in der Vorstellung. Ich kann plötzliche gewalttätige Bewegungen nicht ertragen. Bergsteigen, die Leute pflegten zu sagen, daß ich sie nicht ersteige, sondern daß ich über sie gleite!

Dies erklärt, denke ich, meine tiefsitzende Abneigung gegenüber vielen Passagen in *Das Buch des Gesetzes*. "Oh Prophet! Ungern nur verstehst Du das Geschriebene. Ich sehe Dich hassen die Hand und die Feder; doch ich bin stärker." *(AL,* 11:10,11)

Nun, was ist der Punkt daran? Das beantwortet Deine Fragen über den Wert, der diesem goldenen Mittelweg zugewiesen werden sollte. Es gibt keine Regel; deine eigene Einstellung ist passend für Dich selbst und hat keinen Wert für irgendjemanden sonst. Doch Du mußt genau herausfinden, welche Einstellung es tatsächlich ist, tief unten.

Laß uns für einen Moment zu dieser Passage, welche ich oben zitierte, zurückgehen. Der Text fährt fort, indem er Gründe für diese Tatsachen gibt. "Wegen mir in Dir, den Du nicht kanntest. Denn warum? Weil Du der Wissende warst, und ich." (*AL*, II: 12, 13) Der unerwartete Gebrauch oder Nicht-Gebrauch von Großbuchstaben, die sonderbare Syntax, die Unverständlichkeit der gesamten Passage: das weist mit ziemlicher Sicherheit auf eine profunde kabbalistische Bedeutung in diesen Texten hin.

So sollten wir dies besser strikt als privat behandeln und vergessen. Einen Punkt jedoch haben wir vergessen; obwohl meine vagen Inklinationen mich persönlich erstaunen, machen sie mich ebenso gerecht im Beispiel, "ein Richter, und ein guter Richter" in der bemerkenswerten Phrase des späten William Schwenk Gilbert. So werde ich zusammenfassen, was für und wider diesen goldenen Mittelweg gesagt werden sollte.

Wie gewöhnlich hat niemand den Ärger auf sich genommen, den Ausdruck zu definieren. Wir wissen, daß er von beiden, den griechischen und den chinesischen Philosophen benutzt wurde; doch ich kann nicht erkennen, daß sie viel mehr meinten, als die Vermeidung von Extremen anzuraten, ob in Maßstäben oder Meinungen; und Zurückhaltung in allen Dingen zu empfehlen.

James Hilton hat einen höchst amüsanten Chinesen in seinem *Verlorener Horizont*. Wenn der Amerikaner, ein hundertprozentiger Mann, Mixer, Verbinder und Self-made-man, mit ihm in bezug auf Toleranz in religiösen Glaubensfragen übereinstimmt und endet, "und ich bin mir todsicher, daß sie Recht haben!" sein Gast korrigierte milde, indem er sagt: "Und wir sind nur mittelmäßig sicher." Solche Gedanken fallen in die Abgründe der Weisheit; zumindest ziemlich wahrscheinlich. Vergib mir, wenn ich den Lehrer spiele!

Aber das ist nicht so einfach, wie es klingt. Da ist große Gefahr in diesem goldenen Mittelweg, dessen Hauptaufgabe es ist, den Schiffbruch zu vermeiden, Scylla ist ebenso tödlich wie Charybdis. Nein, diese luftige und ausgeglichene Einstellung ist schlimmer als falsch, bevor sie sich nicht aus einer Balance zwischen zwei sehr verschiedenen Gegensätzen ableitet. Eine der größten Gefahren der Gegenwart ist, daß in der Reaktion gegen ignorante Bigotterie, die Leute es nicht länger wagen, sich eine Meinung über irgendetwas zu bilden. Die eigentliche Praxis, welche die A.·.A.·. so fest und andauernd anrät, tendiert dahin, die Leute dazu zu bringen, zu empfinden, daß jede positive Einstellung oder Handlung mit Sicherheit falsch ist, was immer auch richtig sein mag. Sie vergessen, daß der Gegensatz, *innerhalb der Grenzen des Universums des Diskurses* sich zu nichts zusammenzählen kann.

Sie verfallen in Schlaffheit.

Ich vermeide dies - siehe das Beispiel am Anfang dieses Briefes, indem ich sage: "Ja, ich hasse so und so wie die Hölle; ich wünsche, daß Du das Gedächtnis an diesen Bastard von der Erde tilgst, nachdem ich persönlich überwacht habe, wie er sieben Jahre lang getötet, aufgehängt, zerbrochen und gevierteilt wurde." Doch natürlich habe ich nicht notwendigerweise Recht damit in irgendeinem Sinne; es ist bloß, daß ich geboren bin als Mann, welcher so fühlt!

Natürlich, in keinem Falle rät der goldene Mittelweg zum Zaudern, Ausgleichen, Mauern, Kompromisse machen; das eigentliche Ziel eine exakte Balance in Deinen Waffen zu sichern, ist, daß ihr Schlag sauber und sicher sein soll.

Du weißt, wie all unsere Fehler es lieben, sich als Tugenden zu verkleiden; sehr oft, als das, was unsere Mitmenschen als Tugend ansehen, und nicht als das, was wir selbst dafür halten. Wir schämen uns alle selbst, und es ist reine, dumpfe Verdummung. Denn wir *sind* wir selbst; wir können dem nicht entfliehen; all unsere Heucheleien und Lügen sind ebensosehr Teil unserer Selbst, wie das, was wir gerne als den wahren Mensch denken. Alles, was wir tun, wenn wir diese Taten begehen, ist, einen internen Kampf und Konflikt heraufzubeschwören; es gibt nichts Objektives darin. Anstatt es unserer Erfahrung hinzuzufügen, was das Große Werk darstellt, schließen wir uns selbst ab in eine Zitadelle des inneren Bürgerkrieges; das ist die Formel der schwarzen Brüder.

Der goldene Mittelweg ist wertvoller, wenn die Extreme, welche er zusammenfaßt, weit voneinander entfernt sind; das ist die eigentliche Mechanik der Waage.

So schenke diesen Bemerkungen nicht zuviel Aufmerksamkeit; sie sind nicht mehr als die ruhigen Kaminerinnerungen eines Mannes, welcher sein ganzes Leben damit verbracht hat, Rekorde zu brechen. Der goldene Mittelweg kann Dich, im besten Falle, lediglich davon abhalten, extravagante Fehler zu begehen; er wird Dich niemals irgendwohin bringen.

Das Buch des Gesetzes impliziert fortwährend eine sehr verschiedene Politik: Lausche auf seinen Höhepunkt: Doch Übertriff! Übertriff! (*AL*, II:71)

Erinnere Dich an das, was geschrieben steht: "Mittlere Stärke läutet die Glocke: Große Stärke gibt den Penny zurück." Es ist immer dieses kleine bißchen Extra, welches das Fleisch nach Hause bringt. Es ist der letzte Angriff, welcher durch die Positionen des Feindes durchbricht. Wasser wird niemals kochen, wie lange Du es auch bei 99 Grad Celsius halten magst. Du magst herausfinden, daß ein Pranayama-Zyklus von 10-20-30 in Monaten kein Resultat erbringt; erhöhe ihn auf 10-20-40 kommt Dhyana plötzlich sofort. Wenn Du zweifelst, gehe nur ein kleines Bißchen härter vor. Du hast keine Mittel herauszufinden, was genau die richtigen Bedingungen für den Erfolg in irgendeiner Praxis sind; doch alle Praktiken sind sich in einer Hinsicht gleich; das erwünschte Resultat liegt in der Natur des Orgasmus.

Ich glaube, das ist es, woran ich denke.

Liebe ist das Gesetz, Liebe unter Willen.

Brüderlich,

666

34. Das Tao
(1)

Cara Soror,

Tu was Du willst, soll das Ganze des Gesetzes sein.

Dies ist die schwerste Frage, die Du mir bis jetzt gestellt hast: Das Tao zu erklären. Die einzig passende Antwort würde Stille sein, vertrauend auf das langsame Verschwinden und die Absorption der Störung, welche durch Deine Frage hervorgerufen wurde. In diesem Satz liegt wirklich die ganze Erklärung; doch ich sehe gut genug, daß sie für Dich nicht reichen wird. Aber Du bist noch nicht alt oder weise genug, um zu verstehen, daß die einzige Art, schlammiges Wasser zu klären, darin liegt, es in Ruhe zu lassen. Trotzdem erwartest Du zweifellos, daß ich Dir erzähle, wie genau dies geschieht; ich will Dich nicht enttäuschen. Zuerst, was ist das Tao? Kein angenommenes Äquivalent in irgendeiner anderen Sprache kommt auch nur auf eine Billion Lichtjahre an eine Annäherung heran. Zum einen ist es selbst ein Paradox; zum anderen hat es verschiedene Bedeutungen, welche augenscheinlich ziemlich verschieden sind. Beispielsweise nennt es ein Sinologe "Vernunft"; ein anderer "den Weg"; ein anderer "Tat" oder "Shiva". Diese sind alle in dem einen oder dem anderen Sinne wahr. Meine eigene "weise Hoffnung" (siehe *Das Buch Thoth*) ist, es mit der kabbalistischen Zero zu identifizieren. Diese letzte Attribution ist aus harten, praktischen Gründen nützlich, wenn ich nicht sofort schweigen will. Es ist eine Annahme, welche die Methode des alten Weisen anzeigt, welcher sich dem Tao nähert.

Wie Du weißt, ist der überlegene Klassiker dieses Themas, das *Tao Teh King* und ich muß annehmen, daß Du es in zumindest einer der verschiedenen Übersetzungen gelesen hast, anderenfalls würde ich damit beginnen, Dir meine eigene Version zu geben. (Diese ist seit einem Vierteljahrhundert fertig, und ich scheine unfähig zu sein, sie gedruckt zu bekommen!) Keine dieser veröffentlichen Übersetzungen, gelehrt und bewundernswert, wie sie an sich auch sein mögen, kann von Nutzen sein, außer sich mit der Terminologie vertraut zu machen; denn nicht einer dieser Gelehrten hat die nebelhafteste Idee davon, worüber Lao-Tse redete. Ich kaum hoffen, ernsthaft genug zu betonen, wie tief und weit der "Große Golf" zwischen dem Initiierten und dem Profanen ist, wenn solche Fragen auf dem magischen Teppich liegen. Stell dir vor, du wirst (auf diesem Teppich!) zu einem Planeten transportiert, wo das vorherrschene Mittel der Fortpflanzung der Pollenflug ist; versuche den Bewohnern ein Verständnis für Catull, Shelley. Rossetti oder Emily Bronte zu geben! Es ist, ganz ehrlich, genau so schwierig. Wie soll jemand die Idee verstehen, dass die vollkommene und absolute Negation zur gleichen Zeit die einzige motivierende Kraft hinter allem Existierenden ist?

"Das Tao hat keinen Willen zu wirken;
Doch durch seinen Einfluß sogar
Der Mond und die Sonne erfreuen sich
In Ihrem Lauf zwischen den sterngleichen Sieben."

King Kang Khang[72]

Das Buch des Gesetzes nennt die Doktrin des Tao sehr klar; *"Du hast kein Recht, als Deinen Willen zu tun. Tue dies und kein anderer soll nein sagen. Denn reiner Wille, unbefleckt von Absicht, befreit von der Gier nach Ergebnis, ist in jeder Hinsicht vollkommen." (AL,* I: 42-44)

"So auch der Weise, indem er kein kein Ziel verfolgt, erlangt alle Dinge; er stört nicht die Angelegenheiten seines Körpers und so arbeitet sein Körper reibungslos. Weil er nicht in seine persönlichen Ziele verstört, geschieht es, daß diese mit Einfachheit gelingen." (Das Tao Teh King, VII: 2)

Die ideale Analogie scheint die eines Planeten in seinem Orbit zu sein. Er hat seine "wahre Bewegung"; er trifft auf ein Minimum

[72] Eine kurze, taoistische Schrift aus dem Altertum.

an Ablenkung vom umgebenden Weltraum. Wenn er in die Anziehungskraft eines anderen Körpers gerät, schwankt er leicht, um die passende Angleichung, ohne Anstrengung oder Streit, vorzunehmen; er kann, konsequenterweise, unendlich in seinem Orbit fortfahren.

Dies ist grob gesagt der Plan des Taoisten in seiner Einstellung zum Leben. Den Pfad gesichert, welcher die Gleichungen seiner Natur befriedigt (wie wir sagen, "er fand seinen wahren Willen") fährt er "ohne Gier nach Ergebnis" fort, nur handelnd, wenn es notwendig wird, sich selbst an irgendeinen äußeren Druck anzugleichen, welcher ihn betrifft und so fährt er fröhlich fort

Denkend an eine Art
sich von Teig zu ernähren,
und so von Tag zu Tag
ein wenig fetter zu werden.

Angenommen, daß sein "wahrer Wille" von dieser Art ist. Basil King Lamus versichert dies in seinem *The Diary of a Drug Fiend,* wenn er sagt: "Wenn ich ein Hund wäre, würde ich bellen; wenn ich eine Eule wäre, würde ich schreien wie eine." Es ist ziemlich genau wie das Muster im Spiel Domino; Du legst einen Stein, der paßt. Keine andere Überlegung kommt überhaupt mit hinein.

Es ist die extreme Einfachheit dieser Idee, welche die Geister der Leute verblüfft und die universelle Qualität der Ungeduld, welche jedermann aufregt und so die Feinheit der "feinen Abgewogenheit" verletzt, welche die Essenz des Werkes ist.

Wie ich oben schon sagte, es ist eine Angelegenheit von Neschamah, doch was folgt, könnte Dir helfen.

Warum wird das Tao übersetzt mit "Vernunft"? Weil mit "Vernunft" hier die Struktur des Geistes selbst gemeint ist; ein Buddhist, welcher mit Mahasatipatthana Erfolg hatte, mag es die Bewußtheit nennen, die Tendenz, die Wahrnehmung irgendeines Dinges zu durchschauen. Denn in der letzten Zuflucht und bei der Verfolgung einer Linie der Analyse, ist diese Struktur alles, was wir unser Bewußtsein nennen können. Alles, dessen wir uns in irgendeiner

Art bewußt sein können, mag interpretiert werden als eine Funktion dieser Struktur.

Bemerke! *Funktion.* Denn nun sehen wir, warum das Tao auch als "der Weg" übersetzt werden kann; denn es ist die *Bewegung* der Struktur, welche wir beobachten. Es gibt kein Wesen, welches vom Gehen abgeschieden ist.

Du bist mit den vier Kräften der Sphinx vertraut, welche von den Adepten der alten Zeit den vier Elementen zugeordnet wurden. Die Luft ist Wissen, *Scire;* Feuer ist Wollen, *Velle;* Wasser ist Wagen, *Audere;* und Erde ist Schweigen, *Tacere.* Doch nun, da ein fünftes Element, Geist, von der Kabbalah allgemein anerkannt wird, habe ich es als passend empfunden, eine fünfte Kraft, welche damit korrespondiert, hinzuzufügen: Gehen, *Ire. {Buch Thoth,* Anhang)

Dann, wie der Geist der Ursprung, die Essenz, und die Summe der anderen Vier ist, so auch Gehen in Bezug zu diesen vier anderen Kräften. Und Gehen ist die eigentliche Bedeutung des Namens 'Gott', wie anderswo in diesen Briefen gezeigt wird; daher waren die ägyptischen Götter dadurch als solche ausgezeichnet, daß sie das Ankh trugen, welches ein Sandalenriemen ist und in seiner Form das Krux Ansata, das Rosenkreuz, das Mittel, wodurch wir die Gottheit unserer Natur demonstrieren. Siehe nun, wie sanft jede Idee in die nächste gleitet! Wie korrekt es ist, daß die Quintessenz dynamisch und nicht statisch ist! Denn wenn es eine Art von Wesen gäbe, welche vom Gehen getrennt wäre, würde es notwendigerweise dem Verfall unterworfen sein, und in jedem Fall ein Ding, welches unmöglich zu verstehen wäre, denn Verstehen ist selbst ein Akt und keine unbewegliche Idee, welche dem Wechsel im Moment ihres Verstehens unterworfen wäre.

Wie ich in einem anderen Brief versucht habe zu zeigen, der "Moment" (oder was immer es ist), dessen wir *gewahr* sind, ist ein Wechsel oder, weniger ungenau, die Erinnerung an einen solchen; Dinge, die wechseln, bleiben gnadenlos unbekannt.

Es scheint mir, junge Frau, daß Du diese Ideen wieder und wieder durchgehen, Dich selbst intim mit diesem Prozeß des Überganges von einem in einen anderen vertraut machen solltest, so intim, daß es für Dich automatisch und spontan wird, den Kreis in vollkommen störungsfreier Leichtigkeit zu durchlaufen; denn anderenfalls wird Dein Geist Dich Dein ganzes Leben hindurch nerven, und sogar Dein Bewußtsein zu Dir zurückkehren, während sie sagen, "aber Du hast niemals eine wirkliche Antwort zu irgendeiner einzigen Deiner ursprünglichen Fragen erhalten." Wir sind alle - zumindest die meisten von uns - mit diesem Verlangen nach dem Wirklichen geboren; es ist unsere Schwäche, welche nach Rückhalt fleht. Wir sehen nicht, daß dies tot ist; wenn eine dieser Antworten abgekürzt werden könnte und mit Papierhütchen hübsch aufgemacht wie ein Spanferkel, so würde es nicht länger eine Annäherung an die Wahrheit sein.

Ich bin ziemlich sicher, daß dies die Doktrin des Tao ist, und der Meinung, daß kein anderes Lehrmittel seinen Gedanken klarer oder einfacher fortträgt.

Liebe ist das Gesetz, Liebe unter Willen.

Brüderlich,

666

35. Das Tao (2)

Cara Soror,

Tu was Du willst, soll das Ganze des Gesetzes sein.

Du bist nur eine in einer Anzahl von Personen, welche an meiner Übersetzung des *Tao-Teh-King* interessiert sind. Natürlich möchte ich es veröffentlichen; doch so viele andere Dinge sind wichtiger. So sende ich Dir die Einführung in der Hoffnung, daß es das Interesse daran bis zu dem Punkt anregen wird, an dem ein anderer Verleger ihm den ihm zustehenden Stellenwert einräumt.

Ich band mich selbst daran, mein Leben der Magick zu widmen, an Ostern 1898 *(era vulgari)* und erhielt meine erste Initiation am 18. November im gleichen Jahr.

Mein Freund und Bergsteigerkamerad, Oscar Eckenstein, gab mir die ersten Instruktionen zum Erlernen der Kontrolle des Geistes im Frühjahr 1901 in Mexiko-City. Shri Parananda, Generalgouverneur von Ceylon, ein wichtiger Lehrer und Schriftsteller des Yoga vom orthodoxen shaivitischen Standpunkt aus und Bhikku Ananda Metteya (Allan Bennet), der große englische Adept, welcher einer meiner frühesten Lehrer in Magick war, und der 1902 in den Sangha in Burma eintrat, gaben mir die ersten Grundlagen in mystischer Theorie und Praxis. Ich verbrachte im Jahre 1901 einige Monate in Candy, Ceylon mit dem letzteren, bis der Erfolg meine Arbeit krönte.

Ich studierte ebenso alle Spielarten asiatischer Philosophie, speziell in Bezug auf die praktische Frage der spirituellen Entwicklung.

Die Sufi-Doktrinen, die *Upanishaden,* die Sankhya, *Veda* und *Vedanta,* die *Bahagavad Gita* und *Purana, das Dhammapada* und viele andere Klassiker, zusammen mit vielen Schriften über Tantra und Yoga von solchen Männern wie Patanjali, Vivekananda etc. etc. Nicht wenige von diesen Lehren sind bis heute den Gelehrten völlig unbekannt. Ich machte die Essenz meiner Arbeit so verständlich wie möglich, indem ich keine Schule des Denkens ausließ, wie unwichtig oder anmaßend sie auch immer war.

Ich unternahm eine kritische Untersuchung all dieser Lehrer im Lichte meiner praktischen Erfahrung. Die physiologische und psychologische Gleichförmigkeit der Menschheit garantierte, daß die Unterschiedlichkeit des Ausdruckes eine signifikante Einheit verbarg. Diese Entdeckung war weiterhin abgesichert durch den Bezug zu den jüdischen, griechischen und keltischen Traditionen. Eine quintessentielle Wahrheit war allen Kulten gemeinsam, von den Hebriden bis zum gelben Meer; und sogar die Hauptzweige erwiesen sich als essentiell identisch. Es war nur die Verpackung, welche Unvereinbarkeit zeigte.

Als ich von 1905 bis 1906 durch China reiste, war ich voll bewaffnet und durch die obigen Qualifikationen gut vorbereitet, die bis zu diesem Zeitpunkt unlösbaren Probleme der chinesischen Konzeption religiöser Wahrheit anzugreifen. Praktische Studien der Psychologie solcher Mongolen, welche ich auf meinen Reisen getroffen hatte, hatten mich schon vermuten lassen, daß ihre azentrische Konzeption des Universums die bewußte Korrespondenz ihrer tatsächlichen psychologischen Charakteristiken repräsentieren könnte. Ich war daher vorbereitet, die Doktrinen ihrer Religionen und philosophischen Meister ohne Vorurteile zu studieren, welche immer unnötigerweise die Anstrengungen missionarischer Sinologen gehindert hatten. In der Tat, alle orientalischen Gelehrten mit der einzigen Ausnahme von Rhys Davids. Bis zu dieser Zeit hatten die Übersetzer ohne Unterschied angenommen, mit absurder Naivität oder (öfter) arroganter Bigotterie, daß ein chinesischer Schreiber eine mehr oder weniger abgewandelte und degradierte Variation irgendeiner christlichen Konzeption darlegen muß, oder stattdessen vollständig kindischen Unsinn. Sogar so ein großer Mann wie Max Müller, in seiner Einführung in die *Upanishaden,* scheint nur mit halbem Herzen zugeben zu wollen, daß diese augenscheinliche Trivialität und Narrheit vieler Passagen in diesen sogenannten heiligen Schriften ihre Existenz unserem Unwissen über die historischen und religiösen Umstände verdanken könnte. Wissen darüber zu sammeln kommt ihnen unverständlich vor.

Während meiner einsamen Wanderungen zwischen den bergigen Öden von Yun Nan, durchdrang die spirituelle Atmosphäre von China meinen Geist, dank der Abwesenheit einer intellektuellen Beschäftigung in meinem Organ des Wissens. Das Tao-Teh-King offenbarte meiner Seele seine Einfachheit und Sublimität Stückchen für Stückchen, als die Bedingungen meines physischen und nicht minder meines spirituellen Lebens die Heiligtümer meines Geistes durchdrangen. Die Philosophie von Lao-Tse kommunizierte sich mir selbst, ohne auf die ständigen Anstrengungen meines Geistes zu achten, es dazu zu bringen, mit meiner vorgegebenen Annahme davon konform zu gehen, was der Text zu bedeuten hat. Dieser Prozeß, der während dieser wundervollen Monate der Wanderungen durch Yun Nan in meiner innersten Intuition Wurzeln geschlagen hatte, wuchs während der folgenden Jahre ständig an. Wann immer ich mich in der Lage befand, die Störungen und Ablenkungen zu fliehen, welche der Kontakt mit dieser Zivilisation dem Menschen aufzwingt, ohne darauf zu achten, wie stark er gegen ihre Aufdringlichkeit kämpft, und mich in die heilige Einsamkeit der Wüste, ob in den Sierras von Spanien oder den Sänden der Sahara zu begeben, fand ich, daß die Philosophie von Lao-Tse ihren Einfluß auf meine Seele bei jeder folgenden Gelegenheit subtiler und stärker ausübte.

Doch weder Europa, noch Afrika können irgendeine solche Verwüstung vorweisen wie Amerika. Der stolzeste, dickköpfigste, bitterste Bauer des wüsten Spaniens, der primitivste und überheblichste Araber der zurückgezogensten Oase sind ein wenig mehr als verwandt und, im schlechtesten Falle, niemals weniger als freundlich; dagegen ist man sich in den Vereinigten Staaten fast immer eines instinktiven Mangels an Sympathie und Verständnis bewußt, sogar bei den freundlichsten und kultiviertesten Leuten. Deswegen wuchsen während meines Exils in Amerika die Doktrinen von Lao-Tse höchst rasch in meiner Seele, erzwangen sich fortwährend ihren Weg nach außen, bis ich es als Befehl empfand, nein unvermeidbar, sie in Ausdrücken bewußter Gedanken darzulegen.

Nicht bevor ich realisierte, daß die Aufgabe sich der Unmöglichkeit näherte, ergriff die Lösung Besitz von mir. Seine einfachsten Ideen, die primitiven Elemente seiner Gedanken, hatten keine wirkliche Korrespondenz in irgendeiner europäischen Terminologie. Das allererste Wort "Tao" stellte ein vollständig unlösbares Problem dar. Es ist als "Vernunft" übersetzt worden, "Der Weg", "TO ON". Keiner dieser Begriffe beinhaltet tatsächlich irgendeine Konzeption des Tao.

Das Tao ist Vernunft in dem Sinne, daß die Substanz der Dinge teilweise als die notwendige Beziehung zwischen den Elementen der Gedanken verstanden werden kann, welche die Gesetze der Vernunft bestimmen. In anderen Worten, die einzige Realität ist die, welche uns dazu verurteilt, die verschiedenen Formen der Illusion so zu verbinden, wie wir es tun. Es ist augenscheinlich unwißbar, und weder durch Sprache, noch durch Schweigen auszudrücken. Alles, was wir darüber wissen können ist, daß es eine inhärente Macht besitzt (welche jedoch nicht mit sich selbst identisch ist) durch deren Kraft alle Dinge in einer Form, welche mit der Natur der Notwendigkeit übereinstimmt, erscheinen.

Das Tao ist also "Der Weg" - im folgenden Sinne. Nichts existiert außer einer Relation mit anderen gleichermaßen postulierten Ideen. Nichts kann durch sich selbst gewußt werden, sondern nur als Teil einer Serie von Ereignissen. Realität ist darum in Bewegung, nicht in den bewegten Dingen. Wir können nichts verstehen, außer als ein postuliertes Element eines beobachteten Eindruckes des Wechsels.

Wir können dies in anderen Ausdrücken folgendermaßen darlegen. Unser Wissen von etwas ist in Wirklichkeit die Summe unserer Beobachtungen seiner aufeinanderfolgenden Bewegungen. Das heißt, seines Pfades von Ereignis zu Ereignis. In diesem Sinne mag das Tao als "Der Weg" übersetzt werden. Es ist nicht ein Ding in sich selbst, in dem Sinne, daß es ein Objekt ist, welches dem Verständnis durch die Sinne oder den Geist zugänglich ist. Es ist nicht der Grund irgendeines Dinges; es ist eher die Kategorie, welche hinter jeder Existenz oder jedem Ereignis liegt, und deswalb wahr und real wie illusorisch, ein bloßer Wegweiser zur Bequemlichkeit der Beschreibung unserer Erfahrungen eingeführt. Das Tao besitzt keine Macht, irgendetwas zur Existenz oder als Ereignis hervorzubringen. Doch unsere

Erfahrung, wenn analysiert, sagt uns, daß die einzige Realität, derer wir uns sicher sein können, der Weg oder der Pfad ist, welcher unser gesamtes Wissen zusammenfaßt.

Im Falle von TO ON, welches oberflächlich die beste Übersetzung von TAO scheinen mag, wie es beschrieben ist im Text, ist die am meisten irreführende der drei. Denn TO ON besitzt ausgedehnte Konnotationen, welche ein gesamtes System platonischer Konzepte implizieren und nichts kann der essentiellen Qualität des Tao fremder sein. Tao ist weder "seiend", noch "nicht seiend" in irgendeinem Sinne, welches Europa verstehen könnte. Es ist weder Existenz, noch eine Bedingung oder Form von Existenz. Gleichermaßen beinhaltet TO MH ON keine Idee des Tao. Tao ist dieser gesamten Klasse von Gedanken fremd. Von seiner Verbindung mit "dem Prinzip, welches notwendigerweise allen Fakten, welche Ereignisse hervorbringen, zugrundeliegt" könnte man vermuten, daß das "Werden" von Heraklitus uns dabei helfen könnte, das Tao zu beschreiben. Doch das Tao ist keineswegs ein Prinzip dieser Art. Es zu verstehen erfordert einen völlig anderen Geisteszustand, als irgendeinen, mit welchem europäische Denker im allgemeinen vertraut sind. Es ist notwendig, den Pfad spiritueller Entwicklungen unvoreingenommen auf den Wegen zu verfolgen, welche durch die Sufis, die Hindus und die Buddhisten vorgezeichnet sind; und wenn man die Trance erreicht hat, welche man Nerodha Sammapati nennt, in welcher alle Formen des Bewußtseins zerstört werden, erscheint dort, in diesem Abgrund der Vernichtung, der Kern einer durchgängig neuen Art von Ideen, deren prinzipielles Charakteristikum dieses ist: daß die ganze Verkettung der eigenen vorhergehenden Erfahrungen und Konzeptionen nicht hätte passieren können, außer durch die Kraft dieser unbeschreiblichen Notwendigkeit.

Ich bin mir nur zu schmerzhaft bewußt, daß die obige Darlegung in jeder Hinsicht fehlerhaft ist. Im besonderen, nimmt sie beim Leser eine ansehnliche Vertrautheit mit dem Subjekt an und fordert so die Fragwürdigkeit heraus. Es muß fast völlig unverständlich für den durchschnittlichen Leser bleiben, vor allen Dingen dem, welchen ich besonders ansprechen will.

Um seinetwillen will ich versuchen, die Angelegenheit durch eine Analogie zu klären. Bedenke die Elektrizität. Es würde absurd sein zu sagen, daß Elektrizität eines der Phänomene ist, durch die wir sie erkennen. Wir flüchten uns in die *petitio principii,* indem wir sagen, daß Elektrizität jene Form von Energie ist, welche die grundlegende Ursache von solchen und solchen Erscheinungen ist. Nimm nun an, daß wir diese Idee als grundlegend unlogisch eliminieren. Was bleibt übrig? Wir dürfen nicht hastig antworten "Nichts bleibt übrig." Es gibt eine Sache, welche in der Natur der Bewußtheit, Vernunft, Erkenntnisvermögen, Empfindung und dem Universum, über welches sie uns informieren, eingeschlossen ist, welche verantwortlich für die Tatsache ist, daß wir diese Phänomene und keine anderen beobachten; daß wir über sie nachenken, wie wir es tun, und nicht auf andere Weise. Doch, sogar noch tiefer als dies, besteht ein Teil der Realität jener undurchsichtigen Energie, welche die Form unserer Erfahrung bestimmt, darin, daß sie vorherbestimmt, daß Erfahrung überhaupt stattfindet. Es sollte klar sein, daß dies nichts mit irgendeiner platonischen Konzeption der Natur der Dinge zu tun hat.

Der am wenigsten abweichende Ansatz im intellektuellen Bankrott der Europäer ist die hebräische Kabbala. Richtig verstanden ist sie ein System des Symbolismus, welches unbestimmbar elastisch ist, keine Axiome annimmt, keine Prinzipien postuliert, keine Theoreme annimmt und aus diesem Grund anpassungsfähig, wenn korrekt gehandhabt, jede erkennbare Doktrin beschreibt. Sie war mein fortwährendes Studienobjekt seit 1898 und ich habe gefunden, daß sie beim Studium des *Tao-Teh-King* von unendlichem Wert war. Durch ihre Hilfe war ich in der Lage, die Ideen von Lao-Tse einer Ordnung zuzuweisen, mit welcher ich ausgesprochen vertraut war und deren praktischen Wert ich wiederholte Male dadurch bewiesen hatte, daß ich sie als Basis der Analyse und Klassifikation aller arischen und semitischen Religionen und Philosophien benutzt hatte. Trotz der essentiellen Schwierigkeit, die Ideen von Lao-Tse mit irgendwelchen anderen zu verbinden, hat die durchgängige Anwendung der kabbalistischen Schlüssel dazu geführt, dieses Schatzhaus aufzuschließen. Ich war fähig, mir seine Lehren in Ausdrücken gewohnter Systeme selbst zu erklären.

Diese Erlangung brach den Rücken meiner Sphinx. Nachdem ich Lao-Tse einmal zu einer kabbalistischen Form reduziert hatte, war es leicht, das Ergebnis in die Sprache der Philosophie zu übersetzen. Ich hatte schon viel daran gearbeitet, eine neue Sprache zu entwickeln, welche auf dem Englischen basierte und mit der Unterstützung einiger weniger technischer Ausdrücke, welche ich aus Asien auslieh, und vor allem durch den Gebrauch einer neuen Konzeption der Idee der Zahl und der algebraischen und arithmetischen Prozedur, um die Resultate spiritueller Erfahrung intelligenten Studenten mitzuteilen.

Es ist daher nicht völlig ohne Grundlage, daß ich diese Übersetzung des *Tao-Teh-King* der Öffentlichkeit präsentiere. Ich hoffe und glaube, daß sorgfältiges Studium des Textes, wie er durch meinen Kommentar erhellt wird, ernsthafte Anwärter der verborgenen Weisheit befähigen wird, (mit ziemlicher Genauigkeit) zu verstehen, was Lao-Tse lehrte. Es muß jedoch ausdrücklich betont werden, daß die Essenz dieses Systems unvermeidlich zu intellektueller Auseinandersetzung führen wird, bevor es nicht von oben durch wahre, lebendige Erfahrung der Wahrheit erleuchtet wird. Solche Erfahrung kann nur durch standhafte Anwendung der Praktiken, welche er anrät, erreicht werden. Auch darf sich der Aspirant nicht mit dem bloßen Erreichen spiritueller Erleuchtung zufrieden geben, wie sublim auch immer. All diese Erlangungen sind öde und leer, bevor sie nicht eher als das Mittel, denn als das Ende des spirituellen Fortschreitens angesehen werden; denen man erlaubt, jedes Detail des Lebens zu durchdringen, nicht nur des Geistes, sondern auch der Sinne. Das Tao kann niemals erkannt werden, bevor es nicht die trivialsten Aktionen der alltäglichen Routine bestimmt. Es ist ein fataler Fehler, zwischen der spirituellen Wichtigkeit der Meditation und dem Golfspiel zu unterscheiden. Dies zu tun heißt, einen internalen Konflikt heraufzubeschwören. "Lasset da unter euch keinen Unterschied gemacht werden zwischen irgendeinem Ding und irgendeinem anderen Ding, denn dadurch kommet Schmerz."

Er, welcher das Tao kennt, kennt es als die Quelle aller Dinge, die da sind; die allerhöchste spirituelle Ekstase und der trivialste internale Eindruck sind von unserem Standpunkt aus gleichermaßen Illusion. Wertlose Masken, welche mit grotesk angemalten Reklameschildern, falsch und leblos, das lebende Gesicht der Wahrheit verstecken. Doch, von einem anderen Standpunkt aus, sind sie gleichermaßen Ausdrücke des ekstatischen Geistes der Wahrheit - natürliche Bilder der Reaktion zwischen der Essenz des eigenen Selbst und der eigenen Umgebung im Moment ihres Auftretens. Sie sind gleichermaßen Schatzhäuser des Tao, durch welche, in welchen und von welchem sie sind. Sie um ihrer selbst wertzuschätzen bedeutet, das Tao zu verleugnen und in Illusion gefangen zu werden. Sie abzulehnen heißt, die Allgegenwärtigkeit des Tao zu leugnen und die Illusion des Leides zu ertragen. Zwischen ihnen zu unterscheiden heißt, die verfluchte Dyade aufzustellen, sich dem Wahnsinn des Intellektes zu unterwerfen, die Intuition der Wahrheit zu überwinden und Bürgerkrieg im Bewußtsein hervorzurufen.

Von 1905 bis 1918 war das *Tao-Teh-King* mein fortwährendes Studienobjekt. Ich empfahl es ständig meinen Freunden als das überlegene Meisterstück initiierter Weisheit, und ich war ebenso fortwährend enttäuscht, wenn sie erklärten, daß es sie nicht beeindruckte, speziell da meine vorhergehenden Beschreibungen des Buches ihr höchstes Interesse erweckt hatten. Ich kam so an den Punkt zu sehen, daß der Fehler an Legge's Übersetzung lag und ich fühlte mich selbst dazu verdammt, die Aufgabe zu übernehmen, Lao-Tse in einer Sprache zu präsentieren, die von der innigen Verbundenheit zwischen der Initiation und der spirituellen Erfahrung, welche mir gegeben waren, durchdrungen war. Während meiner Großen Magischen Zurückgezogenheit auf Aesopus Island im Hudson River, während des Sommers 1918, begab ich mich selbst an diese Arbeit, doch ich entdeckte sofort, daß ich völlig inkompetent war. Ich wandte mich daher an einen Adepten namens Amalantrah, mit welchem ich zu dieser Zeit fast täglich zusammentraf. Er kam mir sofort zu Hilfe und gab mir einen Kodex des Originals, welcher mir mit absoluter Sicherheit die genaue Bedeutung des Textes zeigte. Ich war fähig, ohne Zweifel oder Zögern, herauszufinden, in welcher Art und Weise genau Legge getäuscht worden war. Er hatte das Chinesische mit einzigartiger Klarheit übersetzt, doch in fast jedem Vers war die Interpretation insgesamt irreführend. Es bestand kein Bedarf, sich auf den Text vom Standpunkt des Gelehrten aus zu beziehen. Ich mußte bloß seine Übersetzung im Lichte der aktuellen Wissensstände der wahren

Bedeutung der benutzten Ausdrücke paraphrasieren. Jeder, welcher die Mühe auf sich nimmt, die beiden Versionen zu vergleichen, wird erstaunt sein zu sehen, welch leichte Veränderung eines Paragraphen ausreichend ist, die augenscheinliche Obskurität des Vorurteils auszulöschen und eine Quelle und Flut lebenden Lichtes abzugeben; die trockene Prosa reiner Gelehrsamkeit in die sich öffnende Blüte lyrischen Feuers zu entzünden.

Ich vervollständigte meine Übersetzung innerhalb dreier Tage, doch während der letzten 20 Jahre habe ich ständig jeden Abschnitt neu überdacht. Ich lieh das Manuskript einer Anzahl von Freunden, Gelehrten, welche an meiner Arbeit teilhatten und Aspiranten, welche seine angemessene Weise bewunderten, den Geist der Lehren des Meisters zu präsentieren. Jene, welche von Legge's Version enttäuscht waren, wurden enthusiastisch. Dieser Umstand ist in sich selbst ausreichend, mich darin zu versichern, daß die Arbeit der Liebe nicht verloren war und mich mit außerordentlicher Zufriedenheit darüber zu erfüllen, daß die gegenwärtige Veröffentlichung mehr als ausreichend für die Erfüllung meines wahren Willens sein wird, für welchen ich zur Erde gekommen bin. Laß uns aus der Arbeit und dem Leid das Höchste ziehen, dessen die Menschheit fähig ist. Erfülle meinen Willen, um die Portale spiritueller Erlangung für meine Gefolgsleute zu öffnen, sie zu der Freude der Erkenntnis der Wahrheit zu bringen, jenseits aller Schleier von zeitweiliger Falschheit, welche meine Augen erleuchteten und meinen Mund mit Gesang erfüllten.

So, da hast Du es.

Liebe ist das Gesetz, Liebe unter Willen.

Brüderlich,

666

36. Quo stet Olympus
Wo die Götter, Engel usw. leben

Cara Soror,

Tu was Du willst, soll das Ganze des Gesetzes sein.

Wir haben vor einer kleinen Weile dargelegt, was Götter, Engel, Dämonen, Elementale sind: Wir haben aufgeschrieben, wie sie leben, und nun, unersättlicher Sucher, fragst du, wo. In Indien wird die Erde von einem Elefanten getragen, welcher auf einer Schildkröte steht. Wer...? Kein Boden. Nichts außer leerem Raum mit Galaxien. Kein Raum für "Himmel". Es ist einfach, Olympus oder Meru das Heim der Götter zu nennen - glaube es oder nicht! Stelle keine Fragen!

Doch die ganze Zeit besteht die Schwierigkeit in unserer eigenen Produktion von Unsinn. Die elementarste Erwägung der Natur der Götter, Engel, Dämonen und dem Rest, wie er durch ihre speziellen Fähigkeiten gezeigt wurde, stempelt sie automatisch als Wesen ab, welche mehr als drei Dimensionen angehören. Ebenso wie keine Anzahl von Linien ausreichend ist, die kleinste Ebene zu produzieren, wie ein Würfel fähig ist, eine unendliche Anzahl von Quadraten zu enthalten, so, weit davon entfernt, keinen Raum für Himmel zu haben, gibt es absolut nichts außer Raum!

Doch ist natürlich die Natur dieses Raumes für Wesen einer niederen Dimension für immer unverständlich, nein unerkennbar. Erst wenn wir darin Erfolghaben, unser Bewußtsein (dreidimensional) mit unserem unbewußten (vierdimensionalen) Selbst zu vereinen, können wir erwarten, auch nur eine symbolische Konzeption davon zu erkennen, wie die Dinge in "jenen anderen Gegenden" ablaufen.

Spekulation über solche Punkte ist unverzeihliche Verschwendung; ich habe lediglich diese wenigen Paragraphen dem Thema gewidmet, weil es nützlich ist, die etwas seifenblasenähnliche Art von Kritik zu zerstören, welche denkt, daß sie die gesamte These *"Sunt Daemones"* durch die rotznasige Frage *"quo stet Olympus"* zu zerstören.

Liebe ist das Gesetz, Liebe unter Willen.

Brüderlich,

666

37. Tod - Furcht Magisches Gedächtnis

Cara Soror,

Tu was Du willst, soll das Ganze des Gesetzes sein.

Du fragst mich natürlich nach Details über das Versprechen von Nuit *AL* I:58) "Gewißheit, nicht Glauben, während des Lebens und nach dem Tode."

Zuallererst, denke ich, bedeutet es, was es aussagt. Es könnte eine, sicherlich gibt es sie auch, innere kabbalistische Bedeutung existieren: Diese vier Nomen sehen gewiß so aus, als hätten sie eine; aber ich bin mir auf keinen Fall sicher, welches die griechischen (oder hebräischen oder arabischen), Worte sein würden; ich habe jedenfalls bis jetzt keinen Versuch in dieser Richtung unternommen.

Zum offensichtlichen Versprechen dann! Sicherlich könnte kein ermutigenderes Wort gegeben werden. Doch vermeide Erwartungen; erinnere Dich an "ohne Gier nach Ergebnis"; und *AL* III:16 "Erwarte nicht zu begierig die Erfüllung der Versprechen." Nun jedoch volle Kraft voraus!

Wie die meisten Versprechen dieser Art ist es, so muß man vermuten, an Bedingungen gebunden.

Solch eine Macht ist mit Sicherheit eine der Siddhis[73]; und mein Instinkt sagt mir, daß es ein Resultat der Hingabe an unsere Lady von

[73] Im Hinduismus werden mit dem Wort "Siddhi" magische Fähigkeiten beschrieben, welche als Nebenprodukt der Yoga-Übungen erworben werden. [A.d.Ü.]

den Sternen ist. Irgendwie kann ich davon nicht als eine Art Geburtstagsgeschenk an einen bevorzugten Neffen denken. "Warum nicht?" Du liegst richtig, wie üblich: *alles* könnte ein "Spiel von Nuit" sein. Trotzdem habe ich das Gefühl, daß dies eine seltene Ausnahme wäre.

"Aber muß nicht Allen alles passieren?" Ja, natürlich, in einem Sinne; aber hör auf, mich zu unterbrechen! Ich wollte zu etwas Interessantem kommen. Ich bestehe darauf, den sofort nützlichen Standpunkt vorzuschlagen: "Hingabe an Nuit" muß die eifrige Verfolgung der Erfüllung aller Möglichkeiten, wie unangenehm auch immer, bedeuten.

Gut: Nun sieh, wie logisch dies ist. Denn wie, außer durch die Erlangung eines "magischen Gedächtnisses" - der Erinnerung an vorhergehende Leben, könnte man vernünftige "Sicherheit" haben, das Gegenteil zu "Glaube" (gleich innerer Überzeugung). Und dies muß natürlich jene an vorhergehende Tode einschließen. In der Tat ist "Freudianisches Vergessen" in solchen Fällen äußerst ärgerlich; der Schock des Todes macht daraus eine Angelegenheit, in welcher man höchst bewundernswerten Mut zeigen kann, indem man im eigenen Geist die Ereignisse vorheriger Tode durchgehen kann. Du rufst Dir die buddhistischen "10 Unreinheiten" ins Gedächtnis zurück; - die Wasserleiche, die durch wilde Tiere angefressene Leiche und den Rest.

Magick (obwohl ich es nicht so darlege, wie man es tun sollte) gibt eine sehr vollständige und ausgearbeitete Übersicht über dieses Gedächtnis und *Liber CMXIII (Thisharb)* eine klare offizielle Instruktion in den zwei Hauptmethoden, diese Fähigkeit zu erwerben.

Keine meiner Schriften, nebenbei, handelt von der ersten Methode; und zwar, weil ich niemals irgendwelche Ergebnisse mit ihr erzielen konnte; überhaupt keine. Fr.·. Iehi Aour, war andererseits ein Zauberer darin; er dachte, daß einige Leute es so benutzen könnten, und andere nicht: wie man eben geboren wurde. Sollte es so sein, daß Du diese Fähigkeit besitzt und keine Gabe für die andere, ist es nur zu schlecht, Du würdest besser abhauen, und Dir einen anderen heiligen Guru suchen, welcher weniger einbeinig ist.

Es gibt jedoch, wie ich finde, wenn ich das, was ich anderswo geschrieben habe lese, schon ein paar lacunae[74] in den Ausführungen; und ich mag ebensogut mein bestes tun, ein oder zwei der offensichtlichen Löcher zu stopfen.

Die Periode meines Lebens, welche der Höhepunkt meiner Arbeit an diesem Thema war, sind jene Wochen der Thaumaturgie auf dem Hudson River - ich fürchte, das magische Tagebuch *Der Eremit auf Aesopus Island* ist unauffindbar verloren - als mir der Kodex des *Tao-Teh-King* gezeigt wurde, von welchem ich meine Übersetzung anfertigte; und als der Schleier nicht mehr als ein schimmerndes, schillerndes Gewebe war, durchlässig für den unfaßbaren Glanz, der dahinter glänzt. Denn in jenen Wochen war ich fähig, mich an eine wirklich ansehnliche Anzahl vergangener Leben zu erinnern und sie niederzuschreiben. (Ich glaube halb, und hoffe, daß die relevanten Passagen in eins meiner Cefalu-Tagebücher kopiert worden sind; doch wer wird sich durch diese durchkämpfen, wenn es immer noch vom Zufall abhängt?) "Doch was ist mit den Intervallen?" fragst du. Shabash! *Rem acu tetigisti.*

Es trifft mich ein gemeiner Hieb mit immenser und unheimlicher Kraft - was ist mit der anderen Seite? Was ist mit den Perioden zwischen aufeinanderfolgenden Inkarnationen?

Die Theorie ist, daß die oberste Triade die "ewige" Essenz eines Menschen konstituiert (oder besser, ein Bild davon ist); das heißt, sie ist der positive Ausdruck jenes Ultimaten "Standpunktes", welcher ist, nicht ist und weder ist noch nicht ist etc. Ziemlich unzerstörbar.

Nun, wenn ein Mann sein Leben damit verbringt, (a) die sechs Sephiroth des Ruach auszubilden und zu entwickeln, so daß sie in rechter Balance und Beziehung zueinander finden, und (b) damit eine stählerne Verbindung zwischen diesem soliden Ruach und jener Triade zu schmieden, entwickeln und verfestigen, bedeutet der Tod bloß das Abfallen des Nephesh (Malkuth), so daß der Mensch sein Instrument des Geistes (Ruach) mit zu den nächsten passend ausgewählten Vehikeln nimmt. Die Tendenz des Ruach ist natürlich, sich unter dem

[74] lat.: Löcher, Gruben [A.d.Ü]

Eindruck seiner neuen Erfahrungen von Nachtodbedingungen, mehr oder weniger schnell aufzulösen.

Es ist daher von allergrößter Wichtigkeit, den Geist in jeder möglichen Art und Weise zu trainieren und ihn an die höheren Prinzipien durch konstante, durch flammende Anbetung zu binden, gefestigt durch die ernsthafteste Disziplin und durch kontinuierlich formulierte Eide.

Solch ein Mensch wird nach dem Tode mit der unerfüllten Suche nach seinem neuen Instrument beschäftigt sein; er wird, wie er es sich während des Lebens zur Gewohnheit gemacht hat, die unzähligen Verlockungen von hohen Belohnungen und ähnlichem beiseite fegen.

Es gibt, vom Standpunkt der A.·.A.·. einen Eid, welcher wichtiger ist, als der ganze Rest zusammengenommen. Du schwörst, alle "Belohnungen" zurückzuweisen, Dein neues Vehikel, ohne auch nur einen Moment zu zögern anzunehmen, so daß Du Dein Werk, der Menschheit zu helfen, mit einem Minimum an Unterbrechung fortsetzen kannst. Wie alle wahren magischen Eide ist er mit Sicherheit erfolgreich. So hatten wir denn einen Menschen, welcher nicht nur wohlvorbereitet ist, sofort zu reinkarnieren - dies bedeutet ungefähr sechs Monate nach seinem Tod, denn sein Vehikel wird ein Fötus sein, welcher circa drei Monate alt ist, sondern auch alle Eindrücke, welche seine Integrität angreifen könnten, ziemlich vollständig zu beseitigen.

Alternativ mag es etwas in der Natur solcher Eindrücke geben, das unpassend ist, es in den bewußten Geist eines neuen Menschen zu übernehmen. Oder es mag eine Regel geben - z.B. ein Trunk von den Wassern des Flusses Lethe - und es mag für einen Adepten möglich sein (dessen Initiation von einem höheren Grad als meinem oder von anderer Art ist) seinen Weg durch diese besonderen Barrieren zu machen.

Genug von mag, könnte, vielleicht und all dieser Harpyien-Brut. Die harten Fakten sind, daß ich mich keineswegs an irgendeine Post

Mortem Erfahrung[75] erinnere und ich habe niemals irgendjemand anderen gekannt, der dies konnte.

Es gibt eine Ausnahme. Ich erinnere mich an die *erste,* fast augenblickliche Reaktion. Ich bin in meiner Astralform, in meiner besten Sonntagszeremonien-Kleidung und mit meinem Stab - ich scheine diesen erhoben zu haben, und dem Akt große Wichtigkeit zuzurechnen - Und schaue auf die Leiche nieder, *genau* wie es jemand beim Beginn einer Astralreise macht, wenn er sie erlernt.

Ich kann durch diesen Anblick überhaupt keinen Eindruck zurückrufen; weder Ablehnung, noch Erleichterung, oder sogar Überraschung. Doch es gibt eine intensive, starke Reaktion - ich vermute, ich habe diese schon erwähnt - wenn man sich zuerst an einen seiner Tode erinnert: "Bei Gott! Das *war* ein schriller Schrei!"

Was war es, was man fürchtete? Ich habe nicht die leiseste Ahnung.

Und das ist es schon, was ich Dir über das magische Gedächtnis erzählen mußte. Nein: noch ein Punkt, über den man schlafen sollte: Nimm zwei oder mehr Leute an, welche gleichzeitig behaupten, Julius Cäsar gewesen zu sein, oder Shakespeare oder - oh! immer irgendeine ziemlich große Kanone! Nun, vor 50 oder 60 Jahren, oder mehr, gab es eine richtige Mode für diese Art von Dingen, speziell unter Frauen. Es war gewöhnlich Cleopatra oder Maria Stuart, Königin der Schotten, oder Marie Antoinette. Vorzugsweise etwas königliches und tragisches, doch unübertreffliche Schönheit als Wichtigstes, wie man auch erwarten würde.

Eine, welche davon überzeugt war, daß sie Maria, Königin der Schotten war, war die alte Lady Caithness, welche darüber hinaus einen Sinn für Humor gehabt zu haben scheint, denn sie gab eine Dinnerparty in Paris für zwölf andere Damen, von denen jede ebenfalls das glücklose Opfer von Heinrich VIII Unfähigkeit, aus seinen eigenen Lenden eine dauerhafte männliche Nachfolge zu erzeugen, war. (Seine Hochzeiten waren ebensoviele verzweifelte Versuche,

---

[75] lat.: Nachtoderfahrung [A.d.Ü]

England vor einer zweiten Heimsuchung der Verwüstungen der Rosenkriege zu bewahren, von denen sein Vater, welcher kein Edelmann, sondern ein vernünftiger Finanzier und Ökonom gewesen war, das Land errettet hatte. Du mußt dies verstehen, wenn Dir die englische Geschichte überhaupt verständlich werden soll. Die Tragödie begann mit dem frühen Tod des schwarzen Prinzen; der zweite Schlag bestand darin, daß Heinrich V. von der Fruchtbarkeit seines Sohnes abhing und dem Mord an Prinz Edward in Tewkesbury).

Nun, das war natürlich ein großer Lacher; fast hätte es die gesamte Theorie der Reinkarnation in Mißkredit gebracht.

Ziemlich unnötig, wenn man ein wenig tiefer schaut. Was bedeutet es, wenn ich sage, daß ich denke, daß ich Eliphas Levi war? Nicht mehr, als daß ich einige seiner grundlegendsten Charakteristiken besitze, daß einige Ereignisse in seinem Leben von mir als meine eigenen erinnert werden. Es scheint keine Unmöglichkeit zu sein, diese Bündel von Sankhara auf zwei oder mehr Personen zu verteilen. Wir wissen mit Sicherheit nicht genug darüber, was stattfindet, um positiv über irgendeine solche Sache zu sprechen. Laß' Dir keinen Schlaf davon rauben.

Liebe ist das Gesetz, Liebe unter Willen.

Brüderlich,

666

38. Die Frau
Ihre magische Formel

Issa:
Wein zerstört die Leber; Fieber weckt den Spleen;
Fleisch verfettet Bäuche; Rauch entzündet Augen;
Steine quälen Nieren: Krankheit - Plage - Aussätzig sein!
Der Mann von einer Frau geboren, ist meist voller Sorgen;
Gott, ein ärgerlicher Narr, 'ne Blase!
Doch von allen Plagen, die den Mann betrafen,
Nimm dafür mein Wort, ist die Frau die allerschlimmste!

(Die Tragödie der Welt)

Cara Soror,

Tu was Du willst, soll das Ganze des Gesetzes sein.

Der ewige Antagonismus zwischen den Geschlechtern ist reine Illusion. Ebenso kannst Du die Schraube als Feind der Mutter ansehen. Verstehe die spirituelle Realität von jedem, verstehe ihre magische Formel; die sublime Notwendigkeit der augenscheinlichen Gegensätzlichkeit wird augenscheinlich werden.

Das *Ultimate* der Frauen ist Nuit; jene der Männer, Hadit. *Das Buch des Gesetzes* spricht in beiden Fällen sehr vollständig und klar. Ich zitiere die prinzipiellen Passagen:

A. *Nuit*

Had! Die Manifestation der Nuit. (1)

Kommet hervor, o Kinder, unter die Sterne und nehmet eure Fülle der Liebe! Ich bin über euch und in euch. Meine Ekstase ist in eurer. Meine Freude ist, eure Freude zu sehen.

Oben, das edelsteingeschmückte Azur ist die nackte Pracht von Nuit;
Sie beugt sich in Ekstase, zu küssen die geheime Leidenschaft von Hadit.
Der geflügelte Globus, das sternbesäte Blau sind mein, O Ankh-af-na-khonsu!(12-14)

...Weil ich der unendliche Raum bin und die unendlichen Sterne darin, tuet ihr desgleichen. (22)

...Und das Zeichen soll meine Ekstase sein, das Bewußtsein der Kontinuität der Existenz, der Allgegenwart meines Körpers.[76] (26)

Oh Nuit, Kontinuierliche des Himmels, laß es immer so sein, daß die Menschen von Dir nicht als eins, sondern als keins sprechen; und lasse sie überhaupt nicht von Dir sprechen, weil Du kontinuierlich bist! (27)

Keins, hauchte das schwache, feenhafte Licht der Sterne, und zwei.
Denn ich bin geteilt um der Liebe willen, für die Möglichkeit der Vereinigung-

Dies ist die Schöpfung der Welt, daß der Schmerz der Teilung wie nichts ist, und die Freude der Auflösung alles. (28-30)

Gehorchet meinem Propheten! Befolget die (Gottes-)Urteile meines Wissens! Suchet nur mich! Dann werden die Freuden meiner Liebe euch von allem Schmerz erlösen. So ist es, ich schwöre es bei der Wölbung meines Leibes, bei meinem heiligen Herzen und Zunge, bei allem, was ich geben kann, bei allem, was ich von euch allen begehre. (32)

...Das Gesetz ist für alle. (34)

Ich gebe unvorstellbare Freuden auf Erden, Sicherheit, nicht Glauben, während des Lebens und nach dem Tod. Unsagbaren Frieden, Ruhe, Ekstase; ich

---

[76] Diktiert: "die unfragmentarische, nichtatomische Tatsache meiner Universalität ... (schreibe dies in weiseren Worten, doch schreite weiter fort.) Ouarda schrieb später in das MS, die 5 Worte wie im Text.

verlange auch überhaupt keine Opfer dafür.
Mein Weihrauch ist aus harzigen Hölzern und Harzen und es liegt darin kein Blut: Wegen meines Haares, den Bäumen der Ewigkeit.
Meine Zahl ist 11, die Zahl all jener, die zu uns gehören. Fünfzackige Sterne mit einem Kreis in der Mitte und der Kreis ist rot. Für die Blinden ist meine Farbe schwarz, aber das blau und gold werden von den Sehenden gesehen. Auch habe ich einen geheimen Glorienschein für die, die mich lieben.
Aber mich zu lieben ist besser, als alles: Wenn Du unter den Nachtsternen der Wüste meinen Weihrauch vor mir verbrennst, mich mit einem reinen Herzen anrufst, das Schlangenfeuer darin, wirst Du ein wenig an meinem Busen liegen.... Ich liebe euch! Ich sehne mich nach euch! Bleich oder purpurn, verschleiert oder wollüstig ich, die ich alle Freude und purpur bin und Trunkenheit des innersten Gefühles, begehre euch. Leget eure Schwingen an und erwecket die gewundene Herrlichkeit in euch: Kommet zu mir! (58-61)

B. *Hadit.*

Nu! Das Verbergen von Hadit.
Kommt! Ihr alle und lernet das Geheimnis, das noch nicht enthüllt wurde.
Ich, Hadit bin das Komplement von Nu, meiner Braut. Ich bin nicht ausgedehnt und Khabs ist der Name meines Hauses.
In der Sphäre bin ich überall das Zentrum, während sie, der Umfang nirgendwo gefunden wird.
Doch sie soll bekannt werden und ich niemals. (1-4)

Ich bin die Flamme, die in jedem Menschenherzen brennt und im Kern jedes Sterns. Ich bin Leben und Lebensgeber, doch deshalb ist das Wissen um mich das Wissen um den Tod. Ich bin der Magier und der Exorzist. Ich bin die Achse des Rades und der Würfel im Kreis. "Kommet zu mir" ist ein närrisches Wort, denn ich bin es, der geht.
Wer Heru-pa-kraath angebetet hat, hat mich angebetet, falsch, denn ich bin der Anbeter. (6-8)

Denn ich bin vollkommen, da ich nicht bin. Und meine Zahl ist neun für die Narren, für die Gerechten aber bin ich acht und eins in acht: Was wichtig ist, denn ich bin wirklich keins. Die Kaiserin und der König sind nicht von mir, denn da ist ein weiteres Geheimnis.
Ich bin die Kaiserin und der Hierophant. Deshalb elf, wie meine Braut elf ist. (15-16)

Ich bin die Schlange, die Wissen und Wonne gibt und strahlenden Glanz, und ich schüre die Herzen der Menschen mit Trunkenheit. (22)

Ich bin allein, da ist kein Gott, wo ich bin. (23)

Ich bin die geheime Schlange, zusammengerollt zum Sprung. In meinem Winden ist Freude. Wenn ich mein Haupt erhebe, sind ich und meine Nuit eins. Wenn ich mein Haupt niedersenke und Gift speie, dann ist Verzückung auf Erden, und ich und die Erde sind eins.
In mir ist große Gefahr, denn wer diese Runen nicht versteht, wird einen großen Fehler machen. "Weil" heißt die Gnibe, in die er niederfallen wird, und dort wird er mit den Hunden der Vernunft umkommen. (26-27)

Versagst du? Bist Du verzagt? Ist Furcht in Deinem Herzen?
Wo ich bin, gibt es diese nicht.
Bemitleide nicht die Gefallenen! Ich kannte sie nie. Ich bin nicht für sie. Ich tröste nicht: Ich hasse den Getrösteten und den Tröster.
Ich bin einzig und Erorberer. Ich gehöre nicht zu den Sklaven, die zugrunde gehen. (46-49)

Blau bin ich und golden im Licht meiner Braut; doch der rote Glanz ist in meinen Augen und mein Flitter ist purpur und grün.
Purpur jenseits von purpur: Es ist das Licht, das die Kraft der Augen übersteigt.(50-51)

Bevor es sich alles als zu schwierig herausstellen sollte, habe ich einige Passagen, welche völlig jenseits meines Verständnisses sind, nicht zitiert; sogar in jenen, welche hier dargelegt sind, gibt es Stellen, von denen ich nicht zu behaupten wage, daß ich sie klar verstanden hätte.

Annähernd alles auslassend: der einzige Weg, es zu vereinfachen ist, Hadit den "Standpunkt" zu nennen und "Überall" die Wurzel aller möglichen "Augenblicke" oder "Erfahrungen" oder "Phänomene"; Nuit ist das Komplement, die Totalität der Möglichkeiten jeder solchen Wurzel. Du kannst dies nur in dem Teil Deines Geistes korrekt verstehen, welcher "oberhalb des Abyss" ist, d.h. Neschamah; aber auch so muß Neschamah vollständig durch Chiah befruchtet werden, und durch Jechidah erleuchtet, um eine sinnvolle Arbeit daraus zu machen.

Doch um von der Kontemplation einer abstrakten Realität (welche, da statisch und "unendlich", letztlich unermeßlich ist) zu jenen Ideen in ihrer Interaktion, (die deshalb direkt beobachtbar sind) herunterzukommen, es ist leicht genug, die magische Formel ihrer Interaktion zu verstehen. Natürlich, was auch immer ich sage, kann nicht mehr als eine rohe Annäherung sein, sogar eher ein Vorschlag, als eine Behauptung; doch ich kann an der Natur dieses Falles nichts ändern. Nuit ist die zentripetale Energie, unendlich elastisch, weil sie über den harten Stab passen muß, welcher gegen sie gerichtet ist; Hadit, die zentrifugale, immer danach suchend, das Unbekannte zu penetrieren. Nuit ist nicht zu verschieden von dem Teh, welches von Lao-Tse beschrieben wird. Auch würde es nicht passend erscheinen, *Das Buch der Lügen* zu ignorieren, Kapitel 4:

Pfirsiche

Weich und hohl, wie Du das Harte und Volle überwindest!
Es stirbt, es gibt sich selbst; für Dich ist die Frucht!
Sei Du die Braut; Du sollst die Mutter hiernach sein.
Für alle Eindrücke so. Laß sie Dich nicht überwinden; doch laß sie in Dir brüten. Die letzte der Impressionen, zur Perfektion gekommen, ist Pan.
Empfange tausend Liebhaber; Du sollst nur ein Kind gebären. Dies Kind soll der Erbe des Schicksals des Vaters sein.

Ich möchte, daß Du diese Zusammenarbeit der gleichen Gegensätze in der ersten Bedingung der Existenz irgendeiner Form verstehst. Der Ärger bestand schon immer darin, daß niemand die Dinge von außen her gesehen hat; sie waren immer an einem Ende oder dem anderen. Dies darum, weil sich eine zufällige Sammlung von Augenblicken dazu entscheidet, von sich selbst als männlich zu denken; eine andere als weiblich. Es ist völlig absurd, von Winny als einer Frau zu denken, und Martin als einem Mann. Die Quintessenz ist bei beiden identisch: "Jeder Mann und jede Frau ist ein Stern!" Es ist nur ein oberflächlicher Unfall, der dazu geführt hat, ein Set dazu zu verdammen, in einer besonderen Inkarnation als das eine oder andere zu fungieren. Ich sage fungieren; denn es gibt keinen Unterschied in der Quintessenz.

Doch da man es mit einem Wesen *in seiner gegenwärtigen Funktion* zu tun hat, muß man in der Praxis zwangsläufig so handeln, als ob "tatsächlich" das gleiche wie "möglich" wäre. Du könntest als ein Teil der 0 = 2 Gleichung beschrieben werden, und ich als ein anderer; und jede 0 = 2 ist ununterscheidbar von irgendeiner anderen. Doch sind Du und ich nicht identisch, denn alles, das ich von Dir wissen kann, oder Du von mir, ist die Präsentation eines Teils jenes 0 = 2 "Universums"; wenn wir beide uns gleichermaßen des Ganzen bewußt wären, würde es keine Mittel geben, um sich dieses Unterschiedes bewußt zu werden, wie wir uns tatsächlich bewußt sind.

Etwas davon ist vielleicht in *Das Buch des Gesetzes* intendiert: *"Bindet nichts! Lasset da keinen Unterschied gemacht werden zwischen euch, zwischen irgendeinem Ding und irgendeinem anderen Ding; denn dadurch kommet Schmerz. Doch wer auch immer darin Vorteil erlangt, laßt ihn das Oberhaupt von allen sein!" (AL,* I:22-23)

Wer auch immer erlangt (d.h. es zum praktischen Nutzen anwenden kann), ist sozusagen von "präsidentschafllichem Timbre", weil er fähig ist, das Wesen hinter der Funktion zu verstehen und deshalb nicht leicht durch äußeren Anschein getäuscht werden kann, welcher ihm zufällig in seiner korrespondierenden Funktion gezeigt wird.

Der Fall ist nicht völlig unähnlich dem eines Mannes auf einem Berg, welcher zwei andere Gipfel sieht, welche aus einer Matte von Wolken aufsteigen. Diese Spitzen geben wenig Anzeichen von der großen Masse, welche jeden unterstützt; beide sind gleichermaßen von dem einen gleichen Planeten; sie sind tatsächlich identisch, abgesehen von jenen kleinen sichtbaren Unterschieden. Doch er, von dem Wunsch beseelt, sie zu besteigen, beobachtet nur die Funktion jedes Spaltes und Gletschers genau, welche relevant für seinen Plan, ihren Gipfel zu erreichen, sind. Er ist ebenfalls von der einen Quintessenz; doch er muß sich selbst allen folgenden Ereignissen anpassen, der respektiven Funktionen dieser Berge, wenn er Kontakte knüpfen will, welche ihn letztlich dazu befähigen, die Augenblicke zu realisieren, welche er zusammenfassen wird als "ich bestieg Mount Collon und den Aiguille de la Za."

Ich glaube nicht, daß ich es sehr viel besser als oben darlegen kann und ich bin zu faul, es zu versuchen; doch ich möchte betonen, daß

Weininger *(in Sex and Character)* bloß die Oberfläche angekratzt hat. Alle von uns, ob wir "voller seltsamer Eide und bärtig wie der Tiger" sind, oder "in unseren Stunden der leichten Unsicherheit, scheu und schwer zu befriedigen", machen in jeder kleinsten Art von Handlung die Ausführung beider, der männlichen und weiblichen Funktionen, fast gleich; die Bestimmung ist wenig mehr, als eine Sache von Mehrheitsentscheidungen.

Es ist sogar mit dem Embryo so. Es ist viel weniger als 1/10 von einem Prozent, das entscheidet, ob der Fötus sich als Alexander oder Alice heraussteilen wird. Die Natur erfreut sich in delikaten Übungen von dieser Art; es ist ein Teil Schwefel in, ich erinnere mich nicht wieviel, Millionen Teilen von Wasser, welches ausreicht, blauen Lackmus rot zu färben; und sogar mit unserem eigenen groben Apparat können wir es arrangieren, den zehntausendstel Teil eines Grammes dazu zu bringen, eine Skala mit einem Knall herunterzuschlagen. Denke an eine Roulettekugel, welche am Ende einer langen Drehung auf einer Ecke stehenbleibt; denke an Buridans Esel![77]

Liebe ist das Gesetz, Liebe unter Willen.

Brüderlich,

666

P. S. Man sollte, vielleicht, einen Abriß davon geben, wie sich diese Fakten im sozialen System von Thelema auswirken.

Es mag nützlich sein, Frauen in drei Gruppen zu teilen (Ich schließe die vierte aus, welche zwar anatomisch Frau, nicht in dieser Kapazität funktioniert: die "Alte Jungfer"), korrespondierend zu Isis, Osiris und Horus.

Dies Isis-Klasse besteht aus dem Mutter-Typus. Für sie ist der Mann nicht mehr als der notwendige Schöpfer und Erhalter ihrer Kinder.

[77] Buridans Esel ist Gegenstand eines philosophischen Gleichnisses von Al-Ghazalī aus dem 11. Jhdt. Der Esel stand zwischen zwei gleichgroßen und gleichweit entfernten Heuhaufen und verhungerte, weil er sich nicht entscheiden konnte. [A.d.Ü.]

Die Osiris-Klasse umschließt jene Frauen, welche ihrem Mann *qua* Mann und seiner Karriere unterworfen sind. Ihre Kinder, wenn welche da sind, wertet sie als Reproduktionen ihres Geliebten; sie tragen ihn in den Glorienschein durch die Kraft ihrer unsterblichen Liebe.

Die Horus-Klasse ist aus jenen Frauen zusammengesetzt, welche wie Kinder bleiben, die Spielmädchen, welche nur für das Vergnügen leben. Für sie ist ein Kind im besten Falle langweilig, im schlimmsten ein Ärgernis.

Jede dieser Klassen hat ihre Qualitäten und ihre Defekte; jede sollte in gleicher, obwohl verschiedener Ehre, gehalten werden. Und was fragst du, hat der Mann über all das zu sagen? Nichts einfacher; alle Frauen sind seinem wahren Willen untergeordnet. Nur die Osiris-Klasse, vorausgesetzt, er kann eine von ihnen finden, sind von mehr als zeitweisem Nutzen für ihn; und sogar in diesem Falle muß er vorsichtig sein, nicht eingefangen zu werden.

Doch der wirklich wichtige Punkt ist das Erkennen von jedem Typus des Wahren Willens in Frauen.

Weitere Titel Aleister Crowleys in unserem Verlagsprogramm

Liber Al vel Legis. Das Buch des Gesetzes

Dieses initiierte Buch bildet die Grundlage Thelemas und damit des von Crowley proklamierten Neuen Äons. Das Buch liegt in englisch-deutscher Fassung vor, wobei Zeilen- und Seitenfall dem Faksimile der Originalhandschrift entsprechen, welches auch enthalten ist.

Aleister Crowley
Liber Al vel Legis
ca. 150 S.
ISBN 978-3-89423-000-5

Das Buch der Lügen

Eines der berühmtesten Werke der modernen Magie.

Ein Kenner sagte über dieses Buch, daß es »dummidiotisch und verwirrend genial« sei. Dies ist das Buch, welches Theodor Reuss, das damalige Oberhaupt des »Ordo Templi Orientis« dazu veranlaßte, Crowley auf der Stelle zum Oberhaupt des englischen Zweiges dieses Ordens zu ernennen, denn, so sagte Reuss: »... das Buch beweist, daß Crowley alle magischen Geheimnisse kennt.«

Aleister Crowley
Das Buch der Lügen
204 S.
ISBN 978-3-89423-002-9

Liber 418
Die Vision und die Stimme

Dieses Buch, auch Liber CDXVIII genannt, ist die Aufzeichnung dessen, was geschah, als Crowley die Anrufung der 33 Aethyre vornahm. Die Aethyre, die, jeder für sich, auch als eigene Welt angesehen werden können, gehören zu den am schwersten faßbaren Ebenen, die von Magiern erreicht werden können.

Aleister Crowley
Liber 418 - Die Vision und die Stimme
ca. 280 S.
ISBN 978-3-89423-004-3

Liber 777 und andere kabbalistische Schriften

Ein Grundlagenwerk der Kabbala. Enthalten sind eine Einführung in die Techniken dieser ursprünglich jüdischen Geheimlehre, Crowleys Neapelanordnung, Abhandlungen über Zahlen und Symbole, Zuordnungstabellen, sowie ein sehr umfangreiches Sepher Sephiroth (Zahlwerte hebräischer Worte). Auch diejenigen, die Crowleys System der Zuordnungen, die jedoch im allgemeinen klassisch sind, nicht befürworten, werden aus dem umfangreichen Sepher Sephiroth sicherlich Gewinn ziehen können.

Aleister Crowley Liber 777 und andere kabbalistische Schriften
ca. 450 S.
ISBN 978-3-89423-006-7

Magick, 2 Bände

Das Hauptwerk Crowleys, was die praktische Magie angeht. Im ersten Band werden die theoretischen Grundlagen seines Systems eingehend erläutert. Dazu gehören seine 1911 unter dem Titel Buch 4 veröffentlichten Abhandlungen über Yoga, welches er unter initiierten östlichen Yogis studierte, seine im Teil 2 behandelten magischen Instrumente und die magische Ausrüstung, sowie die allgemeinen Prinzipien der traditionellen Magie unter Einbeziehung der Sexualmagie.

Der zweite Band enthält vorwiegend diejenigen Rituale und Übungsanweisungen, die in diesem System von Wichtigkeit sind.

Aleister Crowley
Magick, Band 1 und Band 2
Bd. 1, ca. 550 S.
ISBN 978-3-89423-007-4
Bd. 2, ca. 350 S.
ISBN 978-3-89423-008-1

Confessions, 2 Bände
Die Bekenntnisse des Aleister Crowley

Crowleys Lebensgeschichte, von ihm selbst erzählt. Sein Statement zu diesem Werk: »Nichts ist erfunden worden, nichts wurde verdrängt, nichts verändert und nichts gefärbt. Ich glaube, daß die Wahrheit nicht nur seltsamer als Fiktion ist, sondern sogar interessanter.« Messen Sie Crowleys Biographie an diesem Anspruch!

Aleister Crowley
Confessions - Die Bekenntnisse des Aleister Crowley
Bd. 1, ca. 530 S.
ISBN 978-3-89423-012-8
Bd. 2, ca. 600 S.
ISBN 978-3-89423-013-5